JN233513

諸個人の生と
近代批判の思想

藤山 嘉夫 著

学文社

はしがき

　20世紀の後半前期は資本主義諸国における「黄金の四半世紀」と称されてきた．とすれば，この「黄金の四半世紀」における爛熟の正と負の遺産を引きついだ20世紀の後半後期を「生命の時代の四半世紀」と形容することもできよう．自然環境問題の深刻化，生命操作，臓器移植，いじめ自殺や不登校，子殺しや尊属殺，精神疾患，薬害エイズや過労死の社会問題化，等々．生命への問いは，20世紀の「生命の時代の四半世紀」から21世紀へ引きつぐ人類史的な重い問いとしてわれわれの前に引きつづき差しだされている．

　「生命の時代の四半世紀」は，一面では，たしかに科学・技術の発展の可能性を指し示しはした．しかし同時に，それは「社会的なもの」における矛盾に対し「生命的なもの」が，否定的な形態をも内含しながら，自己を主張し始めた時代だとも言える．

　もちろん，このようなかたちでの時代診断は単純にすぎるであろう．現在は，生命をめぐる諸問題，これを問われるべき本質的問いの少なくともその一契機として推移している時代である．改めてこのように慎重に形容され直されねばならないだろう．しかし，社会科学が，それがいかなる性格のものであれ，生命という問題の次元を完全に捨象してはその存在根拠自体さえもが問われざるを得ない，そのような人類史的段階に立ち至っていると言って過言ではないであろう．

　現在は，生命をめぐって問われるべき諸問題が山積しているという客観的現実をふまえて，「生命の時代」だと形容されてよい．しかし，生命をめぐる問題群の噴出というこの客観的事実のなかに，より本質的な意味が探られねばならないだろう．つまり，近代社会の構成原理それ自体が生命という問題の次元から問い返されなければならない地点へと人類が足をふみいれるに至った，ということである．そのような意味でも，現在は「生命の時代」と言わねばなら

ない，と思うのである．

　たとえば生命操作の一事を取ってみよう．それは，特定の個人の人権のみが問題とされることで終結され得ないという微妙な性格を帯びている．また，自己決定権の問題にしても，そもそも＜自己＞とは何かという時，関係性をふまえた問いとして提出されている．自然環境問題も然りで，それは，孤立的個人においては完結し得ない性格を持っている．したがって，生命をめぐる諸問題は，総じて近代社会が自明の前提としつづけてきたアトム的諸個人を構成原理とする社会という思考様式に再考を促す，そのような課題を現前化してきているのである．このことは実は，生命自体の持つ本源的な性格に根拠づけられている．

　生命自体の根源的な性格については，フォイエルバッハとマルクスに即してこの本の全体で明らかにしたいが，人間の生命に限定して，つぎの2点だけはあらかじめここで強調して述べておこう．まず，諸個人の生命とは，広い意味での対象との関わりにおいて，つまり，生命の「発現」を通して対象に関わりながら常に自己に再帰する自己関係的性格を持っているということである．したがって，それは関係性を本質的な性格としているのである．つぎに，生命とはその「発現」の様式そのものが自己関係的であり諸個人の固有性を示している点である．マルクスは，このような諸個人の固有性を「自己性」とも言っている．

　つまり，生命は諸個人の関係性と「自己性」の相互媒介において人間の生命なのである．この相互媒介性ゆえに，生命という問題の次元は，アトム的個を構成原理とした成果至上主義的な近代社会の社会構成と人々の行為様式の原理を捉え返す根源的な立脚点を構成しているのである．それは，近代批判のいわば原理的前提を構成していると言ってもよいだろう．

　この本では，主にはマルクスとフォイエルバッハを取り上げる．そして，彼らの近代批判の思想において生命への定位が本質的とも言える重要性を持っていることを明らかにしてみたい．その際，現代社会が提起している問題群の所

在を常に念頭におくことにしよう．人類が初めて経験している歴史段階を自覚的に意識しながら，19世紀を生きた思想と対峙する必要を痛感するからである．その上で，フォイエルバッハとマルクスの応答関係をふまえて，Leben カテゴリーを読みの軸として初期マルクスの思想形成過程をあとづける．さらに，これをふまえて，マルクスの中・後期の思想に連ねてその思想的原像を探ってみたい．

その際，マルクスによる解釈を介したフォイエルバッハという，従来，マルクス研究においては一般的であったフォイエルバッハ像をひとたびは離脱することにする．そして，フォイエルバッハその人の思考に内在するという作業を介在させつつ，これをマルクスの思考とつき合わせるという迂路を辿る．

これまで一般的には，マルクスを介して理解されたフォイエルバッハを前提にすることが多かった．しかし，そのようにフォイエルバッハを遇することで，逆にマルクス像に看過しがたいバイアスをもたらすことになってきたと思うからである．従来，マルクスにおける生命の視点が強調されずにきた事情の一端にこのような伝統的な読み方の介在，これが遠因としてあったのではないだろうか．フォイエルバッハの感性論，生命発現論が，まずはそれとして明らかにされる必要があると考えるのである．

従来のマルクス研究において生命という問題の次元が必ずしも意識的に取り上げられてきたとは言いがたい事情には，もうひとつの背景を指摘できると思う．マルクス以降のマルクス主義の多くは，マルクス理論を「構造」に視点を据えているものと解釈し，「構造」の側から社会的現実を説明しようとする傾向を強く保持しつづけてきた．これはマルクス解釈としては一面では正しく，また，一定のリアリティを持つものと言えよう．しかし，このようなスタンスは，はなはだしい場合は個別的で固有な諸個人の能動的な生の営みによって過程的に構成されつづける豊かな社会的現実，それをも「構造」や「階級」に一元的に「還元」して事たれりとする慣性的な思考様式をももたらしてきたように思われる．

そして，こうした解釈の基底には，「労働」を一元的に強調するものとしてのマルクスというこれまで慣れ親しんだ解釈の様式が伏在している，と思うのである．それは，近代主義的な成果至上主義，効率主義への思想的な回路を構成するところともなってきたのではなかろうか．「ソ連」「東欧」の崩壊もこの事情と無縁ではないであろう．

ところで，このような構造還元的マルクス解釈に対する批判，これもまたこれまでとりわけ目新しいものでもなく存在しつづけてきた．しかし，この批判的な思考にあってもまた，マルクス理解としては暗黙の共通の前提が存在してきた．それは，今述べたマルクスの思考の最基層に「労働」を据えて理解する様式である．たとえば，「コミュニケーション的行為」という検討に値する論点を提示したハーバーマスのつぎのようなマルクスへの批判はこれをよく示している．彼はこのように述べている．「マルクスは相互行為と労働との関連を本格的に説明せず，・・・意志疎通の行動を道具を用いた行動に還元している」（『イデオロギーとしての科学と技術』紀伊國屋書店，1970年，40ページ）．

たしかにマルクスの場合，「労働」が彼の論理構成において不可欠の位置を担わされていることは間違いないであろう．しかしこのように言う時，マルクスの「労働」は「生命活動」の疎外態としてつかまれていることが常にふまえられていなければならないであろう．

生命の次元に定位するマルクス，このようなマルクス像はこれまで必ずしも一般的に了解されてきているわけではない．しかし，このようなマルクス像は決して無理な抽象ではない．このことは彼の思想を形成史的に辿り返してみると明らかにできる．それは，この本のなかで示される主題を構成しているのだが，ここにその一端のみを述べておくことにしよう．

初期マルクスは，「人間的生をわがものとする獲得」，その可能性如何を基本的な課題として思考している．彼は，生きる営みを社会的媒介性における「生命発現」として捉え，諸個人の固有性，「自己性」をこの「生命発現」の固有な様式として理解している．このような「パリ草稿」におけるマルクスの発想

は，精神の「自由」を生命の論理で擁護しようとして論陣を張る最初期のマルクスの思想，これにフォイエルバッハの感性論，「生命発現」論が響き合いつつ準備されてきたのである．そしてこのようにして獲得されてきた「生命発現」の思想は，ついで，シュティルナーを批判する際の決定的と言ってよい旋回軸を構成し，『ドイツ・イデオロギー』における新しい歴史観の形成へと連接していく．「生命発現」の視点でシュティルナー批判を敢行し得た『ドイツ・イデオロギー』は，生命・存在・意識を一元的に把握するマルクス的な自己関係の視点を明確にすることで，構造と諸個人の行為を繋ぐ媒介を用意することになる．そしてこの視点は，中・後期マルクスが資本制社会の再生産の構造的機制を解明する際の根基として生きていくのである．

　汗牛充棟ただならないマルクス思想の研究史において，これまで，マルクスの個別的な著作や草稿などのなかにマルクスの Leben の思想を探った研究は散見されはする．しかし，マルクスの Leben の思想を読みの軸として思想形成史的に読む試みは寡聞にして知らない．成熟した先行研究の蓄積を持っていない領域に棹さす研究においては，それが無謀な試みになり終る可能性が常に随伴している．この本の試みが成功しているか否かは読者の皆さんのご批判に委ねるしかないが，しかし，「生命の時代の四半世紀」を経験した現時点では，敢えて問われてよい課題設定であろうことについてはひそやかな確信を持つことができるように思う．

　2000年1月

藤山嘉夫

目　　次

はしがき……………………………………………………………………………… i

序　章　資本制社会と生の論理……………………………………………… 1
第 1 節　生と状況………………………………………………………………… 1
現代のプロブレマティークとしての生　1／生活研究と労働力再生産　4
第 2 節　生の思想的把握………………………………………………………… 5
「労働」と「生命活動」　5／生の全体性と自己関係　8
第 3 節　資本制社会と生の疎外………………………………………………… 10
持つ存在様式とある存在様式　11／＜我―汝＞と＜我―それ＞　12／関係の貧困化　13
第 4 節　労働力商品化と生の論理……………………………………………… 15
労働力の商品化と関係の貧困化　15／生の二重化　17／「二重の意味で自由な」賃労働者　19／歴史貫通的な生の次元　20
第 5 節　生への定位……………………………………………………………… 22
諸個人の生の相互承認　22／生の次元と民主主義のエートス化　25

第 1 章　諸個人の有限性と生
　　　　　──フォイエルバッハの宗教批判の論理──……………………… 32
第 1 節　自己意識としての対象の意識………………………………………… 34
自然的存在と心身一元　34／一面的なレアリスムスと一面的なイデアリスムス　35／自己関係　37
第 2 節　個の有限性と生………………………………………………………… 38
個の有限性　38／受苦的存在　39
第 3 節　宗教成立の根拠と生…………………………………………………… 41
「意識」と宗教　41／地上における「神」としての生　43

第4節　自己関係としての他者関係……………………………45
　我としての汝　45／自然との関係と共同性　46／自己関係と社会性　47
第5節　我―汝関係……………………………………………48
　個の受苦と類の受苦　50／諸個人の固有性と相補性　51
　【補説】「フォイエルバッハ・テーゼ」の理解　53／親密圏と生　55

第2章　人間的自然論の祖型
　　　　──フォイエルバッハの感性的な「生命発現」──……61
第1節　感覚主義的人間学の立場………………………………62
　対象の実在性と感性的「関係」　62／哲学の端緒としての
　「現実的なもの」と感性　63／自然存在としての人間　64
第2節　対象的関係と自己関係 ………………………………66
　関係主義の立場　66／感性的な対象的関係行為　67／理性を拓く
　感性主義　68
第3節　人間的自然と「関係」…………………………………70
　受苦的存在・欠如態としての個の相互性　70／諸個人の相互性の
　力動的媒介原理　72／現実の「神」としての生　73
第4節　フォイエルバッハの自然主義と現代……………………75
　大文字の「関係」と小文字の「関係」　75／人間的自然と
　自然法的思考　77

第3章　初期マルクスの思想形成と生命
　　　　──『経済学・哲学草稿』「ミル評注」まで──………82
第1節　フォイエルバッハの「自然主義＝人間主義」……………83
　人間の根源的自然性　84／関係主義の視点と「生命発現」　85
　／欠如的諸個体の共同　86
第2節　自由への志向と「生命」………………………………87
　〈思想における社会性-個体性問題〉　87／精神の自由　88／「生命」
　への定位　90

第3節　「生命活動」と疎外 …………………………………………92
　「非有機的身体」としての自然　92／「生命活動」　93

第4節　「生命発現」と感性的活動 ………………………………94
　「生命発現」　95／「生命発現」の現実相としての感性の次元　96／「生命発現」の原理　97／＜受苦の論理＞の視座転換　99／「社会」の媒介性　100／「生命」の地点を経て「生命」の地平へ　101／＜大文字の社会＞と＜小文字の社会＞　102

第4章　マルクスの「生命発現」の論理
　　　　──シュティルナー批判への視点── ………………109

第1節　『唯一者とその所有』におけるマルクス批判…………109
　『唯一者とその所有』　109／マルクスとシュティルナーの問題圏　110／マルクスの課題　114

第2節　「生命活動」「生命発現」の全体的な性格 ……………115
　意識している生命活動　115／「生命発現」の全体性・活動性　117／「生命発現」の社会的性格　119／「生命発現」の個体性　122

第3節　私的所有と自己関係 ……………………………………125
　自己関係としての「生命発現」　125／疎外と感覚生成　127／媒介と自己関係　130

第5章　生の把握におけるマルクスとエンゲルス
　　　　──『ドイツ・イデオロギー』最旧稿（第1篇第1ブロック）──　…136

第1節　生への定位 ………………………………………………138
　ドイツにおける空文句と「現実的解放」　138／フォイエルバッハ批判と「感性的活動」　140／「無前提なドイツ人」と「歴史の前提」　143／生の生産と自己関係　145

第2節　生命・存在・意識　──最新稿── ……………………147

第3節　諸個人の自己関係性の歴史的深化 ……………………150
　自然宗教と自己関係　150／諸個人と共同利害　152／「運動」としての

「共産主義」154／普遍的な諸個人　157／エンゲルスにおける
「世界史」158／諸個人の生の様式の変容　161

第6章　諸個人の生と近代批判
　　　　　　――『ドイツ・イデオロギー』第3篇以降――　………168

第1節　現実的個人と精神の支配
　　　　　　――第3篇第1ブロック，第1篇第2ブロック――　……169

諸個人の生を意識へと還元するシュティルナー　169／ヘーゲル主義
一般への批判――第1篇第2ブロック――　171

第2節　シュティルナー的自我への批判と諸個人の自己関係
　　　　　　――第3篇第2ブロック――　………………………172

諸個人の意識と自己関係　172／諸個人の個別性と共同性　174

第3節　「生命発現」とドイツ小市民
　　　　　　――第3篇第2ブロック・つづき――　………………176

「生命発現」の視点　176／反省的自我　177／「生命発現」と「思考」178

第4節　生の二重化と生産力-交通関係の対応・矛盾
　　　　　　――第1篇第3ブロック，第3篇第3ブロック――　……180

階級のもとへの諸個人の従属　180／諸個人の生の二重化　181／
生産諸力-交通形態と諸個人の生　183／諸個人の生と構造の再生産
184／生産諸力の総体の獲得を条件づける要素　186／ブルジョア・
イデオロギー批判と生の二重化――第3篇第3ブロック――　187

第7章　諸個人の生と労働力商品の独自性　………………………193

第1節　「二重の意味で自由な」賃労働者　………………………193

「二重の意味で自由な」賃労働者　194／通説とエンゲルス　195

第2節　「表層」における市民関係　………………………………197

「表層」197／「二重の意味で自由な」賃労働者の論理次元　199

第3節　階級関係への転成　…………………………………………200

深層　200／市民的関係と階級関係の相互媒介　202

第 4 節　労働力商品の独自性 …………………………………204
　権利対権利の対抗　204／時間の収奪と諸個人の自己形成　205／労働力商品の独自性　207
第 5 節　諸個人の自己形成 …………………………………209

第 8 章　物象化と生の疎外——ルカーチの「静観的態度」批判—— ………216
第 1 節　物象化と「静観的態度」……………………………217
　隠蔽の論理と存在の論理　217／物象化のルカーチ的把握　218／物象化と階級　221
第 2 節　ルカーチの物象化の超克 …………………………222
　総体性と媒介　222／主体としての階級　223／量化と人格的自由　225／階級の抽象的実体化　226
第 3 節　物象化論的階級論と現代 …………………………228
　「静観的態度」の今日　228／階級の後景化　230／階級主体と生産力主体　232

あとがき ……………………………………………………237
索　引 ………………………………………………………243

序章　資本制社会と生の論理

第1節　生と状況

現代のプロブレマティークとしての生

　政治のありようや，あるいはなにがしかのイデー，それらを最終的に受け止めるのは，現実には生活者としてのこの〈私〉であり，この〈私〉の固有な生というフィルターを媒介とすることを抜きにしてはあり得ない．この自明な，しかし極めて重い事実を1989年の「東欧」の生活者たちは改めて身をもって示したのだと言えよう．もちろん，歴史の現実を直視するならば，今後ともその過程が直線的ではあり得ないことは言うまでもないのだが．

　現代日本社会においては確かに今のところ「東欧」のようなドラスティックな形態で現れてはいないのだが，ひとたびこの社会に生きる生活者の生の深淵に定位してみる時，そこには人間のありようの奥深い変容をみて取ることができる．

　20世紀を翻ってみれば，とりわけ1970年代の社会的現実の深部における変容は，従来の社会科学の枠組みそれ自体に対しても少なからぬ反省を迫るものとして極めて重要な画期であった，と言ってよいだろう．そうした変容は，現実認識における思想的価値軸の違いや思想的構えの差異を越えて共通に意識されてきた．その変容は，すぐれて諸個人の生をめぐる問題状況の変化を基軸としているとは言えまいか．ここでは，二人の論者を取り上げてこの点をみておこう．

　たとえば，山崎正和氏の以下のような認識を単なる観念的構成物だとして，あるいはまた，保守的イデオロギーだとして全否定して済ますとするならば，それはむしろ歴史のリアリティーに背を向ける姿勢だと言わねばならないだろう．

2

　山崎氏は，1970年代が「後世に残ると思は（原文のまま）れる変化」を経験した歴史の分水嶺であることを強調する．氏は，それを資源から情報へ，物質財からサービスへという移行に特徴づけられる「脱産業化の第二段階」として位置づけ，そこに氏は，「個人の顔のみえる人間関係が重視される社会の到来」，その予兆をみて取っている．

　ここで注目したいことは，山崎氏が，1970年代の社会的変化を「人間の生活態度の質的変化」をもたらすものだとみなし，消費に焦点をあてつつ，そこにおける自我形成の特徴を氏なりに描き上げていることである[2]．彼の主張の全体に対してどのような評価を与えるかに関しては慎重であるべきであることは言をまたない．しかし，山崎氏が人間の「生活態度」に焦点を据えてアプローチしていること，このことには注意をしておきたいのである．

　もちろん，こうした「生活態度」といった問題次元を「科学」として如何に処理すべきかということになると，そこには本質的な困難がたえず随伴することは言うまでもない．だが，にもかかわらず，社会科学の「真理性」が，とりわけ今日，日々生きて生活する諸個人の日常的な生の次元から問い返されねばならない時点にまで立ち至っているとすれば，それ自体は閑却して済まし得ない問題の提起として受け止められるべきだろう[3]．

　山崎氏のようなある種のユートピア的な現状評価とは評価軸を異にする別の議論においてもまた，諸個人の日常的な生の次元からの問題の問い返しというこの同一のプロブレマティークが伏在しているのをみいだすことができる．小倉利丸氏は，現代の労働者の関わる労働内容が物的生産から「人間を対象とする非物的生産」へとシフトし，非物的労働が肥大化してきたこと，この現実をふまえつつ，そのことの現実的根拠について，つぎのように述べている．小倉氏によれば，それは物的生産の現場の機械化の結果として労働者が駆逐されるという点からの説明だけでは不十分なのであり，「基本的な原因は資本主義が〈労働力〉の再生産過程を放置しておけなくなったということにある」と言う[4]．

　それはいくつかの点から説明されるのであるが，たとえば，政治過程が大衆

民主主義として展開される結果,「資本と国家が,人々の生活領域をトータルに自らのヘゲモニーの下に置くことを要請し,その結果,〈労働力〉再生産過程に直接間接に関わる領域の肥大化を産み出した．完全雇用と,消費生活の『豊かさ』が重要な社会的安定の条件となった」,とするのである．[5]

両者の主張は,現在の時点では修正を要する部分を含んでいるし,また,その思想的評価の視点はベクトルを異にしている．しかし,両者がともに,諸個人の生という人間の根源的な営みの次元に定位して問題を立てていること,このことは現代的な問題の所在を示すものとして,したがってまた,社会科学における現代的課題のありかをも同時にさし示すものとして象徴的ではなかろうか．

一方では,諸個人の生は,この社会のなかの既成のステレオタイプ化された幸福価値と産業社会の構造化されたリズムのなかに身動きならないほどに埋め尽され,そうした状況との葛藤を少なくともその背景のひとつとしつつ,心身疾患や生そのものの「放棄」などが社会問題化し,それが今や人間的自然の存立それ自体にもかかわる局面にまで立ち至っている．その意味において,人間の自然としての生命はまさに「危機」に直面している．さらに,地球規模での環境破壊や生態系の危機,核の危機,そしてこの人間的自然それ自体の内部崩壊への危惧,等々をも視野に収める時,今日,諸個人の生をめぐる問題が人類史的意味でのプロブレマティークを構成していると言える．[6]

他方で,たとえば今日の企業による「雇用保障はせいぜい44歳まで」といった「半身雇用」化,[7]大規模なリストラの展開などの状況変化のなかで,「会社人間」のままで一生を終わることへの疑問,単身赴任の「拒否」等々といったかたちで,業績主義などの既成の規格化された幸福価値から徐々にながら身を引き離しつつ生きるという生のありようへの模索もほのみえている．[8]諸個人の生をめぐる問題状況はこのように二重のかたちをとってアクチュアルな現代的プロブレマティークとなっているのである．

4 生活研究と労働力再生産

　生（生活）について従来，哲学はもとより，社会学，経済学，社会政策学，家政学，家庭経済論，生活問題研究，生活学，生活構造論等々，広汎な研究領域でそれぞれに問題にされ膨大な研究の蓄積もなされてきた．

　こうしたさまざまな分野での生活研究において，生活を「労働力の再生産」というマルクスの視点とのかかわりで捉えようとする構えは，社会政策学の領域を中心としてこれまでひとつの有力な潮流をかたちづくってきた．さらにまた，そうした視点を導入することそれ自体の是非をめぐる係争も常に伏在しつづけてきたと言えよう．

　この問題をめぐっての係争は，私見によれば，「労働力の再生産」という無視し得ない重要な論点を包蔵しつつも，しかし，諸個人の生についてのマルクスの基本的な思想的把握，あるいは概念的把握を欠如させたままで，このカテゴリーのみを無前提のままに導入したり，あるいは逆に，これに否定的評価を与えたりしてきたところに，少なからぬ困難や混乱を生じさせてきた遠因があったのではないか，と思われる．トータルな思想像の深みを捨象したままでのカテゴリーの独り歩き，それは，当該カテゴリーの含意それ自体をも一面化するものと言わねばなるまい．

　そこで本章では，マルクスの諸個人の生に関する思想的概念的把握をあとづけつつ，翻って現代における問題状況に対して，ひとつの仮説的切口を提示してみたいと思う．本章は，思想的把握という抽象の水準からのアプローチに限定され，その意味では，現代社会における諸個人の生の現実の多様性と複雑さ，その固有性とを念頭におきつつも，それ自体の直接的理解は禁欲される．さらにまた，次章以下では，生（生命，生活）に定位しながら，フォイエルバッハやシュティルナー等との思想的交差のなかにマルクス思想の形成過程をあとづけていくことにする．本章では，次章以下の展開における問題の所在が開示されることになる．

第2節　生の思想的把握

　マルクス経済学研究の領域においても「生活」に焦点化した研究が現れている．さまざまな学問領域において生活の概念的把握のためのさまざまなカテゴリーが提起され理論の精密化がはかられつつあることは注目されてよいことだろう．[9] 現実における諸個人の生の具体的局面を記述する上でそれは不可欠の課題だということは言うまでもない．

　しかし，ここで強調して注意を促しておきたいことは，「科学的精密化」の進行とともに科学の世界で生じ得る意図せざる錯誤の生起という閑却しがたい問題なのである．つまり，主題についての当該思想家の思想的・哲学的バックボーンをその視野から欠落させたままにカテゴリーや概念の精緻化だけを独り歩きさせてしまうときに生じ得る理論の骨化，そして，結果としてのカテゴリー自体の一面化ないしは現実からの乖離の危険という問題なのである．諸個人の生をめぐる問題においては，問題それ自体の持っている根源的な性格からしても，とりわけこの点には注意をしておくべきだと思われるのである．

「労働」と「生命活動」

　ところで，これまでの人類の一切の思想は諸個人の生を固有に主題化し，あるいは，折にふれてなんらかのかたちでこれを意識してきたと言ってよいだろう．そう言ってよいほどに，この問題は普遍性を持つ．人類の蓄積してきたあまたある思想にあって，なかんずく，マルクスのそれは，論者によるこの思想に対する距離のとり方如何を問わず，現代における諸個人の生をめぐる諸問題を鋭く照射する思想として異彩を放つもののひとつたり得ていること，このことは等しく認められるであろう．

　そこで，詳細については第3章以下でみることにするが，まずここでは初期マルクスの諸個人の生に関しての思想的，概念的な把握の特徴に急ぎ足でわけ入っておきたい．それと言うのも，パリ時代の青年マルクスにおいて，彼の諸

個人の生についての思想的把握の本質的特徴をより鮮明につかむことができると思われるからである．

　ところで，マルクスの思想における最基層を構成している人間的本質，これをさし示す歴史貫通的なカテゴリーは「労働」であるとする理解の仕方は最も通俗的なものを代表するもののひとつであり，それは具体的に例示するまでもないくらいに一般的だと言ってよいだろう．

　「労働」がマルクスにおける最も基本的なカテゴリーのひとつだということについて言えば，たとえば主著『資本論』の論理展開を思いおこすまでもなく，たしかにそうだろう．しかし，「労働」をマルクスにおける人間的本質をさし示す歴史貫通的カテゴリーだとみなす「常識的」なマルクス理解は，これまでマルクスの思想内実の把握をきわめて狭く限定し，「労働中心主義」的なマルクスという像へと押し込めてはこなかったであろうか．

　粕谷信次氏は，資本による「生活世界」の構造化を過度に強調しすぎたがゆえに，マルクスでは，「『生活世界』の他の領域や活動よりも〈生産〉や〈生産的労働〉が過度に重要な地位を獲得」することになった，と述べている．その意味で，マルクス主義は近代の超克をめざしつつも，なお近代に囚われて挫折した思想だ，と主張しているのである．

　氏の解釈は「労働中心主義」的マルクス理解としてはかなり一般的なものだと言ってよい．しかし，のちに明らかにするが，このような「労働中心主義」的マルクスという解釈は，マルクス主義によるマルクス解釈に共通する誤解の最たるもののひとつなのではなかろうか．実践的な運動論の観点が，あるいはまた，「社会主義建設」という「実践的」要請が，そうした解釈の普遍化に一切関わりがなかったと果たして断定できるだろうか．そのような解釈がマルクス像を一面的で貧困なものとしてこなかったであろうか．果たして，「労働」はマルクスにおける人間的本質を示す歴史貫通的カテゴリーなのか．むしろそれは，「生」「生命活動」だったのではないだろうか．パリ時代の青年マルクスの国民経済学批判のなかにこの点を探ってみよう．

パリ時代のマルクスの経済学研究におけるその基本的意図は，近代市民社会の「固有の論理」をつかみ切ること，つまりは，「国民経済上の現に存在する事実」から出発し，これを概念的に把握しつつその特殊歴史性を明らかにすること，もって国民経済学の水準を批判的に超えることにあった，と言えよう．その際，彼の方法態度として注目されねばならないことは，この国民経済学の思想水準が，何ゆえに日常的に再生産され不断に立ち現れてくるのか，その根拠自体にまでも翻って明らかにすることで，この思想水準をも同時に決定的に超えようとしていることなのである．

マルクスによると，「真に共同的な存在」であることが「人間の本質」[11]なので，したがって，人間は「真に人間的な生活を営むための相互的な補完行為」(Mill. 453, 370) を必要とする．つまり，「活動そのものの相互的な補完と交換」(Mill. 456, 374) ＝「社会的交通」が人間の歴史貫通的な行為として位置づけられている．

しかし，「国民経済的事実」においては，この活動そのものの相互外在化は，「交換」・「商業」のかたちで現れている．マルクスによれば，「交換」・「商業」は，取りも直さず「社会的交通の疎外態」なのであり，私的所有の枠内での特殊歴史的な「社会的交通」の存在形態なのである．だから，マルクスに言わせると，私的所有を前提とする「交換」・「商業」は歴史貫通的カテゴリーではあり得ないということになる．

ところが，「国民経済学は社会的交通の疎外された形態を，本質的で根源的な，したがって人間の本分にふさわしい形態として固定し」(Mill. 453, 370)，それを逆に歴史貫通的な位置に置いてしまうという誤りをおかしている，と彼は批判する．こうした錯誤は何ゆえに生じてくるのか．

マルクスによれば，「交換」・「商業」を不断に産出している営みの主体的根拠は「労働の分割（＝分業）」なのであるが，しかし国民経済学はこの「労働の分割（＝分業）」そのものを歴史貫通的なものとして捉えている．それゆえに生じてくる錯誤なのである．先にみたように，マルクスにとっては，人間の

活動そのものの相互外在化こそが歴史貫通的なのであり、「労働の分割（＝分業）」はこの社会的交通の疎外態としてつかまれているということに注意しておきたい．

生の全体性と自己関係

つまり、ここにみた人間的活動、「生命活動」[12]こそがマルクスにおいては人間的本質の歴史貫通的な根基とみなされているのである．しかも、人間の生命活動は他の生命体の生命活動と区別された独自な性格を持つ．「人間は自分の生命活動そのものを自分の意欲や意識の対象にする」(Ms. 369, 95) のであり、人間はこの意識的な生命活動によって世界と関係することを通して他ならぬ自分自身と関係する存在なのである．その意味で、マルクスにあっては意識的な生命活動が人間的本質の根基として位置づいていると言ってよい．

ところで、マルクスによれば、「生命活動」は全体的な活動なのであり、これを領域的に分割した上で特定の活動領域を自己目的化したり、逆に、それを手段化する時それは「生命活動」としての本質を失う．だからこそマルクスは、「実践的人間活動の疎外の行為、すなわち労働」(Ms. 368, 93) と記していたのである．しかし、国民経済学は「意識や生命発現にとってもまったく疎遠な活動」である「労働」を「国民経済学の唯一の原理にまでひき上げている」(Ms. 377, 110)．このようにマルクスは国民経済学の転倒性を批判するのである．こうした視点を保持するがゆえに、マルクスは将来社会における「労働の止揚」、そして、「労働の自己活動への転化」[13]を語っていたのである．

したがって、マルクスにおける人間的本質を示す歴史貫通的カテゴリーは「労働」ではなく「人間的活動」あるいは「生命活動」に求めることができるのである．[14]人間的本質をさし示すこの「生命活動」の諸特質を明らかにすることは、取りも直さず諸個人の生の思想的把握を果たすことに連節する課題でもある．そこでつぎに、この点に立ち入ってみていくことにしよう．

「活動〈以外〉の生命とは、一体何であろうか」(Ms. 368, 93)．『経済学・哲

序章　資本制社会と生の論理　9

学草稿』で然りげなく記されたマルクスのこの表現は,「生活」の構成要素を数え上げその「構造」をさし示しはするが「生活」の静態的描写に終始する傾向がなきにしもあらず, といった今日の生活論のひとつの傾向に対して改めて再考を促す契機たり得るだろう.

　このように述べるとき念頭にあるのは, 社会学におけるある種の生活構造論だけではない. マルクスにおける「生活」がとりざたされるとき必ずと言ってよいほどに言及される『ドイツ・イデオロギー』のある記述に依拠して疑わない理解の仕方, これをも念頭においているのである. 詳細については第5章で検討するが, それは, エンゲルスの筆になる周知の記述なのである. つまり, 根源的な歴史的な社会的活動の「側面」「契機」を, 第1に物質的生活そのものの生産, 第2に新しい欲求の生産, 第3に他の人間の生産, 第4に諸個人の協働, と数え上げてきて, そこまできて, エンゲルスは人間は意識を持つと初めて特徴づけている（DI. 22-8, 22-8, 52-8）.

　このような「生活」の領域化した把握の仕方, したがって, きわめて静態的な把握は果たしてマルクスのものであろうか. エンゲルスの筆になるこの記述をそのままでマルクスの思想だとするには,『ドイツ・イデオロギー』に至るまでのマルクスの思想とあまりに距離がありすぎる[15]. むしろ, マルクスの発想は, 諸個人の生をこのように領域化して把握する理解の仕方の対極に立つものだと言ってよい. マルクスの生把握の思想的前提は, それを意識を持った不断の「生命活動」として捉え返すことなのであり, 彼においては諸個人の生は物質的／精神的な活動の領域化されざる全体性において捉えられているのである.

　「食うこと, 飲むこと, 産むこと, 等々は, なるほど真に人間的な諸機能ではある. しかし, それらを人間的活動のその他の領域から引き離して, 最後の, 唯一の究極目的にしてしまうような抽象がされるところでは, それらは動物的である」(Ms. 367-8, 93). マルクスがこのように述べる時, 諸個人の生における「生命活動」の全体性という彼の強調を裏面から示しているのである.

さらに，諸個人の生が主体的で全体的な活動だということは，他の諸個人およびその他の一切の対象と意識的な関係行為を取り結ぶということ，すなわち，生とはいわば世界との全体的で不断の関係行為の様式であることを意味する．

「世界に対する人間的諸関係のどれもみな，すなわち，みる，聞く，嗅ぐ，味わう，感じる，思惟する，直観する，感じ取る，意欲する，活動する，愛すること，……人間の個性のすべての諸器官は……それらの対象的な態度において……対象［をわがものとする］獲得なのである」（Ms. 392, 136）．

そして，マルクスによれば，「人間は自分の生命活動そのものを，自分の意欲や意識の対象とする」（Ms. 369, 95）のだから，世界との全体的で不断の関係行為としての生は，取りも直さず，他者との関係およびその他の一切の対象との関係を通して自己自身と関係する行為だと言えよう．つまり諸個人の生とは，誤解を恐れずに言えば，固定的実体などではあり得ず，それは，世界との不断のそして領域化されざる全体としての関係行為における自己関係の過程だと言ってよいだろう．関係が生の本質だとすれば，生はまた一点に留まりつづけ得ない不断の「自己超出」の過程であることをもその本質的特質としていると言ってよいだろう．

第3節　資本制社会と生の疎外

世界との全体的で不断の関係行為の過程としての諸個人の生は，私的所有が全面的に支配する資本主義のもとでは「疎外された生」として立ち現れる．

マルクスは先に引用した，みる，聞く，嗅ぐ，味わう等々の世界とのあらゆる関係行為の主張につづけて，ヘスの思想を受けつつ，よく知られているつぎの文言を書き記している．はるか150年前，20代半ばの青年マルクスが，「豊かさ」への問い返しが求められている近年の日本社会の現実の断面をそのままに

予言しているかのような文言でもある．

「私有財産はわれわれをひどく愚かにし，一面的にしてしまったので，われわれが対象を所有する時に初めて……われわれによって直接に占有され，食べられ，飲まれ，われわれの身につけられ，われわれによって住まわれる等々，要するに使用される時に初めて，対象はわれわれのものである，というようになっている」(Ms. 392, 136-7)．

持つ存在様式とある存在様式

E.フロムは，ここにみてきたようなマルクスの生の疎外への言及を意識しながら，「ある (be) 存在様式」に対して「持つ (have) 存在様式」が支配的になる歴史的な傾向性を指摘している．「ある存在様式」とは，フロムによれば，「人が何も持つことなく，何かを持とうと渇望することもなく，喜びにあふれ，自分の能力を生産的に使用し，世界にひとつになる存在様式」[16]であり，それは「過程」そのものを意味する．このいわば世界との能動的で全体的な関係行為，つまり，「ある存在様式」としての生は，資本制社会においては疎外され，諸個人は「持つ」感覚の囚人と化する．このことがフロムによって強調されている．

ここで注意しておきたいことは，「持つ存在様式」という場合に，フロムによれば「持つ」対象となるのは，単なる事物のみならず人間をも含んでいると言うことである．つまり，それは人間以外の一切の対象に対する態度のみならず，人間の他の人間に対する関係においても，たとえば愛においても，妥当する．愛するという行為は，「生命を与えることを意味し，……生命力を増大することを意味する．それは自らを更新し，自らを増大するひとつの過程である」．ところが，「持つ」様式の場合，「それは自分の〈愛する〉対象を拘束し，閉じ込め，あるいは支配することの意味を含む．それは圧迫し，弱め，窒息させ，殺すことであって，生命を与えることではない」(Fromm. 44, 72)．

人間および人間以外の一切の対象に対する関係行為において「持つ存在様

式」がなぜ支配的になるのか．その根拠について，フロムの場合，必ずしも十分な歴史的説明がなされているわけではない．しかし，われわれは，商品関係の全面的展開という資本制社会の特殊歴史的社会関係のありようを視野の外におくことはできないであろう．具体的な使用価値が交換価値の素材的担い手になっている商品関係の普遍的支配のもとでは，対象の個別具体性や対象の質に対する諸個人の関心は不断に希釈されざるを得ず，対象への量化的接近に一元化されるというこの歴史的傾向性，それこそは「生の疎外」を語る時には欠落させることのできない社会的視点のひとつだと言える．

〈我－汝〉と〈我－それ〉

ここで，こうした歴史的視点をフロムと同様にやはり欠如させているのではあるが，「生の疎外」の問題状況の含意を整理し今日的課題を受け止めようとする時にふまえられてよい思想家の一人として，M. ブーバーの名をあげることができよう．彼の仕事は，今日的状況にあっていわば問題索出的な意義を持つと思われる．ブーバーの思想の全体像については今日改めて問い直されて然るべきだと考えられるが，以下では，本章での論点に必要な限りでブーバーの主張をみておきたい．言うまでもなく，ブーバーの思想の要諦としてよく知られる，世界に対する人間の二つの態度，という主張である．

彼は，「世界は人間の二つの態度によって，二つとなる」[17]と考える．「二つの態度」とは，〈我－汝〉の態度と〈我－それ〉の態度である．〈我〉はそれ自体だけで存在せず，常に〈我－汝〉の〈我〉，〈我－それ〉の〈我〉があるのみ (Buber. 10, 8)，と考えるこのようなブーバーの思考は，「関係主義」の立場であると言ってよいだろう．

〈我－それ〉の〈我〉にとっては世界は「経験される対象」，利用の対象であり，この場合，〈我〉は「世界に関与しない」(Buber. 12, 11)．だから，この態度にあっては，人間をも〈それ〉として，つまり，利用の対象としての態度をとることになる．

他方,〈我―汝〉の〈我〉は「関係のなかに生きる」(Buber. 11, 9).「真の関係とは,……わたしが形体 (Gestalt) に働きかけるように,形体が私に働きかけることにある」(Buber. 17, 18).この場合,「関係は相互的である」(Buber. 23, 24).ブーバーによれば,ここでの〈汝〉には人間はもとよりそれ以外の一切が含まれる.たとえば,〈汝〉としての樹木との関係においても「ひそかな対話」(Buber. 14, 14) が成り立ち得るのであり,そこでは関係は相互的なのである.

ブーバーはしかし,〈我―それ〉の態度を単純に否定して済ましているのではない.彼は,人間は,世界を認識し経験し利用することで自らをささえる「確実性」を実現してきたのだと認める醒めた目を持つ (Buber. 41, 44).しかし,同時にこの利用し経験する能力の増大が「人間の〈我―汝〉の関係を結ぶ力の減退によって生ずる」(Buber. 49, 50) ことこそが問題なのだ,と考える.彼は言う.「人間は〈それ〉なくしては生きることはできない.しかし,〈それ〉のみで生きるものは,真の人間ではない」(Buber. 44, 47).

しかしまた,彼は,現代という時代が疎外的だという歴史認識を示している.ブーバーは,「現代の人間の共同生活は,必然的に〈それ〉の世界に落ち込むようにできているのではないか」(Buber. 58, 60) と考える.この現代の疎外状況をふまえて〈我―汝〉の態度の意義は一層強調され,「真の〈汝〉」「永遠の〈汝〉」である「神」との生き生きとした関係,人々の生き生きとした関係を実現する「真の共同体」が提起されるのである.

ブーバーの立論が歴史的な諸条件の分析を十分ふまえたものとは言えないという点で抽象的でありその意味での弱さは免れ得ないのではあるが,現代社会における「関係」のありようを解きほぐすひとつの道具立てを与えるものだと言えるのではないだろうか.

関係の貧困化

資本制社会においては,資本-賃労働という歴史的社会関係のありように規

定されつつ，人と人との共同的関係が切り裂かれ，また，資本の際限のない致富衝動は人と自然との関係を根底から破壊する．資本制社会のこのような歴史的構造を解明したのはマルクスであった．今日，そうした歴史的構造的パースペクティブの強調に加えて，さらに必要な視点としてつぎのことが強調されてよいように思われる．

つまり，資本のもとで，人と人との関係と人と自然との関係が歪められるその日々の展開は，そうしたありように疑問を抱かず，むしろ無意識のうちにそれをナチュラルなものと自ら観念する諸個人の〈我―それ〉の生活態度をも生起させる．そして，資本による「関係の破壊」の展開それ自体が，諸個人のそうした生活態度を媒介にすることでそれによって深部から担われる，そのような相互媒介的な構造ができている．すなわち，〈我―汝〉関係に基づく世界との関係としての諸個人の生のありようは，〈我―それ〉関係に基づく言わば「関係の貧困化」としての「生の疎外」へと不断に構造化されつつ，かつ，この「関係の貧困化」がシステムを底ざさえするというありようである．

ここで注意しておきたいことは，先に指摘したようにフロム同様，ブーバーにおいても，〈我―汝〉と〈我―それ〉，この二つの関係のそれぞれにおいて，人と人との関係だけでなく人と広義の自然との関係が問題の射程に収められているということである．

歴史的な関係構造をふまえたかたちで表現し直せば，資本制社会は，諸個人の他の諸個人に関係するその態度，および諸個人の広義の自然に関係するその態度において，単なる利用の対象として関係する〈我―それ〉化への深みへと諸個人を導き，かつ，諸個人にそうした関係態度そのものを自明のものと思念させる．

そうした〈我―それ〉関係の生活態度そのものが自明なものとして諸個人の内面を底深く捉えて再生産され，それ自体が構造化されるがゆえに，人間的自然と外的自然の両面において人類がこれまで経験したことのないような深刻な危機の局面が加速化されることになる．今日，人類は，人間的自然と外的自然

の存立そのものに関わるレベルにまで立ち至っているという意味で, 語の本来の含意での危機に相対していると言ってよいだろう. ここでは多くの例を示す必要はないだろう.

　子どもはただひたすらに「将来」のための準備にいそしむための存在とされ, 子どもが子どものままで社会の不可欠の存在とはされていない社会にあって, 主観的にはともあれ, 親の子どもに対する関係は〈我―汝〉的たり得ない. 家族の関係においても〈我―それ〉化の関係が底深く進行し, そのような関係状況を少なくともひとつの無視し得ない背景として, 近時の尊属殺, 嬰児殺等々, の家族問題が生じていると言えよう. さまざまな神経症の事例や無差別殺害など, 社会における矛盾が人間の身体において人間的自然の存立そのものの危機として現れ始めている. そしてまた, 生態系の危機も諸個人の〈我―それ〉的生活態度の深刻化（＝開発と利用の対象としての自然！）への反省を迫るものであろう.

　今日, 「生の疎外」は, 外的自然と人間的自然の存立それ自体にさえも関わるという意味で, 「関係の貧困化」の極限的状況とでも言うべき時点にまで立ち至っているのではなかろうか.

第4節　労働力商品化と生の論理

労働力の商品化と関係の貧困化

　さて, 「生の疎外」を問題として論ずる際にはおそらくは常に語られて然るべき問題をここまでは語らずにきた. それは, 資本-賃労働関係の端緒としての労働力商品化をめぐる問題の次元である. 資本制社会における「生の疎外」に言及する時, この問題を避けたかたちで, たとえば産業化一般の帰結として処理し, 近代の産業社会の問題性としてのみ思念するとすればあまりに素朴にすぎる. むろん, 近代的な思考や生活態度への自己反省を欠落させたままで構造の告発のみに終始するとすればそれもまた一面的であるのだが.

　人間的自然の人類史的危機と言ってもよい「生の疎外」の極限的状況, その

現実の一端を垣間みることだけからしても、労働力商品化という歴史的社会関係のありようが、いかに諸個人の生に対して決して無視し得ない歴史的規定力のひとつとなっているかがみえてくるだろう.

過労死の危険、単身赴任の結果の精神疾患や病気・慢性疲労など、一家の「稼ぎ手」である父親の人間的自然の萎縮や崩壊の危機が問題にされる時、その背後に労働力商品としての彼の属性を抜きには語り得ない．そして、この労働力商品の再生産は性別役割分業のもと、家庭の「主婦」によって担われる．「主婦」のこの「役割」は、現在の基幹的労働力である夫に対して、および、将来の労働力である子どもに対して、として二重に担われる．あるいはまた、この社会システムによって労働力商品として受け容れがたく処遇される老親、この老親の世話もまた「主婦」の「役割」だとされる．だとすると、その「役割」は、すぐれて労働力商品化に関わって、むしろ三重だと言うべきであろうか．こうして、いわゆる「主婦症候群」は労働力商品化という冷厳とした事実を完全にネグレクトして語ることはできないだろう.

さらにまた、将来の労働力の担い手として、子ども達は、より「高級な」商品価値の形成へと日々強制される．子ども達の不登校や家庭内暴力などが労働力の商品化の現実と無縁ではあり得ない．そして、家族の構成員それぞれの「生の疎外」が重なりあい複合することで、事態は一層複雑化した様相を呈しているのである．

一方での、こうした労働力商品化という歴史的条件によってもたらされる「生の疎外」は、さらに他方で、すでにふれた〈我―それ〉的な関係態度の日常的な発現によって相乗されるのである．家庭のなかで構成員がそれぞれに一個の人格として関係し合うのでなく、役割人間として向き合う時、「関係」はすでに〈我―それ〉的である、と言わねばなるまい．将来のために「勉強する」ことだけが子の「役割」、という論理の徹底は、子どもとの「関係」において親としては主観的には〈我―汝〉的であることを求めつつも、結果的に〈我―それ〉的な生活態度へと落ち込んでいる、と言わざるを得ない．[19)]

生の二重化

　このように，労働力商品化の論理は，諸個人の生の問題を捉える際に不可欠の視点であることは十分強調されてよい．だが，この論理を導入して諸個人の生を把握しようとする時，これまで，ややもすると生の把握にある種の還元主義的といってもよい狭隘さをもたらすことになってきた．そして，家庭生活や諸個人の生をただひたすら労働力再生産による規定性のみから論じる狭さを生じ，これに対して伝統的な家政学などからの反発を呼び起こすこととなってきた．

　それはしかし，思うに，労働力商品化の論理の導入それ自体に問題が孕まれていたことの帰結ではないだろう．そうではなくて，先にみたような諸個人の生についてのマルクスの思想的把握がふまえられないままにカテゴリーのみが孤立的に導入され，その結果，労働力商品化の本質の理解の仕方に，そしてより直接的には，家庭の生活＝個人的消費の本質の把握の仕方にある種の狭さをもたらしてきたこと，そこにこそ問題が潜んでいたのだと言ってよい．この点は，諸個人の生を考える際，避けて済まし得ない重要な係争軸のひとつなのである．

　言うまでもなく，これは『資本論』の「個人的消費」についての理解に関わる問題点でもある．マルクスの「個人的消費」についての詳しい考察は第7章で行うことにして，ここでは要点のみを記しておくことにしよう．従来，賃労働者の「個人的消費」は資本の再生産の一契機にすぎないもの，として理解され，そこから労働者の生活過程を労働力の再生産過程へと還元して済ます，いわば「生活の還元主義的理解」が少なくなかった，と言えよう．

　しかし，『資本論』における以下の文言は思いの外に注意されていない，と思われる．資本は，労働者の個人的消費のうち，「それなくしては消費すべき労働力をみいだせないか，または十分にみいだせない部分だけを，生産的とみなすのである」．資本の立場からすれば，「労働者がそのほかに自分の諸費用に支出できるものは全て……非生産的消費である」[20]．

「個人的消費」は労働力再生産の契機にすぎないというのがマルクスの「個人的消費」論に関する通説的理解であるが、この文言はこうした通説的理解には不利である．われわれはむしろ，マルクスの「個人的消費」論において，つぎのような諸個人の生の動態的把握の可能性をこそ確保し得るのではないだろうか．一方で，資本は，労働者の個人的消費を資本のための労働力としての必要な枠組みのなかへ可能な限り押し留めようとする本性を有する．他方では，労働者は，そこには留まり得ない人格として自己の生を生きようとする．すなわち，労働者諸個人の生が，一面では，資本が必要とする労働力としての自己形成と，この限定された枠組にとどまり得ない人格としての自己形成との不断の矛盾の過程にあるものとして捉え得ると言ってよいだろう．のちに第6章で『ドイツ・イデオロギー』を検討しつつ詳述することになるが，そこでの表現を先取りすれば，労働主体の諸個人における「生の二重化」の事態の展開と言うことができよう．

マルクスの『資本論』は，「資本」の批判的概念的把握を目的としており，必ずしも諸個人の生の全体的解明がめざされていたわけではなく，そこにおける分析対象の限定という問題がある．さらにまた，現代世界における「生活諸過程の精神化」[21]の展開という点では，マルクスの生きた時代から一世紀余を経た今日では質的にと言ってよい状況変化がみられもする．したがって，『資本論』におけるマルクスの議論が消費をめぐる今日的問題に必ずしもシャープに立ち現れないとしてもいぶかる必要はない．問題は，従来のマルクス理解が，還元主義的すぎて，これまでみてきたような生の全体性と自己関係性というマルクスの基底的な視点をネグレクトしカテゴリーのみを自閉させてきたことにこそある．のちの諸章においてみるが，そうした還元主義的理解を排して読み直してみるならば，マルクスの思想的光源はより一層現代を照射し得るだろう．

「二重の意味で自由な」賃労働者

 ところで今日，現代的問題状況を考えるについて，改めてマルクスの視点から学ぶべきことは多々あるのだが，彼が近代社会をあれほどに根底的に批判しつつも，その批判の際に，同時に近代資本主義社会の歴史的にポジティブな側面をもふまえようとしていた思考様式もそのひとつだろう．そこにこそ肯定においてその否定をみるというマルクス的批判の根源性があると言ってもよい．

 その点で，諸個人の生の問題に関わらせるならば，「二重の意味で自由な」賃労働者というよく知られている規定は，現代における諸個人の生の問題を捉える上でふまえるべき歴史的視点を提示していて示唆的だろう．ここで示唆的であるということの意味は，この規定の通説的理解においてではなく，むしろ，マルクスその人の立論に素直に立ってみた時に立ち現れてくる局面を念頭においている．詳細については第7章で論じることにするが，問題の所在をあらかじめ要説しておくことにしよう．

 ここにマルクスの言う「二重の意味で自由」とは，近代の賃労働者が，第1に，前近代との対比において人格的に自由であり，かつ，第2に，生産手段と生活手段を持たないという意味で自由だ，というように二つの特徴づけは同じ重さで論じられている．ところが通説的には，この二つの特徴づけは，近代の賃労働者は，人格的には自由なのだが，しかし，生産手段と生活手段を持たない，というかたちで否定的なつき合わせによって解釈され，第2の特徴のひたすらネガティブな側面が強調されてきた[22]．このような通説の理解では，第1の側面の人格的自由の面が肯定的に理解されているかにみえるが，しかし，第2の特徴のネガティブな面が強調されることで，人格的な自由という側面さえもが，結果的に不当に軽視されてきたのではなかろうか．

 しかし，前近代の直接的生産者が共同体の肢体と化して人格的に自由な存在であり得なかったのに対し，近代の賃労働者がその意味で，人格的には自由な存在だと規定されていることは，改めて強調されてよい．すなわち人類史的視点を導入するならば，近代は，諸個人が前近代において歴史的共同体の肢体と

化していた拘束から自由になり，人格としてのこの〈私〉が自らの生を厳密な意味で自らに引き受け得る特殊歴史的な現実を原理的には初めて用意したのである．

　生活過程を単なる労働力の再生産過程にすぎないものとみなす，よくみられる理解からは，システムによる諸個人の生の構造化の側面のみが論理的には導きだされざるを得ない．しかし，すでにふれたように前近代との対比において歴史的な意味で自由な人格である近代の賃労働者，この労働主体としての諸個人の生は，資本の要請する労働力としての自己形成と人格としての自己形成との不断の矛盾の構造において捉えられる．そうだとすれば，資本制社会における諸個人の生は，疎外されつつ，同時に，その否定的ありようを不断に越えようという内的契機をもその論理のうちに含み持つという意味で，歴史的には独自の性格を示すものだと言えよう．

　内山節氏はつぎのように述べている．労働力商品化を根本原理とするこの社会のなかで，労働者は被抑圧的な生を生きつつも，「労働にかぎらず，人間は自分に与えられた条件のなかで，その世界を少しでも住みごこちのよいものに変えようとしながら生きているのである」．しかし，それはなぜなのか．氏はその歴史的根拠を示してはいない．だが，それはみてきたような近代の賃労働者における諸個人の生，その存在形態の特殊歴史性から説明され得るのではなかろうか．

歴史貫通的な生の次元

　しかし，この近代における諸個人の生の特殊歴史的性格は，生のいわば人類史貫通的な性格と切断されて存在するのではなく，むしろ，それの特殊歴史的な発現形態であることに，注意されてよいであろう．かつて粟田賢三氏は，「不変の人間性」の存在という仮説を提起したことがある．生の論理の問題と関わり，また，人間的自然の存在それ自体の危機とでも言ってよい今日的状況にあって，改めて受け止めてみるべき問題提起だと思われる．

マルクスの「フォイエルバッハに関するテーゼ」におけるよく知られている，「人間の本質とは，その現実性においては，社会的諸関係の総体である」というこの「第6テーゼ」の意義を強調しつつ，氏はしかし，従来ここから社会関係が変われば人間性も変わる，という一面のみがその理解として強調されてきたことを問題にする．氏はこうした一般的な理解の仕方に対して，さまざまな時代の条件を通して存在しつづけている「不変の人間性」というものを考えてよいのではないか，と提起している．氏は，人間の価値意識が重層構造を持つとし，その最基層にある価値意識をもって「不変の人間性」と仮説的に主張したのである．

「不変の人間性」というこのような氏の表現で粟田氏の意図が十分に伝わるか否か，あるいはまた最基層の価値意識を「不変の人間性」と表現することで済むか否か等は検討の余地を残すと思われる．しかし，ここでは氏の問題提起を受け止めつつ，人間の本質が人類史のそれぞれの時期において，その歴史的形態規定を帯びたかたちで現れるという意味において，本章でこれまで使ってきた表現をふまえて言うならば，「歴史貫通的な人間的本質」の存在という仮説を氏とともに共有しておきたい．もちろん，そのような人間的本質の把握は，マルクスにあっては抽象的な一般的規定をア・プリオリに措定することをなんら意味していない．それは，特殊歴史的な個体としての近代ブルジョア社会を「眼前の事実」とみすえたところから，これを「下向」的に分析することで得られた合理的な抽象の結果なのである．この点については以下の諸章においてより立ち入って明らかにするが，あらかじめ注意を促しておきたい．

ところでわれわれは，歴史貫通的な人間の本質を示すマルクスのカテゴリーが，通説のいう「労働」にではなく「人間的活動」あるいは「生命活動」にみいだされていたことをすでにみてきた．自己の意識的な生命活動は世界の一切のものとの関係行為であり，それは取りも直さず，どこまでいっても自己の活動なのであり，したがって，世界という広い意味での他者との関係を通して自己に向き合う自己関係であった．

そのように捉えてみれば，マルクスにおける歴史貫通的な人間的本質の規定，その最基層にわれわれは自己の生の意味を求める存在という規定を置くことができよう．したがって，人間としての諸個人は自己の生の意味を自らに問う存在であり，それゆえに，自己の生を自己決定する生の主人公たらんとする存在だと言えるだろう．こうした歴史貫通的規定性を特殊歴史的に発現する主体として近代の「二重の意味で自由な」賃労働者の諸個人が位置づいてくるのである．

第5節　生への定位

さて，生の論理をめぐってそのいわば思想的含意に問題を限定して検討してきた．その限りで，現代日本における生活状況の具体相は捨象されてきた．ここで，これまでみてきたような生の思想的把握をふまえながら，そこに定位して現代日本の状況に一瞥を与えておくことにしよう．その意味で以下の論述は，諸個人の生の現代的問題状況への全体的な接近ではあり得ず，あくまでもこれまでの検討をふまえたひとつの仮説的な切り口の提示でしかない．ここまで生を「関係」という視点を軸として把握しようとしてきたのであったが，以下は，その限りでの現代的問題状況の開示の試みということになる．

諸個人の生へと定位することは今日，世界大に生起する「新しい社会運動」の現実へと即座にわれわれを導く．「新しい社会運動」を生の論理の問題次元から把握し整理し直すことによって，現状ではそれぞれ個別に展開されている諸運動の連節化の試みの可能性を示し得ると思われる．それをここで展開することは，本章での直接的課題の範囲を大きくふみでることとなる．「新しい社会運動」の問題はここでは措くことにする．

諸個人の生の相互承認

元島邦夫氏による実態調査に裏づけられた現代日本の労働者の生活と意識の描写は，これまで検討してきた生の思想的把握にかかわる現代的問題を投げか

けていると思われる．氏は企業組織における労働者を中軸労働者，成熟労働者，周辺労働者の三タイプに類型化した上で，それぞれのタイプについてその生活と意識の特質を描きだしている．

タイプ化して描きだしているところにこそ氏の労働社会学者としての真骨頂があるのだが，ここではその詳細は捨象せざるを得ない．氏は，日本の労働者が総じて，それまで身体内部に深く身につけてきた「勤勉の哲学」から初めて身をひき離しつつ，「企業社会」に心身を浸り切り疲れ切っているような生活に「そろそろけじめをつけなければならないこと，自分の生活をとらえ直し，生活のどこに自分の意味を賭けるか設定し直すこと」に気がつき始めていると言う．

現代の労働者が，高度経済成長下の「企業社会」のなかで「人間的自然のリズム」を破壊され，「『企業社会』のリズムを心身に刻印された結果，人間としてあたりまえのことを探り求めようとしている意味は大きい」．そして，こうした生活のあり方の問い直しというかたちでの「常識的な価値志向」の新たな芽生えは，労働者諸個人の「自立の第一歩」だとして位置づけられるのである．

この「あたりまえの」価値志向が向うところは，子どもの成長，妻との心身の交流，地域の人との協力と楽しみ等々の「身近な生活世界」なのである．だが，人間としてあたりまえのことを探ろうとするこの志向はたんなる余暇重視の生活や私生活主義への埋没を意味するのではなく，生活そのものをみ直し始める出発点なのだ．大企業労働者は「生活変革の過程を経てはじめて社会変革に参加しうる」．

「生活変革」を重視する氏の主張は十分に注目に値する．こうした「生活変革」ということの現在的意義をわれわれは氏とともに共有できるだろう．ここではさらに，そのことが持ついわば人類史の意味をも問い直してみたい．以下では，これまでの生の思想的把握に関わるかたちでその含意についてふれてみたい．

高度経済成長を底ざさえしてきたそれまでの日本の労働者の「企業社会」への心身の埋め尽しという生活態度とは一体いかなる関係態度だったのだろうか．ブーバー的な表現で言えば，それは，〈我—それ〉の関係態度のある種極限的ありようだと言ってよいだろう．すなわち，諸個人は人と人との関係においてのみならず人ともの（広義の自然）との関係においても，ともに〈我—それ〉的関係態度の極限状況を経験してきた，と言ってよいだろう．

　仕事自体の人間的意味を問い返すことのない生活態度にとっては，言うまでもなく，自然やその他の物は一方的な功利的利用の対象でしかないのだ．そこでは，自然との〈我—汝〉的関係は成り立ち得ない．むしろ，開発と破壊による自然存立の危機を結果として容認することとなってきた．

　人間同士の関係においても然りである．業績主義を旨とする「企業社会」内部の競争的人間関係においては，他者との関係はかけがえのない代替不可能な他者との〈我—汝〉的関係などでは断じてなかった．むしろ逆に，諸個人が〈我—それ〉的態度を欠如させてしまうということは，「企業社会」における自分の存在それ自体をおびやかすことでさえあっただろう．また，家庭においては，夫にとって妻は自己の労働力の再生産をささえる「役割」を担うための存在であり，それ以上の存在であることを妻が主張するなどということは夫にとって考えられもしなかった．また，親と子どもとのあいだには将来のより「高級な」労働力として思念された「関係」が支配的に成り立ってきた．

　家族においてさえも「関係」は事実上効用に基づく〈我—それ〉的態度によって支配されてきた．そうした「関係」は，主観的には「愛情」と「信頼」の意識に担われつつ，人間的自然の内部崩壊の危機が叫ばれるところにまで進行してきた．このような傾向性の浸透は，もちろん，それぞれの個人や家族において濃淡はあるとしても，この傾向性から完全に自由なピュアな存在を現代社会において想定することは困難だろう．

　こうした「企業社会」への心身の埋めつくしを考え直すということが，とりも直さず，〈我—それ〉的態度の修正の開始の過程でもあるとすれば，それは

人間的自然のありようにおける変化の端緒を意味する．

　元島氏の指摘する，地域社会において，利害などにとらわれずに生活自体を楽しみたいという欲求の実現を求め，人と人との「底意のない」[29]関係の形成を希求する労働者諸個人の志向は，そのような功利的関係を越えようとする端緒的側面を持つ．その意味で，なにがしか〈我―汝〉的関係の形成への端緒としての性格を持つ．また，エコロジーへの関心は，程度の差はあれ，自己の生活態度そのものの問い返し抜きにあり得ないし，物との関わり方一般への反省もまた然りである．つまり，自然との〈我―汝〉的関係態度の端緒的形成でもあろう．

　むろん，純粋に〈我―汝〉的関係態度によって生きるなどということは幻想だろう．ブーバーも言うように「二種類の人間があるのではなく，人間性の二つの極があるのみである」(Buber. 78, 83)．ましてや，諸個人は不断に〈我―それ〉の関係を醸成する資本制社会の構造のただなかに生きるのである限り，「二重の〈我〉」(Buber. 79, 83)に生きているのがむしろ人間の現実的姿なのだ，と言ってよい．また，「関係」とは，自他の厳然たる差異の相互承認を前提にしてこそ成立し得る．その意味で，「関係は差異を生きるということ」[30]だ，という側面を常に持つ．

　こうした諸点を念頭においた上でのことなのだが，生の根源に定位した「生活変革」は，人間的自然の内部崩壊の危機に対するいわば「生の復元力」のひとつの開示の仕方だとみなされれば，それは人類史の重要な局面を構成するものとして十分に注目されるべきである．

生の次元と民主主義のエートス化

　「生活変革」は，これまで思念されてきた狭い意味での「政治」的性格を持たない．しかし，視点を変えるならば，それは客観的にはすこぶる政治的な意味を持つ．諸個人の生の問い返しに基づく「生活変革」は，諸個人が疑念を差しはさむことなく営々として追求してきたこの社会のシステムによって提供さ

れた規格化された幸福価値，そこから自己を多少なりとも（あるいは質的に）引き離す過程でもある．

ところで，諸個人がそういうかたちでこのでき合いの幸福価値に対して距離を取り始めるということは何を意味するのか．それは，システムによって自己の生が抑圧的に操作され，ステレオタイプ化された幸福価値の受容を強制してくる現実に対して，自らの生の主体としての実質を確保しようという指向を示すものであろう．

中村秀吉氏はつぎのように述べている．「人間が自分の活動の主人公でありたいという願いは，人間のもっとも基本的な（本能的なといってもよいような）欲求だといえないだろうか．少なくとも民主主義はこのことの承認の上に成り立つといえるだろう」[31]．民主主義が諸個人の自立と人格的自由の相互承認を前提にしているという意味において，まさにそのとおりだろう．

と同時に，諸個人の生の次元に定位して民主主義を捉え返すことは，民主主義の歴史的な深化と拡大という問題に連なる．現代日本における社会的現実，および，「ソ連」「東欧」などに象徴される世界の動向は，人類が今日この生の次元からの民主主義の深化という課題に直面していることを示している，と言えよう．民主主義の歴史的性格とその今日的課題の一端に触れてこの点を敷衍しておこう．

佐藤和夫氏は，かねてより家族における民主主義の意義という問題を強調している．氏によれば，戦後民主主義は，住民の民主主義，家族の民主主義などとして，生活の全領域へと拡張し得るもの，とされるはずだった．しかし，現実はそうなってはいない．そこには，近代市民社会における民主主義の根本的限界の問題がある．すなわち，近代における民主主義の原理にあっては，家族によって支えられつつ経済的自立性を確保した家長が民主主義の担い手たる自立した市民として立ち現れ，他方，これを支える家族などの私的領域は民主主義から原理的に排除されてきたのであった．

しかし，今日，個人の私的生活はますます公的領域の問題の解決抜きには成

り立たなくなっている．現代では，「生活過程は同時に文化的な生活過程でもある」．「かつて公的なものは生活から離れたところに存在し，そこにおいてのみ民主主義が問題となった．しかし今や，民主主義は生活の側からみて問題となり得るすべての領域で論じられることとなる」[32]．かくて，氏はこれまで，問題とされることの少なかった家族における民主主義の意義を主張することになるのである．

さて，今日の「生活の社会化」の展開は，私的なものの存立が公的なものへの依存抜きにはますます成り立ち得なくさせてきていることは言うまでもない．このような事態の展開をふまえて，一方での「社会化」の展開と，他方で，にもかかわらず私的責任において営まれる生活との矛盾という問題の所在が従来指摘されてきたし，それはそれで重要な問題でありつづけている．しかし，佐藤氏は「生活の社会化」の展開という同じこの局面を念頭に置きつつも，ここではこうした従来の問題次元とは異なる角度で，つまり民主主義との関わりにおいて問題を設定し直しているのである．氏の主張は，民主主義の近代的限界性を克服していくひとつの方向についての貴重な問題提起として真剣に受けとめるべき視点だろう．

ここでは，本章で論じてきた「生の論理」との関わりで以下のことを強調しておきたい．それは，諸個人の生に定位しつつ民主主義を捉え返すという問題設定の意義についてである．つまり，日常の生における〈我―汝〉の関係態度の不断の醸成という生活態度の次元にまで降り立つ時にこそ，民主主義のエートス化への足掛りを手にし得るのではないだろうか．このことを強調しておきたいのである．

これまで近代民主主義は，デモクラートを自称する者にあって，政治的民主主義に対する態度と私的生活におけるおよそ民主主義的ならざる生活態度との間の矛盾があったとしてもそれが原理的には問題となりにくい近代民主主義それ自体の論理構造によって支えられてきた．つまり，近代民主主義は総じて社会的弱者をその表舞台から排除することを前提に原理的には成立してきた．[33]そ

うだとすれば，諸個人の生の次元に定位することを通して，近代民主主義の歴史的限界性の克服の方途と民主主義の真実の深化・エートス化への試練の足場を初めて確保し得ると言えるのではなかろうか．諸個人はそれぞれの生の絶対性の前に相互に平等なのであり，この諸個人の生の論理に立脚した上での他者性を相互承認する，そのような「関係」の形成は，効率価値を軸とした規格化された社会的価値をなにがしかは介在させることによって成立してきた従来の諸個人の「関係」のありようの変容を意味しているからである．

　本章では，「生の論理」のポジティブな側面を強調しすぎてきたのかもしれない．確かに現実は，日々，人間が内部から朽ち落ちるかの如き状況の報告に満ちあふれている．人間的自然の危機について，それが今日の人間的現実を構成する確かな部分であると言うことにしっかりと目を向けるべきだろうこと，そのことについては本章でも指摘してきた．そうした人間的自然の危機の局面に対して諸個人のあらゆる面からの真に意識的な取り組みが要求されている．このことは強調されすぎることはない．

　だが，民主主義の歴史的深化・エートス化に連節し得る諸個人の生の次元における「あたりまえの」価値志向の領域からの問題設定，それが意識的でなく次元の低い営みであるとして貶価されてはならないだろう．それ以前には「政治的」ならざるものが今日ではすこぶる政治的性格を帯びてくる時代，人類史の歩みはそうした地点へと立ち至っているのではなかろうか．

　本章では，諸個人の生というプロブレマティークの現代性と思想的・理論的把握の不可避性についてふれてきた．この諸個人の生という現代的プロブレマティークは，しかし，特殊に現代的な問題であるだけではなく，時を遡って，近代批判の思想の形成過程においても基軸的に重要な意義を持つものである．その意味で，生命をめぐる問題の次元は近代社会をめぐる思考の要石を成すと言えよう．以下の諸章では，近代批判の思想の形成過程をフォル・メルツのドイツに限定し，諸個人の生を視軸として読みとっていくことにしよう．

注)
1) 山崎正和『柔らかい個人主義の誕生』中央公論社，1984年．
2) 山崎氏とは異なる視点からではあるが，70年代後半以降に社会問題が質的に異なった局面，つまり，人間性の危機という局面に立ち至ったという認識もみられる．飯田哲也「人間性の危機としての社会問題」飯田哲也・浜岡政好編『人間性の危機と再生』法律文化社，1988年，参照．
3) 拙稿「『柔らかい個人主義』のアポリア」『比較文化論的視角による現代日本社会理論再構成の試み』(昭和60年度科学研究費補助金研究成果報告書　代表佐久間孝正)，1989年．
4) 小倉利丸『搾取される身体性』青弓社，1989年，210ページ．
5) 同上．
6) 資本蓄積の一契機として労働者自身の生活様式をも包摂した「内包的蓄積体制」を問うレギュラシオン理論（その嚆矢は，Michel Aglietta, *Régulation et crises du capitalisme : L'expérience des Etats-Unis,* Calmann-Lévy, 1976, ミシェル・アグリエッタ『資本主義のレギュラシオン理論』大村書店，1989年）．さらにまた，「生活世界の植民地化」を問題化し「コミュニケーション的行為」を提起するハーバーマス（Jürgen Habermas, *Theorie des kommunikativen Handelns,* Suhrkamp Verlag, Frankfurt am Main, 1981, ユルゲン・ハーバーマス『コミュニケーション的行為の理論』上，中，下，未來社，1985-7年）．共に生の次元に棹さすこれらの著作の登場が1970年代半ば以降であり，奇しくも期を同じくしていることは，この問題の所在の現代的に普遍的な性格を世界大に示すものとして注目される．
7) 津田眞澂『企業は人を捨て国を棄てる』文藝春秋社，1988年，31ページ．
8) たとえば，元島邦夫「『民活社会』の生活・労働フィロソフィー」(元島他編『働きすぎ社会の人間学』労働旬報社，1988年)．元島邦夫「大企業労働者分析の『革新』」(日本労働社会学会年報，第1号，『労働社会学の課題』時潮社，1990年)．辻勝次「企業社会の動揺と会社人間の自立」(木田融男・佐々木嬉代三編『変貌する社会と文化』法律文化社，1990年)．
9) 成瀬龍夫『生活様式の経済理論』御茶の水書房，1988年．角田修一「生活手段の資本主義的形態とその廃棄」『立命館経済学』第28巻，第3・4・5号，同「史的唯物論における生活手段の概念」同，第29巻，第3号，他．
10) 粕谷信次「『主体』の解体とあらたな『主体』概念の構想」粕谷信次他『社会観の選択』社会評論社，1987年，196-208ページ．
11) K. Marx, Auszüge aus James Mills Buch „Élémens d'économie politique", *K. Marx/F. Engels Gesamtausgabe* (以下，*MEGA* と略記する), IV-2, S. 452 (「ジェームズ・ミル著『政治経済学要綱』からの抜粋」『全集』第40巻，369ページ)．以下つぎのように略記する．Mill. 452, 369.

12) K. Marx, Ökonomisch-philosophische Manuskripte, *MEGA*, I -2, S. 369（城塚登・田中吉六訳『経済学・哲学草稿』岩波書店，1964年，95ページ）．以下つぎのように略記する．Ms. 369, 95.

13) K. Marx/F. Engels, *Die deutsche Ideologie*, hrsg. von Wataru Hiromatsu, Kawadeshobo-shinsha Verlag, Tokio, 1974, S. 142（廣松渉編訳『ドイツ・イデオロギー』河出書房新社，1974年，152ページ）．渋谷正編訳『草稿完全復刻版 ドイツ・イデオロギー』新日本出版社，1998年，170ページ．以下つぎのように略記する．DI. 142, 152, 170.

14) 細谷昂「行為と関係」『社会学年報』XIV 東北社会学会，1985年．同『マルクス社会理論の研究』東京大学出版会，1979年．拙稿「『経哲（第1）草稿』と『労働』把握」『社会科学の方法』通巻106号，御茶の水書房，1978年，参照．もちろん，こうした主張をすることと「労働」カテゴリーを軽視することとは直接にイコールではない．筆者はむしろ，マルクスが「労働」を「生命活動」の疎外態として自覚化しつつ，そこに定位することで，もって資本制社会の歴史的構造を他の諸思想の追随を許さぬ鋭さで解明し得たのだ，と考えている．

15) エンゲルスの筆記によるこの記述を取り上げ批判的に言及した先駆的な文献として，小林一穂「『ドイツ・イデオロギー』における生活過程概念について」『社会科学の方法』通巻109号，御茶の水書房，1978年，参照．

なお，『ドイツ・イデオロギー』に至るまでのマルクスの思想形成，および，マルクスとエンゲルスの思想の彫琢過程については第3章以下で詳述する．

16) E. Fromm, *To have or to be?*, Harper and Row Publishers, 1976, pp. 18-9（佐野徹郎訳『生きるということ』紀伊國屋書店，1977年，39ページ）．以下つぎのように略記する．Fromm. 18-9, 39.

17) M. Buber, *Ich und Du*, hrsg. von L. Schneider・P. Bachem, Verlag Jakob Hegner in Köln, 1966, S. 40（植田重雄訳『我と汝・対話』岩波文庫，1979年，43ページ）．以下つぎのように略記する．Buber. 40, 43. ブーバー自身は，〈我―汝〉の論理をフォイエルバッハに示唆を得ている．フォイエルバッハの我―汝の論理と生の把握については本書第1，2章で詳しく述べる．

18) 内山節『自然と労働』農山漁村文化協会，1986年，194ページ．

19) この点ブーバーは，その性質上完全な意味での相互性の成り立ちにくい関係が存在していることを指摘しつつ，そうした関係にあってさえも〈我―汝〉関係が可能であることを強調している．大変に示唆的だと思われるので以下に引用しておこう．ひとつは教師と生徒との関係である．教師は「生徒に対する関係を統一的に意味深いものにするためには，たんに自己自身の極からだけでなく，教師と向かい合う相手の極からもあらゆるモメントにおいて体験しなければならない．……しかし，それは彼が生徒のなかに〈我―汝〉の関係を喚びさ

まし，生徒のほうも教師を明確な人格として考え，肯定することにかかっているのである．」(Buber. 155, 162)．また，真の精神療法の医者と患者との関係も同様である．患者の萎縮した人格中枢の回復は，「人格に対して人格で向かい合う態度によってのみ成し遂げられ，患者を一個の客体として観察，治療するだけでは不可能である」(Buber. 156, 163)．

20) K. Marx, *Le Capital*, Éditeurs, Maurice Lachatre et Cie, Paris, 1872-5, p. 250 (『フランス語版資本論』下巻，法政大学出版局，225ページ)．以下つぎのように略記する．Cp. 250, 下 225．
21) 中野徹三『生活過程論の射程』窓社，1989年，51ページ．
22) 細谷昂「マルクスの人間観」家坂和之編著『現代社会学における人間の問題』学文社，1979年，102-3ページ，参照．細谷氏は，第2の自由の積極的な含意を強調している．

そうした第2の自由を否定的なかたちで第1の自由につき合わせる通説が何ゆえに支配しつづけてきたか，エンゲルス編集版『資本論』が，フランス語版『資本論』におけるマルクスの原意に対して微妙な距離をとってしまったことが一因とは言えまいか，等々といった文献史的検討については本書第7章で論じる．
23) 内山節，前掲書，216ページ．
24) 粟田賢三「マルクス主義における人間性の問題」『マルクス主義研究年報』合同出版，1977年．
25) 元島邦夫「『民活社会』の生活・労働フィロソフィー」前掲書，46ページ．
26) 同「大企業労働者分析の『革新』」前掲書，64ページ．
27) 同「『民活社会』の生活・労働フィロソフィー」前掲書，62ページ．
28) 同「大企業労働者分析の『革新』」前掲書，67ページ．
29) 同「『民活社会』の生活・労働フィロソフィー」前掲書，61ページ．
30) やぎみね『関係を生きる女』批評社，1988年，238ページ．
31) 中村秀吉『哲学入門』青木書店，41ページ．
32) 佐藤和夫「現代民主主義の再構成と家族の問題」『社会科学研究年報』1983年版，合同出版，94ページ．
33) 佐藤氏は，「東洋のルソー」中江兆民が，大陸への侵略を是認しまた公娼制度を肯定していたこと，秩父事件の指導者達が知事との交渉の前日に遊廓に遊んだこと等を指摘している．ルソー自身の女性観についてはよく取り沙汰されるところであるが，今日のデモクラートは，公的領域における民主主義のみならず私的領域においても民主主義の思想を実現し，ルソーの時代的制約を超えている，と果たして言い切れるであろうか．

第1章　諸個人の有限性と生
　　　——フォイエルバッハの宗教批判の論理——

　『キリスト教の本質』(1841年)の一著をもって，フォル・メルツのドイツで世に迎えられ，ヘーゲル左派における内部論争を喚起し，一大反響を呼びおこしてのち，1848年の3月革命とともに「時代の後景へ押しやられ」，忘れさられた人となったフォイエルバッハ。彼は思想史的に顧りみるならば，通常の解釈としては，ヘーゲルとマルクスとの間に立ち，マルクスによって止揚された思想家として了解されている。

　あるいはまた，体系化に対し極度に否定的な態度を示したがゆえに，多面的な論点を展開させる可能性を萌芽的ながら内含し，したがって，生の哲学や実存主義あるいは現象学派等々の先駆ともみなされ，その意味で，現代哲学の入口にたつ思索家とされることもある。

　このような多様な評価が与えられつつも，フォイエルバッハはしかし，少なくとも，現代を嚮導するような思想家として位置づけられることは少ない。この点は，それらの種々の評価を通底していると言ってよいだろう。

　こうした事情を念頭におくならば，フォイエルバッハ—マルクス関係の文脈において，現代的問題状況を意識しながら，マルクスのフィルターを通したフォイエルバッハではなく，フォイエルバッハその人に内在しつつその原像を解明しようという動きが現れてきたことは注目に値する。

　本章は，近時のフォイエルバッハ—マルクス関係の諸論点に立ち入ることを直接の狙いとはしていない。だが，「ひとまずマルクスやエンゲルスによって画き出されたビルトを離れフォイエルバッハ自身が展開する論点に内在しつつ検討を進める必要がある」と山之内靖氏が言う時，この課題設定は共有できるものだと考えている。それと言うのも，すでに触れたように，従来フォイエルバッハはマルクスの眼を介して理解される傾向があり，それは，フォイエルバ

ッハの原像をつかむ上での少なからぬ障害となってきた．またそれのみならず，この事情は，逆に初期マルクスの原像を把握する際のバイアスを形成するところにもなってきたと思うからである．したがって，記述の手順においては，まずは，フォイエルバッハその人の思考様式を解明し，ついで，フォイエルバッハーマルクス関係に内在するという段階的な段取りをふむ必要があると思われる．

　第1章と第2章では，フォイエルバッハ自身の思考に内在し，第3章においてフォイエルバッハーマルクス関係を解明するという手順をふむことにしよう．そこで，本章では，フォイエルバッハの主著『キリスト教の本質』の論述に内在しつつ，彼の宗教批判の論理をつかみ，もって，宗教批判と表裏をなすものとしてのフォイエルバッハの「人間」・「生命」把握を概念的に捉え，その意義と限界の解明を試みることにする．

　特定の思索家の思想を過不足なしに解明し得るがためには，彼の全生涯にわたる思想形成を丹念に跡づけ，それぞれの思想形成の段階において獲得されている思想水準の質をふまえて，それらの総体において把捉されるべきものと私は考える．にもかかわらず，本章での検討対象を敢て『キリスト教の本質』に絞り込んで分析することの理由は，私の現段階での力量の制約という言わずもがなの一事は措くとしても，彼が体系化を拒否しているがゆえに逆のメリットもあるのではなかろうか，と思うからである．

　彼は，よく知られているように，自らの重要な思想を箴言という形態において多く残しているし，そういうかたちを取らない場合であっても，警句的表現を好み，時に文学的，比喩的な表現のスタイルが少なくないという特質を持っている．[5] こうしたフォイエルバッハの記述上の特質は，ここかしこに散在する彼の諸命題を恣意的に結合し，もって「自由に」解釈する，そのような余地を残すものとなっているのである．

　本章は，分析の対象を『キリスト教の本質』に絞り込むという点で，極めて限定された角度からのフォイエルバッハへの接近となるが，『キリスト教の本

質』に絞り込むことによって，こうした解釈の恣意性に流れることに可能なかぎりで制約を与え，また，マルクスの目を通してのフォイエルバッハではなく，『キリスト教の本質』自体の文脈において，フォイエルバッハ自身をして語らせてみよう，という企図を持つものである．

第1節　自己意識としての対象の意識

自然的存在と心身一元

　フォイエルバッハは『キリスト教の本質』「第2版への序言」において，つぎのように述べて自らの存在論的，認識論的立場を直截に表明している．彼は，「自分の素材を自分自身のなかから汲みだすような思弁」の立場に反対しつつ，「思想から対象を産出するのではなくて，逆に対象から思想を産出する[6]」のだと自分の立場をこれに対置するのである．

　対象をもっぱら「頭脳の外部に実存する」（同上）ものとみなすこの立場を称して，彼は自らを，実在論＝現実主義（Realismus）・唯物論だとするのである[7]．この対象の外在性の承認という前提のもとに，人間が自然的存在であることが徹底して強調されることになる．自然に依存することによってのみ初めて存在し得るものとしての人間という視点からするならば，人間に固有なものである「精神的および道徳的な力[8]」，それさえが，人間存在のための絶対的条件たる自然を欠いては無に帰する．そのことは，飢えによる死が生存そのものを奪うがゆえにということを指すのみならず，極度の飢えの状態は人間性をも剥奪するものであることによっても示されるのである（WC. 335, 下165）．

　そうしてみると，この自然的存在としての人間は，フォイエルバッハによれば，「時間性や場所性の制限」（WC. 47, 上111）をともなった，すなわち具体的な「個体性（Individualität）や身体性（Leiblichkeit）」（WC. 44, 上107）を備えたものとしてのみ現実的存在なのである．「自然を持たない人格性・『自我性』・意識は無」（WC. 110, 上205）なのだ．身体とは自然なのだから，身体を持たない人格もまた無なのだ，と言うことができよう．

かくて，フォイエルバッハにあって個別的な個体は，その身体性において同時に自我性を示すものとして心身一元的に捉えられるのである．『キリスト教の本質』の2年後，彼はこの立場をより明確なテーゼのかたちで表明することになる．「私は現実的な感性的な存在である．身体は私の本質に属している．それどころか，身体の全部が私の自我，私の本質そのものである」[10]．

このようにして，彼は人間の自然的存在としての側面を強調することを通して，人間は身体を備えた心身一元的存在であること，つまり，人間は現実態においてはそのような個的固有性を備えたものとしてしか存在し得ないのだ，というつかみ方に至っていることに注意したい．これは先のレアリスムスの立場の徹底において獲得された人間観だと言ってよいであろう．

一面的なレアリスムスと一面的なイデアリスムス

だがしかし，みてきたようなレアリスムスの立場に立脚する反面，フォイエルバッハは機械論的な俗流唯物論の決定論に対しては自らの立場を明確な一線をもって画するという醒めた目をも保持し得ていたこと，このことには十分に注意されてよいであろう．

彼は，自分は今は実現が不可能だと一般に思われている理念が将来において必ずや実現すると確信している，と述べている．その意味では，自分は観念論者＝理想主義者（Idealist）だと表明しているのである．レアリスムスの強調の反面，他面においてイデアールなものが押しだされるのである．

このイデアールなものの強調という姿勢の彼方に，彼の宗教批判の論理において軸芯的位置を担わされている「意識」という論点が彼流の仕方で前面に押し立てられてくることになる．

人間を動物から区別するものは何か．フォイエルバッハによれば，この問いに対する最も通俗的な解答は，「意識」だ，ということになる．彼もまた，然り「意識」だ，と答える．だが，彼はそれは通俗的な意味での「意識」ではなく，「最も厳密な意味での意識」（WC. 1, 上48）なのだ，として自己の立場を通

俗的な意味での「意識」の強調とは明確に区別しようとする．では，彼の立場の独自性とは何であろうか．

　動物は個体としての自己をなんらかのかたちで対象とし得る．「だからこそ動物は自己感情を持っている」(WC. 1, 上48) のである．だが，人間は「自己の類・自己の本質性」(WC. 1, 上48) をも対象とし得るのであり，その意味において人間の意識とは「最も厳密な意味での意識」なのである．動物には「一重の生活」しかないが，人間は，内的・外的の「二重の生活」(WC. 2, 上48) を送ることができるのである．

　こうして「最も厳密な意味での意識」とは，人間の類としての固有性を本源的なレベルで照し返すところに登場するのである．このことによって示される特殊人類的規定は，のちに詳述するところだが，それが彼の宗教批判の論理の基軸的位置に設定されるがゆえに，重要な意味を付与されてくることになるのである．

　こうした立場に立つがために，だからこそ彼は俗流唯物論には我慢ならないものを感じ取っている．「浅薄な唯物論者」は，「人間は単に意識によって動物から区別されるにすぎない，人間は動物の一種ではあるが，しかし，意識を備えた動物である」(WC. 3, 上50)，と考えている．しかし，フォイエルバッハに言わせると，人間が意識を持つということを，たかだかこの程度でしか捉え得ない「浅薄な唯物論者」には，意識を持つということにおいてすでに，人間は，「全本質の質的変化」(WC. 3, 上50) を遂げている存在なのだ，ということがわかっていないのだ．フォイエルバッハによるこのような俗流唯物論批判は，イデアールなものの強調の線上にあるとみられてよいであろう．

　かくして，フォイエルバッハはレアリスムスとイデアリスムスとの微妙な緊張関係に立脚しつつ思索していると言ってよい．フォイエルバッハにとっては，「真理は唯物論でもなければ観念論でもなく……真理はもっぱら人間学」[11] でなければならない．このように主張する時，それは一面的なレアリスムスと一面的なイデアリスムスをともに退けるという彼自身の自己主張なのであろ

う.

自己関係

ところで,「人間は対象がなければ何物でもない」(WC. 5, 上52) とフォイエルバッハは言う．そして,「主観が本質的必然的に自己を関係させる対象とは，この主観自身の——しかし対象的な——本質以外の何物でもない」(WC. 5, 上53) のであり，対象は自己の本質を示すものなのである．それは精神的対象のみならず感性的対象についてさえも同様なのである．

「月も太陽も星も『汝自身を知れ！』と呼びかけている．人間が月や太陽や星をみているということ，そして人間がそれらのものをまさに彼がそれらのものをみているような仕方でみている」(WC. 6, 上54　圏点は引用者).

人間は同じ月や太陽や星をみても皆がみな全く同一の見方をしているわけではない．人間は同一の対象に対してさえそれぞれ異質な関わり方をするものである．人間はその感性的な対象において何をみているのか．彼は，対象において自己をみているのであり,「対象の意識は人間の自己意識」(WC. 6, 上53) なのである．したがって，フォイエルバッハにおいて対象的関係行為とはつまり自己関係の行為なのである．

のちに，この人間と対象との関係についての論理が，宗教の本質を明らかにする際に援用されることになる．感性的な対象の場合には，対象の意識は自己意識であるとはいえ，月・太陽・星といった感性的対象を自分の外に持つのであった．然るに，宗教的対象においては，この対象を同時に自分のなかに持つ点で，これとは異なる．だが，今このフォイエルバッハの設定する論理次元のみからは，つまり先の対象と主体との関係の論理の機械的移しかえの作業のみをもってしては，宗教の必然性を解明するには未だ無理があると言わざるを得ないだろう．

第2節　個の有限性と生

個の有限性

さて，フォイエルバッハによってそこに介在されてくるのが，類の無限性に対する個の有限性という論理なのである．この論理は，人間を自然的存在としてつかみ，したがって，「個々の人間」は「現実的・身体的な人間」(WC. 17, 上69)としてのみ存在し得るとみたことの延長線上に論理必然的に措定されることになる．この身体をそなえた個々人は，したがって，その生命には終りのある (endlich)，有限で制限された不完全な存在であり，受苦的な存在なのである．

他方，類はたしかに自然に依存しているがために類たり得るのであり，その限りで受苦的だとされねばならない．だが，個が有限で制約のある受苦的存在であることとの対比においては，類は無限であり完全だ，と捉えられる．個と類とのこうした対比的把握は，『キリスト教の本質』の全体を通して随所にみられるフォイエルバッハの一貫した発想である．

「人間の理性または一般に人間の本質を制限するということは，全て欺瞞や誤謬に基づいている．たしかに人間の個体自身は自己を制約されたものとして感じたり認識したりすることができるしまたすべきである．ここに人間の個体が動物の個体と違っている点がある．しかし，人間の個体が自己の制限や自己の有限性を意識することができるのは，もっぱら類の完全性や無限性が彼にとって対象となっているからである」(WC. 8, 上57　圏点は引用者)

これは，多くの論者によってしばしば引き合いにだされるのではあるが，それ自体としてテーゼ的に引証されることは多いが，この文脈の論理に内在して検討されることが，意外にも少ない文言なのである．上記の文言において，個々の人間が自己を制限されているものとして感じ取り，そのように認識「で

きる」のはなぜか，ということにまず注意したい．それは，個が類の完全性や無限性を対象とし得るということ，すなわち，類の本質を対象とし得るからなのだ．個体認識が可能となるのは人間が類をも対象とし得るという「最も厳密な意味での意識」を持つことによって可能となると把握されているのである．それは，根源的に特殊人類的な事柄なのである．

受苦的存在

では，前掲引用文中，個体は自己が制約されていることを認識「す̇べ̇き̇で̇あ̇る̇」，という記述はいかなる含意なのであろうか．素直に読むならば，先にみた後段の文言は「人間の個体が自己の制限や自己の有限性を意識することがで̇き̇る̇の̇は̇」（圏点は引用者）となっていて，それは「で̇き̇る̇」ことの根拠を示しはするが，「す̇べ̇き̇」ことに根拠を与える文言たり得ていないのである．

だが，一見して文脈をはずれた，したがって読者にある種の異和感をも与えかねないこの「す̇べ̇き̇で̇あ̇る̇」という表現によってフォイエルバッハは一体何を言いたいのであろうか．「す̇べ̇き̇で̇あ̇る̇」ことの根拠を彼の基本的な考え方をふまえて模索するとすれば，そこにはいかなる論理が析出されてくるのであろうか．

フォイエルバッハによれば，そもそも実̇存̇するということは，質的な規定を受けたものとしてしか，つまり，なんらかの制限されたものとしてしかあり得ないのである．だから「有限であることをおそれる者は実存することをおそれる者である」（WC. 19, 上72），ということなのである．

では，有限な個体としてのみ実存し得るこの人間の本質とは何か．フォイエルバッハによれば，それを形成するものは「理性・意志・心情」に他ならず，これこそが「人間の現存在の目的」（WC. 3, 上49-50）である．「真の存在とは思惟し愛し意欲する存在」（WC. 3, 上50）だとされるのである．

ところで，この人間的本質の不可欠の契機を構成する先の「心情」は「すべての悩み（Leiden）の源泉」（WC. 77, 上157）でもあり，「悩みをもたない存在

は心情をもたない存在である」(WC. 77, 上157). だから, 人間存在が, 心情を持つがゆえに悩みを持つというのは人間の本源的ありようなのである. 心情を持たない, 悩みのない人間とは, フォイエルバッハのこの視点からすれば非存在に等しいことになろう.

迂路を辿りつつ, 先の文言へと立ち向かうとすれば, 実存とは有限性なのであり, だから有限であることをおそれず, 人間的本質たる「心情」においてその制約性を苦悩としてわが身において引き受ける「べき」こと, このような主張なのだろう. それは, フォイエルバッハにしたがえば, 人類が類として存在していることの深奥から規定される人類に特殊な必然性だということになる. だからこそ, 個人はその現実を回避するのではなく真向うから受け止めて生きる「べき」だ, ということになるのであろう[12].

さて, フォイエルバッハは, 以上の類と個との連関を前提とした上で, 対象と主体の論理に拠りつつ, 人間の類本質が個の制限から自立化・対象化されたものとして神的本質をつかんでいる.

「神的本質とは人間の本質が個々の人間——すなわち現実的・身体的人間——の制限から引き離されて対象化されたものである. 言いかえれば神的本質とは, 人間の本質が個人から区別されて他の独自の本質として直観され尊敬されたものである. そのために神的本質の全ての規定は人間の本質の規定である」(WC. 17, 上69　圏点は引用者).

では, いかにして, 個々の制約性から人間の本質が引き離されて, その上で対象化されることが可能となるのであろうか. まず問われるべきことは, その心理的機制如何, ということになろう.

第3節　宗教成立の根拠と生

「意識」と宗教

　有限なる個体が有限性を認識し，苦悩に耐えて生きる「べき」こと，フォイエルバッハにとっては，このことは人類の存在構造の深みから規定された必然性なのであった．

　苦悩こそが実存のあかしでもあるのだが，苦痛なこの感情に耐え得ぬ者は「完全な存在者を直感することによって苦痛から解放される」(WC. 184, 上312)．それというのも苦痛に耐え得ぬ者にとっては，「神秘主義という欺瞞的な薄明のなかにいることは……気持がよく気楽」(WC. 106, 上199) なことなのだからである．かくして，有限なる個体がその有限性の苦悩に耐え得ずに，無限の類を神として対象化し，自己をこれと一体化することにおいて，個の無限性を観念的に確保する[13]．

　だが，今一歩をふみ込み，そうした対象化が可能となるのは，人間のいかなる能力によってなのであろうかと問い返されねばなるまい．

　人間的本質をかたちづくる理性・意志・心情の三位一体において，心情は悩みの源泉でもあり，だから，個の抱く苦悩は個の実在のあかしとして位置づけられるものであった．他方，フォイエルバッハによって，悟性は本源的に類的性格を持つものとされ，したがって無限性という性格を有するものとみなされている．

　この悟性は「心情の悩み (Leiden)」とは無縁であり，それは「心情とは違って欲望や情熱や欲求をひとつも持たず，そしてまさにそのために欠陥や弱点をひとつも持っていない」(WC. 42, 上104) とされている．このような悟性の無限性，完全性は何ゆえだと考えられているのであろうか．

　フォイエルバッハは，現実世界においては，全てのものが相互依存，相互享受的に存在していると言う．たとえば，植物や空気や光は，相互に依存し合い，相互に主体でありかつ相互に客体なのである．人間が空気を呼吸する時，

「私は空気の客体であって空気が主体である」(WC. 49, 上114). かくて, 人間もまた自然なのであるから, その限りにおいて人間と自然とは相互に主体でありかつ相互に客体なのである.

しかし, 悟性はこの相互的依存関係を倒立させ, あらゆる対象を悟性の客体へと転化させる可能性を持つ, とフォイエルバッハは言う. 先の空気と私との関係は「空気を思惟や研究や分析の対象とすることによって」転倒され,「私を主体にし空気を私の客体にするのである」(WC. 49, 上114-5). かくして, 悟性は「すべての事物を享受し, そして何物によっても享受されないような存在」, すなわち,「絶対的主体」(WC. 50, 上115) へと転化するのである[14].

実在するとは制限を持つことだったが, 個の制限を捨て去ることは,「絶対的主体」としてのこの悟性によって, 可能となるのである. だから,「君が神のなかで肯定し対象化するのは君自身の悟性である. 神とは, 君の最高の概念・悟性であり, 君の最高の思惟能力」(WC. 47, 上112) なのである.

このようにみてくると, 宗教成立の根拠は, 人類を類たらしめる根源としての「意識」の深みから, つかみ直されていることがわかる. そして, フォイエルバッハが『キリスト教の本質』の劈頭をつぎの文言で飾っていたことの重い含意が, ここに至って了解されるのである.

「宗教は人間が動物に対して持っている本質的な区別に基づいている. したがって動物はなんらの宗教を持っていない」(WC. 1, 上47).

人間生活の物質的諸条件の歴史的社会的分析にふみ込むことなく, 人間の類的性格についての抽象的把握の次元において, 宗教成立の必然性の論証を試みるフォイエルバッハの立論は, 彼自身の意図に反し, 観念的色彩を未だ強く残すものであることはみやすい事柄である. だが, 物質的社会的諸条件が示されさえすれば宗教の秘密は, それだけで十全に解明し得るという前提に立つとすれば, それもまた, 逆の一面性をまぬがれ得ないだろう. 動物はやはり宗教を

持たないのである．

地上における「神」としての生

　さて，フォイエルバッハは人類の存立構造の深みから宗教成立の根拠に迫っているのであるが，そうだとすれば，宗教は消滅し得ないものとみなされているのであろうか．彼は，「宗教的な自己対象化は不随意的必然的である」(WC. 37, 上99) と述べており，これを首肯しているかにみえる．この文言は，宗教のいわば人類史貫通性について肯定の態度を示すものであろうか．

　『キリスト教の本質』の第2部は，その初版におけるタイトルを「人間の本質と矛盾している宗教」としていたことに示されるように，キリスト教が人間の本質と矛盾せざるを得ないことが論証される．宗教において人間は「自分自身の本質としての自分の本質に対して関係するのではなくて，自分からは区別された——そうだ自分に対立させられた——他の本質としての自分の本質に対して関係する」(WC. 238, 下27) のだから，そこにはキリスト教が必然的に抱え込まざるを得ぬ背理が存在する．そしてまた，ここにこそ宗教史上の種々の血なまぐさい惨劇の秘密があるのだ，と考えるのである．

　たとえば，信仰を持たない者への処罰や異教徒迫害の歴史，このことは信仰の原理たる愛が実は制限された愛に他ならないことの必然的な帰結だったのである．愛とは「自由で普遍的な本性」(WC. 309, 下130) を持つものなのだが，信仰における愛は本質的に制限されたものという性格が付与されている．信仰の愛は信仰の内部でのみ妥当する．したがってそれは，信仰を持たない者や異教に対しては偏狭であり，むしろ，人間を人間に対して分裂させる．だから，キリスト教は超克されねばならない．フォイエルバッハはキリスト教が超克さるべきことをこのような論脈において論じるのである．むろんそれは，宗教消滅の必然性を論じているのではない．

　だが彼が，宗教を歴史的パースペクティブのもとにつぎのように把握していることには注意しておきたい．彼は，宗教の歴史的展開の過程とは，前の宗教

が神としていたものを今度は人間の本質に属するものと認識する過程であり，人間の「自己認識」(WC. 16, 上68) の深化の過程なのだと考える．つまり「人間はますます多く神を拒否し，自分自身を承認することがますます多くなる」(WC. 16, 上68) と言うのである．

「人間は人間にとって神である——これは最上の実践的根本命題であり，世界歴史の転回点である．親子の関係，夫婦の関係，兄弟の関係，友人の関係——一般に人間に対する人間の関係——簡単に言えば道徳的な関係は自己自身において宗教的な関係である．生は一般にそれの本質的な関係において徹頭徹尾神的な本性を持っているものである」(WC. 326, 下153-4　圏点は引用者).

ここでの「神」や「宗教的な」とは文字どおりに解されてはなるまい．地上における人間の人間に対する関係とは，神によって媒介されることなくそれ自体として有意味な神聖な価値を有するものなのだ，という含意であろう．フォイエルバッハにとって生とはそうした性格を徹頭徹尾持つものなのだ．相互に「神」たる人間同士の共同関係こそがそれ自体として価値ある事柄なのである．

ここにおけるフォイエルバッハの生が，物質的精神的な生活の再生産という視点を持たないがゆえに抽象的性格を脱し得ていず，したがって，そこでとり結ばれる諸関係もまた抽象的ならざるを得ないだろう．

だが，そうした性格を付与されているとはいえ，彼なりに地上における人間と人間との共同関係を提起し，そこに「世界歴史の転回点」を求めようとするフォイエルバッハに，われわれは，宗教の宿命性のみをひたすら説く悲観論者の顔はみいだし得ない．少なくともわれわれは，天上の批判に自足することなく，たとえそれが不十分なものではあれ，地上における諸個人の生へ降り立とうとするフォイエルバッハの志向性を垣間みることが可能なように思われるのである．

もちろん，「厳密な意味での意識」を持つという人間存在の根源において宗

教成立の根拠をみいだすフォイエルバッハは，その意味での宗教批判の困難さを自覚する醒めた目を保持しながら，このような主張を行っていること，このことには注意を向けておきたい．

第4節 自己関係としての他者関係

我としての汝

しかし，このフォイエルバッハにあって，共同性が強調されることの前提には，現存する個体が固有性を持つこと，すなわち，我と汝とが実在的な固有性を生来持つものだという個体主義的認識があり，むしろこうした個体主義に立脚するがゆえにこそ諸個人の相補的共同が重視されていることに注意が向けられるべきであろう．[15)] ここでは，自然的存在，それゆえに有限な身体を持ち固有の自我を備えた受苦する個という先の認識がその最基底層におかれているのである．

キリスト教はと言えば，個体はただそれだけで完全な存在だという前提に立っていて，この個体の「本質的な質的区別」(WC. 191, 上321) をみず，そこには，我の完全性のためには汝が不可欠だという，すなわち「人間は相互に補足し合っている」(WC. 188, 上317) という認識を欠如させているのである．フォイエルバッハは言う．「他人は私の汝である．ただし，これは交互的な関係である．他人は私のもうひとつの我であり，私に対象的になっている人間であり，私の内面が解明されたもの，すなわち，他人は〔私が〕自分自身をみる眼である．私は他人に即してはじめて人類（人間性）の意識を持つのである．私は他人を通して初めて，私が人間であることを経験し感じるのである．……ただ共同だけが人類（人間性）を形成する」(WC. 191, 上321)．

すでに論及した如く，対象において自己をみるという論定は，宗教の人間学的還元の前提として重要なものであったが，今ここにおけるフォイエルバッハの思想水準をふまえるならば，ここでの対象には他者もが含まれるのである．我―汝の関係とは，自己関係と他者関係を相即的に捉える視点だと言ってよい

だろう．

　この我―汝関係においてはまた，我と世界とをつなぐものとしての汝という位置づけが与えられる．自己を意識し得ない存在にとっては世界は無であり，無意味なものでしかあり得ない．だから，我―汝において自己を意識し得ないような孤立的に自存する個は自己を世界との区別において人間として捉えることもできず，自然を自然として認識することもできないだろう．この意味において「他の人間は私と世界とのあいだのきずな（Band）である」（WC. 100, 上190）．

自然との関係と共同性

　自然-人間の関係と人間-人間の関係との連関に関するフォイエルバッハの思考をみた場合，社会関係視点を欠如させた「自然主義者」フォイエルバッハという大方の共通認識を前提とするならば，彼のつぎのような文言はわれわれにある種のとまどいを与えさえするかも知れない．

　「人間の最初の対象は人間である．自然に対する感覚が初めてわれわれに世界としての世界に関する意識を開示するのであるが，その自然に対する感覚はのちの産物なのである．なぜかといえば自然に対する感覚は人間が自分を分離するという作用を通じて初めて発生するからである．……人間は自分が存在するということを自然に負っており，自分が人間であるということを人間に負っている」（WC. 100, 上190）．

　人間の自然への感覚が可能となるのは，人間の自己意識の形成を欠いてはあり得ないとすれば，まさに人間の人間に対する関係にこそ，その意味では，第一義的な意味が付与されるのである．しかし，人間が存在し得ていることが，人間の社会性・共同性の前提でなくてはならないのであるから，その限りにおいては自然-人間の関係が第一義的な意義を担っていると言ってよい．かくて，

フォイエルバッハにおける自然性と社会性との関連は，如上の意味においていずれを欠如させてもいずれも無なのであり，相即的だといわねばならないのだろう．

ただ，こうした相即的把握にあってなお，つぎのようなフォイエルバッハの視点は十分に注目されてよいものと思われる．「全くただ自分だけで実存する人間は，自分を知らずまた区別も知らないで，自然という大洋のなかで自己を失うだろう」(WC. 100, 上190)．あるいはまた，つぎのような表現である．「ただ共同だけが人類（人間性）を形成する」(WC. 191, 上321)．フォイエルバッハにあっては，人間の社会性・共同性こそが「機知・炯眼・空想・感情（感覚から区別されたものとしての）・理性──これらすべてのいわゆる心力(Seelenkräfte)」(WC. 101, 上191) の根基としてつかまれているのである．

かくして，フォイエルバッハは自然主義の立場を強くうちだし，自然-人間関係は人間存在にとっての前提であるとしつつ，同時に，人間的人間であることによってのみ自然の意味が生起するとみる．人間的人間であることの深奥の根拠は，人間の社会性・共同性という次元からつかみ直されているのである．「自然主義者」フォイエルバッハは，あくまでもこうした醒めた目を保持した自然主義者であったのであり，このことの確認は重要であろう．彼は，通俗的で単純なナチュラリストとして閑却してこと足れりとすることはできない思索家だと言わねばなるまい．

自己関係と社会性

さて，対象において自己の本質をみることを示したものとしてすでに掲げたことのある周知の文言は，ここまでにつかまれた思想水準をふまえるならば，いかなる装いをもって立ち現れ得るであろうか．

「月も太陽も星も人間に『汝自身を知れ！』と呼びかけている．人間が月や太陽や星をみているということ，そして人間がそれらのものをまさに彼がそれらのものをみているような仕方でみている」(WC. 6, 上54)．

梅本克己氏は，この文言に言及しつつ，つぎのように語ったことがある．「星の光を見てかなしいという人は，そこにかなしみにある自分自身を見るのであろう．しかし，かなしみはたった一人の人間のなかかから生れるものではない．なんらかの形でか他の人間との関係のなかから生まれるのである．……人間の本質は抽象的な個人のなかにはない．人間と人間との関係のなかにあるということである」．フォイエルバッハの上述の思想水準をふまえるならば，第1に，対象において主体のありようを重ね合わせ自己関係的に捉えているということ，第2に，しかし，主体のありようは，人間的感性をも含めて社会性・共同性を措いては形成され得ないこと，これら二点が正当に強調されているがゆえに，これは妥当な理解だと言ってよいであろう．とりわけ第2の点は，フォイエルバッハの思想における社会性の視点の欠如をみた上で自然のみを一方的に重視する「自然主義者」フォイエルバッハという通説的理解が未だ根強いだけに，重要であろう．

　と同時に，そのこととともに，つぎの点を確認しておくことが，過不足なきフォイエルバッハ像の描出において避けられないことだろう．つまり，個は，人間-人間の社会関係において，この関係性によって規定され染め尽されるしかない存在として捉えられるべきなのか否か，という問題である．繰り返しの煩をさけるが，フォイエルバッハの個体主義においては，それは否でしかないのである．

　かくして，フォイエルバッハは一方で，他者との諸関係において自己を形成し，そこにおいて人間としての人間と成りつつ，同時に，他方，個体の固有性が関係性に汲み尽され得ないような我と汝とを相互に前提とし合う，そのような諸個体による地上における共同の実現こそを，その宗教批判の延長線上に構想するのである．

第5節　我―汝関係

　冗長にながれる危険を敢えて犯し，かつ，私自身のフォイエルバッハへの批

判的言及を可能な限り抑制しつつ，フォイエルバッハにおけるキリスト教批判の論理を『キリスト教の本質』の論脈において辿ってきた．フォイエルバッハの議論の難点や限界については今日まで数多く指摘されてきている．周知のように，抽象性，非社会性，非歴史性，観照性等々として．おりにふれて多少なりとも言及してきたように，これらの批判的論点は，フォイエルバッハにおいて厳密な意味で言うならば全てが妥当すると言っても過言ではないであろう．

だがしかし，フォイエルバッハの生きた歴史的文脈における彼の思索活動の実践的性格については，まず正当に評価されて然るべきであろう．フォル・メルツのドイツにおいて，君主制の支柱として機能していた宗教を批判し神学を人間学へと転化するという試みは，間接的なかたちでの政治批判の意義を担うものであったことは多言を要しない．[17]

そして，『キリスト教の本質』において，本書が「治療学的なもの，または実践的なもの」[18]を目的とするのだと述べているように，フォイエルバッハの宗教批判は，裏面において同時に一種のエートス変革の試みでもあったのである．その意味で彼自身の企図としては，そしてまたその客観的な歴史状況においては，その思索活動は実践的色彩の強いものであったということ，このことはやはり指摘されて然るべきことなのだろう．

では，フォイエルバッハは，特定の歴史状況にあってその限りでの歴史的役割を果たし終えた思索家として，多くの難点や弱点を持つがゆえに葬り去られるしかない思索家としてのみ扱われねばならないのであろうか．

特定の歴史段階における固有の思索がある種の歴史的役割を果たし潰えたとしても，異なる歴史状況において，それが新たな装いのもとに立ち現れてくることは十分にあり得ることである．その思索が現代に生きるわれわれに対して与える示唆，それがよしんば微少にすぎぬとしても，その人の弱点ゆえに丸ごと否定し尽すことよりも，その微少の示唆からわれわれの思考をより豊かにすることへの努力の方が重要な時代状況もあるだろう．フォイエルバッハの検討においてつかみ取られてきたいくつかの論点に，今日的問題状況への切り込み

の眼を確保することはできまいか．

個の受苦と類の受苦

　とはいえ，その作業は全くの無前提ではあり得ない．われわれはその際に以下の事情を常に前提としてふまえていなければならないだろう．

　自然主義の立場から，人間が自然を前提としてのみ存在し得るとの正当な認識に軸足を置きつつも，フォイエルバッハは，マルクス的な人間と自然との物質代謝の思想には迫り得ていない．したがって，生活の生産と再生産という視点を欠如させているがゆえに，人間と社会を歴史的構造的につかみ切るという思想水準にはついに立ち得なかったのである[19]．

　フォイエルバッハもマルクスも自然に負う存在としての人間を共に受苦的存在とみなしながら，フォイエルバッハが物質代謝の視点を持ち得なかったのは何ゆえであろうか．多くの論点の指摘が可能なのであるが，受苦の論理に絞り込んで指摘するならば，マルクスが類の受苦性に足場をおいていたのに対し，フォイエルバッハは，受苦の論理を類の無限・個の有限という例の対比的把握に立ち，個の受苦という次元で問題とすることになったこと，このことは看過し得ないところだと思われる．

　マルクスの場合，同じく受苦の視点を取りつつ，これを類の次元で展開することで，外的自然との物質代謝という彼の思想水準と整合的であり得ているのである[20]．こうした自然との物質代謝の論理に至り得なかったがために「自然主義者」フォイエルバッハは，自らがあれほどに嫌悪した思弁性をついには超出し得ていない，と言ってよいだろう．

　したがって，フォイエルバッハに即して何がしかの示唆を求める作業にふみ込む際に，われわれは，現実の生活の生産と再生産という視点をしっかりとふまえておくべきこと，このことがひとつの前提となるのである．

諸個人の固有性と相補性

さて，すでにみたように，フォイエルバッハにおいて，自然-人間の関係と人間-人間の関係との相互連関は，つぎのように把握されていた．自然は人間が存在し得るための不可欠の前提なのであり，自然がなければ人間は無に等しい．だが，自然が人間にとって自然として立ち現れてくるのは，人間が人間との関係のなかで人間として形成され得るからこそなのであった．フォイエルバッハによれば，人間は人間との共同においてのみ人間的な力能——たとえば，機知・炯眼・空想・感情・理性——のあらゆるものをはじめて形成し得るものである．

こうした把握は，通常，自然との関係が一方的に強調され，人間と人間との関係（社会性）との連関づけが不十分だと指摘されることの多い「自然主義者」フォイエルバッハという像を前提とするならば，意外な程に人間と人間との関係の人間存在にとっての根源的な意義づけの強調となっているのであった．

だが，フォイエルバッハが人間と人間との関係を重視していることは上に述べたとおりだとしても，彼の主張を「人間と人間との社会的関係」といった一般的な表現に還元してしまうと，それによってはついに汲みつくされ得なくなってしまうある種の独特の含意がフォイエルバッハの視点には埋め込まれているのだ，ということに注意を向けたい．

「人間と人間との関係」「個人と個人との関係」あるいは「他者との関係」といった日常的表現によっては，みえてきにくい含意，それをフォイエルバッハは〈我と汝〉という表現によってつかみ直そうとしたのではないか．「汝の眼のなかで自分のまなざしをきたえる」のが我であるとすれば，汝とは「他の我」（WC. 100, 上190）に他ならないのであった．我は汝において初めて我なのであり，そうして初めて我は人間であることを経験し，そのことによってのみこの我にとって自然をも含む世界が存在するのである．我と汝の関係は相互的である．

「人間と人間との関係」「個人と個人との関係」という表現においては、ともすれば客体と客体との「関係」という含意が前面にでかねないのに対して、フォイエルバッハは、〈我と汝〉の関係と捉えることによって、相互関係が外面的関係なのではなく、それは取りも直さず相互に自己関係なのだとし、我と汝の内側から引き合う必然的関係を強調したのだとは言えないであろうか．そこでの他者は、なんら外的対象ではなく、「他の我」なのだから、他者との結合を欠いた存在は、我でさえあり得ないことになろう．

こうして、人間にとっての「神」は人間に他ならないと喝破されたのである．この前提に立ってフォイエルバッハは、生こそが神的な本性を持つものとみなすのである．彼にとっての生とは、神に媒介されずそれ自体として神聖で有意味なものなのであり、それは取りも直さず、家族・友人・近隣といった種々様々な親密に内的に相互に必然性を持って引き合う我―汝の共同関係のことだったのである．こうしたフォイエルバッハが捉えた局面を〈我―汝としての個〉と称しておくことにしよう．

だが、こうした我―汝の共同関係において、個の固有性は解消されるということにはならない．むしろ、自然的存在として身体を備え、しきられた空間を生きざるを得ない有限で受苦的な個体は、どこまでも代替不可能な個体なのであり、それゆえにこそ結合の相補性が主張されるのである．この個体主義的個の把握をここでは、〈個体性としての個〉と称しておくことにしよう．

このように捉えるとすれば、先のフォイエルバッハの生とは、〈我―汝としての個〉と〈個体性としての個〉の具体的交差の場として捉え返されねばならないだろう．それは、我と汝の固有性を相互に承認しつつ、しかし、相互の関係とは自己に対する関係だという牽引力を内的に保持したその共同関係なのであり、そこにおいてこそ、人間の情感・認識・理性……等々の力が形成される、そのような場である、と言うことができよう．

さて、こうしたフォイエルバッハの含意における生の今日的な意義については最後にふれることとして、その前に、このような解釈は、実はひとつの理論

的問題の場へとわれわれを導かざるを得ないように思われるので，ここで少しく補説しておくことにしよう．

【補説】「フォイエルバッハ・テーゼ」の理解

「人間的本質は，個人に内在する抽象物ではおよそない．その現実態においては，それは社会的諸関係の総体である」

　問題は，周知のマルクスの「フォイエルバッハ・テーゼ」をめぐる理解に関わる．この命題に関して通説的には，つぎのように了解される傾向がある．ここに言う「人間的本質」を具体的な個人や人格として思念した上で，資本制社会を念頭においた場合には，ⅰ）諸個人は資本-賃労働関係に結局は規定され尽されるものとしてつかまれ，したがって人格は資本-賃労働関係に還元され得るものという読み方，あるいは，ⅱ）資本-賃労働関係を規定的関係と想定しつつ，なおさらに総体としての諸関係をも射程におさめはする．がしかし，人格はこの諸関係によって規定され染め尽されるものとして，関係に解消されるものという読み方，である．

　ⅰ）の見解について：この命題はたしかに社会的諸関係において資本-賃労働関係が規定的であるということを排除はしない．マルクスのこの時期における思想水準を前提とするならばこれは自明のことだろう．だが，規定的な関係の存在を認めることと，それが他の諸関係に対して直接無媒介に規定的でしかないとみること，別言すれば，資本-賃労働関係への還元をもって全てとするような構えとでは決定的に異なる．

　この命題は，もっと文言に即して読まれて然るべきではなかろうか．つまり，ここでは複数の関係の総体を「諸関係の総体」だといっているのである．つまり，資本-賃労働関係のみならず，フォイエルバッハが生ということでそれ自体において神聖なものとみなした家族の関係，友人の関係……すなわち生における共同の諸関係をも含み持つ総体としてつかまれてよいのではなかろう

か．

　これら幾多の共同の諸関係は，規定的な資本-賃労働関係によって不断に浸透されつつ，歴史的規定性を帯びたものとしてのみ存在する．しかし，そのことをもって共同の諸関係が資本-賃労働関係によって直接無媒介に規定され尽されるものとして把握するとすれば一面的であろう．資本関係の展開は，生産と生活のあらゆる局面において共同体を侵害していく．「けれども人間的諸関係の直接性への欲求は失われない」[21]．共同の諸関係は，相対的に独自な固有の論理を持つことが失念されてはならないであろう．だから不断に浸透されるその形態も屈折して多様であり得るのである．

　ⅱ）の見解について：「諸関係の総体」として「人間的本質」を規定することは近代的実体主義を超える視点として正当に重視されるべきである．このことの意義を十分に念頭においた上でのことなのだが，実体を否定し尽したところにしか関係主義が立ち現れ得ないのだとすれば，こうした読解がかかえ込む逆のあやうさに対しては慎重でなくてはならないだろう．

　フォイエルバッハは，対象において自己をみることを一再ならず強調している．経験的に言っても同一の対象に対して全ての諸個人が同一の反応を示すわけではないことは，自明のことである．別言すれば，対象は主体的に規定される側面を常に持つということであろう．このことはしかし，対象の外在自体を承認することと決して矛盾するわけではない．

　マールクシュはつぎのように述べている．「人間は，受動的な忍耐者などではない．物質的・社会的環境に合わせて型をとったろう人形などではない．これらの社会的諸決定は，人間がそれらをわがものとすることによって初めて，換言すれば，人間自身の能動行為，活動の結果として初めて，個性の内具的契機となる」[22]．関係によって全て捉われ尽されるものという前提に立つとすれば，諸個人の主体性や活動性，能動性の根拠をみいだすのは論理的に困難とならざるを得ないのではなかろうか．

　関係（Verhältnis）とは関係行為（Verhalten）に他ならず，それは個体の能

動的活動を欠如しては成立し得ない[23]．そして，この活動は無前提ではなく，一定の志向性を持ったものでしかあり得ないのだから，この活動を現実に可能ならしめる担い手としての個体性を前提とせざるを得ないのである[24]．よしんば個体性もすべからく関係の所産だという前提を仮に取ったとしても，その社会的関係行為という特定の質を持った活動のプロセスを通して，特定の質の人間的力能が個体において既成態化して蓄積されていくこと，そうして初めて不断の活動の主体が実現し得るのである．ここに，マールクシュによって，社会的諸規定をわがものとする際のその様式の多様性という面が強調される意味があるのではなかろうか．

かくて，先にみた〈我―汝としての個〉と〈個体性としての個〉との交差というフォイエルバッハの問題次元は，このマルクスのテーゼにおいても，フォイエルバッハ的な抽象性を超克しながらも，かつ，それと同質の含意を伏在させているのだと言ってよいであろう．

親密圏と生

フォイエルバッハに内在するなかから，フォイエルバッハの生が〈我―汝としての個〉と〈個体性としての個〉の具体的交差によって把握されるべきこと，そして，この生こそが人間が人間と成る場として重視されていたことを指摘してきた．150年をさかのぼる思索家のなかに，こうした発想を読み取ったとして，果たして，それが現代へ切り込む眼であり得るか否か．現代的問題状況に一瞥を与えて本章を終えることとしたい．

さて，この点で，佐藤和夫氏の指摘は[25]，極めて示唆的な多くの論点を開示するものと思われるのである．氏が注目し強調しているのは，生活上の「親密な圏域」(「親密圏」) の今日的な意義についてなのである．空間や身体性につながるこの問題は，マルクス主義にあっては比較的軽視されてきた領域である．従来は，この関係は最終的には，資本対賃労働の対立へと帰着させるべきことが強調されてきたのだが，しかし，氏は「人々が生活の共同を基礎にして繋が

っているあり方」にもっと注目すべきことを主張する.「人間というものは視線をかわし合い, 膚を触れ合うような具体的な人間関係をさまざまな意味で生活意識の基盤に置いて」いる.

そうした「親密圏」を日常的な根拠としてこそ思考も育つ. そもそも「認識という行為は共同性の確認と不可分」なものなのである.「日頃いろいろ一緒に話し合ったり生活をともにする人々の関係のあり方が, 認識の深さを決める」のである.

「近代主義的な考え方では, ものはまるで偏見さえとれば, 誰にでも同じように見えると考えられています. しかし, 今日ではものの見え方は, その人の所属している集団や文化ぬきでは論じることなどできないし, その人が今もっている問題関心に強く規定されるということは, かなり承認されてきています」[26]. そして,「歴史の偉大な業績」も「矛盾だらけの人間の日々の営みのなかから生まれてくる」のであって, 日常的生活との隔絶において捉えられてはならない, ことが主張されている.

かくして, 氏によって「親密圏」の今日的意義がこのようなかたちで強調される時, それはフォイエルバッハの検討を通じて確認してきた諸論点と意外なかたちで響き合う可能性を発見し得るように思われる. 牽強付会の謗を恐れずに言えば, ここに言われている「親密圏」とは, フォイエルバッハのそれが極めて抽象的であるという限界を別とするならば, フォイエルバッハにおける〈我―汝としての個〉と〈個体性としての個〉の具体的交差の場としての生としてつかみ直されることはできまいか.

ここでの生とは, 制限された固有の身体性を備えた受苦的な個が, それゆえに相補的に承認し合い, 汝に我をみるという内的な関係の不断の共同の営みのなかから, 固有性をもった精神性を育む過程なのであった[27].

注)
1) F. Engels, Ludwig Feuerbach und der Ausgang der klassischen deutschen

第1章　諸個人の有限性と生　57

Philosophie, *Marx/Engels Werke*（以下, *MEW* と略称する), Bd. 21, Dietz Verlag, Berlin, S. 273（「ルードヴィヒ・フォイエルバッハとドイツ古典哲学の終結」『全集』第21巻，大月書店，278ページ）．以下つぎのように略記する．F. 273, 278.

2）　亀山純生「疎外と現実的人間」入江重吉・亀山純生・牧野広義『理性・感性・自由』三和書房，1986年，218ページ．

3）　山之内靖「初期マルクスの市民社会像（1-17）」『現代思想』青土社，1976年8月-1978年1月．山之内靖『社会科学の現在』未來社，1986年．中川弘「フォイエルバッハと初期マルクス」『商学論集』福島大学経済学会，Vol. 41 No. 7, 1974年．中川弘「マルクス社会理論の視座と方法を巡って」『思想』岩波書店，1980年7月．

4）　山之内靖「初期マルクスの市民社会像（7）」『現代思想』青土社，1977年3月，219ページ．

5）　後年，エンゲルスは，『キリスト教の本質』が出版された当時をふり返りつつつぎのように述懐している．「この本の欠点さえも，それが一時的な効果をあげるのに役だった．その美文調の，ところによっては大げさでさえある文体のおかげで，いつになく多くの読者が得られた．抽象的で難解なヘーゲルぶりの長い年月のあとでは，とにかく一服の清涼剤であった」(F. 272, 277).

6）　フォイエルバッハ『キリスト教の本質』「第2版への序言」岩波書店，1964年，上24ページ．

7）　『キリスト教の本質』に先行する「ヘーゲル哲学への批判」（1839年）のなかで，『精神現象学』第1章「感性的確信」におけるヘーゲルの論述を「感性的存在の非実在性」を論証しようとしたものと解した上で，「感性的な個別的存在の実在性は，われわれの血で確証された真理である」と述べている．(L. Feuerbach, Zur Kritik der Hegelschen Philosophie, *Sämtliche Werke*（以下，*SW* と略称する）Bd. II, S. 185, 村松一人・和田楽訳「ヘーゲル哲学の批判」『将来の哲学の根本問題』岩波書店，1967年，155-6ページ）．以下つぎのように略記する．KH. 185, 155-6.

8）　L. Feuerbach, Das Wesen des Christenthums, *SW*, Bd. IV, S. 335（船山信一訳『キリスト教の本質』岩波書店，1964年，下165ページ）．以下つぎのように略記する．WC. 335, 下165.

9）　フォイエルバッハは，他の箇所でつぎのようにも述べている．「人格性が現実的な人格性として確証されるのはもっぱら空間的排他性によってである」(WC. 110, 上206).

10）　L. Feuerbach, Grundsätze der Philosophie der Zukunft, *SW*, Bd. II, S. 299 -300（村松一人・和田楽訳「将来の哲学の根本命題」『将来の哲学の根本命題』岩波書店，1967年，72-3ページ）．以下つぎのように略記する．GP. 299-300,

72-3.

なお，フォイエルバッハのこのような，心身一元論的視点に関する亀山純生氏のつぎの指摘はふまえておくべきだろうと思われる．

「このような心身二元論批判は，一見，認識における主観・客観の二元論的枠組みを否定し，人間を心身の両義的存在とみなす現象学派の議論の先駆のようにみえる．しかし，彼の二元論批判は心身の実在的区別に向けられているのであって，認識論的区別を否定するのではない」．亀山純生「疎外と現実的人間」入江重吉・亀山純生・牧野広義，前掲書，225ページ．

11) L. Feuerbach, Wider den Dualismus von Leib und Seele, Fleisch und Geist, *SW*, Bd. II, S. 340 (船山信一訳「肉体と霊魂，肉と精神の二元性に抗して」『フォイエルバッハ全集』福村出版，第2巻，193ページ).

12) 『キリスト教の本質』の2年後に表明されることになるつぎの文言はこのあたりの思想をより成熟したかたちで示すものである．

「限界もなく時間もなく困窮もないところには，また質もエネルギーもなく精気もなく情熱もなく愛もない．困窮に悩んでいる (notleidend) 存在だけが必然的な (notwendig) 存在である．欲求のない生存は無用の生存である．……窮迫のない存在は根拠のない存在である．ただ苦悩することができるものだけが実存に値する……苦悩 (Leiden) を持たない存在は本質のない存在である．然るに，苦悩のない存在は感性のない，物質のない存在以外のなにものでもない」(L. Feuerbach, Vorläufige Thesen zur Reform der Philosophie, *SW*, Bd. II, S. 234, 村松一人・和田楽訳「哲学の改革のための予備的提言」『将来の哲学の根本命題』岩波書店，1967年，110ページ)．以下つぎのように略記する．VT. 234, 110.

13) 山之内靖氏は，個の有限性を「罪深いもの（＝原罪）」とみなす城塚登氏の理解を批判しつつ，つぎのように論じている．そうした把握はむしろキリスト教の立場なのであり，この立場からは「必然的に罪なき完全性としての全能の存在（＝神）を類の本質として幻想的に疎外する」ことになる．そうではなくて，「フォイエルバッハは，諸個人に対し，有限で部分的な存在としての受苦の立場を意識的・理性的に選択せよと語りかけたのであった」(『社会科学の現在』未來社，1986年，220-1ページ).

14) 「感性から分離され自然から疎外されたところの有神論的悟性」という表現もみられる (WC. 46, 上111).

15) 「人間の本質は，ただ共同体のうちに，すなわち，人間の人間との統一のうちにのみ含まれている．この統一は，しかし，我と汝の区別の実在性にのみ支えられている」(GP. 318, 94)

16) 梅本克己『増補・人間論』三一書房，1969年，33ページ．

17) F. 271, 275-6.

18) L. Feuerbach, Das Wesen des Christenthums, Vorwort, *Gesammelte Werke*, hrsg. von Werner Schuffenhauer, Akademie-Verlag, Berlin, 1969, Bd. 5, S. 8 (船山信一訳『キリスト教の本質』「第1版への序言」岩波書店, 1964年, 上12ページ).

19) 「人々は, 人間を意識によって, 宗教によって, その他望みのものによって動物から区別することができる. 人間は自分の生活手段を生産し始めるや否や, 彼ら自身, 自分を動物から区別し始める. 一歩の踏みだし, これは…彼らの身体組織によって制約されている」(K. Marx/F. Engels, *Die deutsche Ideologie*, hrsg. von Wataru Hiromatsu, Kawadeshobo-shinsha Verlag, 1974, S. 25-7, 廣松渉編訳『ドイツ・イデオロギー』河出書房新社, 1974年, 23-5ページ).『ドイツ・イデオロギー』の最新稿では, 生産の必然性が, 人間の身体組織にまで遡及して問題とされていることに注意したい. これは, 『ドイツ・イデオロギー』最旧稿におけるマルクスの「身体」という注記を受けてのエンゲルスの筆による記述となっている. この事情については, 第4章, 第5章で詳述する.

20) マルクスがフォイエルバッハの受苦の論理によって物質代謝の思想に至り得たということではもちろんない. ここで強調したいことは, 自然的存在である人間が, 自然に依存しているがゆえにこの物質代謝を人類史貫通的な事柄とみ定めていること, したがって, マルクスにおいてその受苦の立場は, 類に即して一層徹底されたものとなっている, ということなのである.

だからこそ, 後年, かの「自由の領域」を説くにあたって, 「必然性の領域をその基礎としてその上にのみ花開くことができるのである」と書き留めることを忘れなかったのである (K. Marx, Das Kapital, Bd. 3, *MEW*, Bd. 25b, S. 828,『全集』第25b巻, 1051ページ).

だが逆に, マルクスが個の受苦性というフォイエルバッハの提起していた論理に自覚的に立脚しなかったがゆえに, 宗教批判を地上の批判において処理しようとするマルクスの立場とフォイエルバッハの宗教批判の間にある種の齟齬を生じさせることになる. この事情については, 本書第3章で言及する.

21) A. Heller, Individuum und Gemeinschaft (訳者へのタイプ原稿) (良知力・小箕俊介訳『個人と共同体』法政大学出版局, 1976年, 54ページ).

22) G. マールクシュ (高橋洋児・今村仁司・良知力訳)『マルクス主義と人間学』河出書房新社, 1976年, 34ページ.

23) 「既成の諸関係 (Verhältnisse) を創造したし, 日々あらたに創造しているのは, まさに諸個人の人格的・個人的な関係行為 (Verhalten), 相互に対する彼らの個人としての関係行為 (Verhalten) に他ならなかった」(K. Marx/F. Engels, Die deutsche Ideologie, *MEW*, Bd. 3, S. 423,『全集』第3巻, 473ページ).

24) 池谷寿夫氏は，個人の人格は社会的諸関係に還元され尽され得ないのであり，そうした「人格の独自性」が解明さるべきことを指摘している．さらに氏は，人格発達と生物学的・生理学的諸条件との関わり方の解明の必要性も説いている（「戦後日本におけるマルクス主義人格理論の到達点と課題」『高知大学学術研究報告』第30巻，社会科学）．
25) 佐藤和夫・吉田傑俊「転換期の哲学とは？」東京唯物論研究会編『現代社会とマルクス主義の自己診断』梓出版社，1987年．
26) この点で，石井伸男氏のつぎのような把握もまた，ここに重なり合ってくるのだろう．「対象の反映の様式が，生活の様式によって規定されることによって成り立つ」（『社会意識の構造』青木書店，1980年，28ページ）．
27) マルクス主義においては相互行為やコミュニケーションの理論が従来，不十分な展開しかなされていない．「諸個人の共同活動，交通のなかでいかに共同感情，共同認識が形成されるのか，個人は他の諸個人とコミュニケートし，一定の活動を共に行うなかで，どのような新しい感情，認識を獲得するのか，といった問題が本格的に論じられてこなかった」（池谷寿夫「マルクスにおける『人間的本質』と『生活』の概念」『高知大学学術研究報告』第23巻，社会科学）．

第2章　人間的自然論の祖型
　　　——フォイエルバッハの感性的な「生命発現」——

　「フォイエルバッハが，人間と人間とのあいだの単に性的な交わり以上のつき合いについて語る段になると，どこまでも抽象的になってしまう」[1]．F. エンゲルスは，くだんの『ルードヴッヒ・フォイエルバッハとドイツ古典哲学の終結』においてフォイエルバッハの人間・社会把握の抽象性について繰り返し批判している．エンゲルス的な視点からすれば，フォイエルバッハの人間・社会の把握は明らかにきわめて抽象的な次元にとどまっているであろう．それが抽象的だという「事実」の指摘それ自体は確かに正しいし，その意味での彼の限界を指摘することも間違いではない．だが，フォイエルバッハの人間・社会把握の抽象性という「事実」は，フォイエルバッハ自身の論理構成の全体像に内在するならば，いかなる性格をもって立ち現われてくるのであろうか．この視角から捉え返された場合，その「事実」の持つ含意にも異なる側面からの光が投げかけられる可能性は果たして皆無なのであろうか．

　フォイエルバッハの論理構成の全体像の解明へと歩を進めるということになれば，フォイエルバッハ自身における人間-自然関係と人間-人間関係の論理構成上の関連如何がまずは問われるべきであろう．その際の「自然的なもの」と「社会的なもの」との決定的な媒介環は，フォイエルバッハにおける「人間的自然」の論理の解明に求められると思われる．

　前章では，〈我—汝としての個〉と〈個体性としての個〉との交差において捉えられ，地上における「神」として位置づけられたフォイエルバッハの生の主張をみてきた．本章でのフォイエルバッハにおける「人間的自然」の論理の解明は，彼の生の把握の内的構造，その力動的構成を開示するものとなろう．

　山之内靖氏は，自然的存在として有限な個体同士が相互に関係を取り結ぶという受苦の連帯なる主張をフォイエルバッハにみいだしている[2]．私は，氏が検

討に値する重要な論点を提示されたと思う．と同時に，氏の論述においては，受苦の連帯を介して，諸個人の社会的な相互性が実現し得る可能性はそれとして認めることができるにしても，そのことの必然性を主張し得るには，フォイエルバッハに内在したもう一段階の論理的解明が必要不可欠だと思われる．その必然性の論証は，やはりまた先に指摘したフォイエルバッハの「自然的なもの」と「社会的なもの」の論理の内的連関性において論じられるべきなのではないだろうか．そしてその際の媒介環は，ここでもフォイエルバッハにおける「人間的自然」の理解にこそあるものと思われる．

フォイエルバッハにおける人間-自然関係と人間-人間関係の媒介環としての「人間的自然」の論理の問い返しというこの問題設定は，現代と切断された地点からの古典解釈という思弁的なそれでは決してなかろう．「自然」とは，「それなしには私たちが私たち自身でありえないような，つまり，それ自体が私たち自身でもあるような土台[3]」である．だとすれば，「自然」を問い返すということは人間の内的自然の本質とそのありようを問い返すこと，さらには，「社会的なもの」の存立構造を問い返すことと常に一体であるべき問いであろう．以下の論述において示されるが，それは，フォイエルバッハにおいては生命とその「発現」という本源的な地平に降り立つことなのである．自然と生命をめぐる特殊現代的な状況は，この自明な原点への復帰，それこそを求めているのであろう．

第1節　感覚主義的人間学の立場

対象の実在性と感性的「関係」

フォイエルバッハは，『キリスト教の本質』において，「私は思想から対象を産出するのではなくて，逆に対象から思想を産出するのである．……対象とはもっぱら頭脳の外部に実存するものである[4]」と述べて，自らの立脚点を簡明に表現している．これはフォル・メルツの思想状況においては，極めて重い論定であったと言えよう．神学と近代思弁哲学において長きにわたり支配的であっ

た思考様式，すなわち，世界の存在根拠を総じて観念の次元に求める思考様式，これに対する180度の構えの転換として，当時においてそれは文字どおり瞠目に値する発言であったであろう．

「存在と思考との真の関係は，ただつぎのようでしかない．存在は主語であり，思考は述語である．……思考は存在からでてくるが，しかし存在は思考からはでてこない．存在は自分からかつ自分によってある」[5]．ところが，近代思弁哲学においては，思想が主語で存在が述語となっており，世界，存在が観念や思想によって媒介されて実在することになっている．フォイエルバッハは，近代思弁哲学におけるこの転倒性を批判し，存在の自体的・直接的性格を自らの立脚点として強調しこれに対置するのである[6]．

フォイエルバッハはつぎのように問う．「現実的なもの」のみが真実である．ならば，何が「現実的」であるのか．思惟されただけのものが「現実的」であるのか．思惟によってもたらされた「客観」が「現実的」であるのか．そうであるとしたらその実在性とは思想・理念・観念の実在性を示すにすぎないだろう．そうではなく，「現実的なもの」とは思想・理念・観念とは区別されたものであり，それは感性的なものなのだ．感性的なものとは，決して思想の述語ではなく，逆に，そのものが主語であり「現実的なもの」なのだ．かくて，フォイエルバッハにとって真の意味での「現実的なもの」とは，思考や観念に媒介されたものではなく，すなわち，思考の他在ではなく，諸感官に直接的に与えられるものだ，と主張されるのである．

哲学の端緒としての「現実的なもの」と感性

だがしかし，それにしても感性的なものこそが「現実的」であるという彼の言明は，いかなる根拠において正当性を持ち得るのであろうか．この点はフォイエルバッハ自身による論証を今少し要するテーゼだと言わなければなるまい．これは，フォイエルバッハにおける神学批判・思弁哲学批判の要諦に関わる論点なのである．フォイエルバッハによると，神とは無限な存在であり，一

切の拘束を持たない存在であり，また，無限性が思弁哲学における理性の性質でもあるのだから，無限なものとは絶対精神，理性の本質である．だがしかし，フォイエルバッハはつぎのように主張する．「無限なものは有限なものなしにはまったく思惟され得ない．あなたは規定された質を思惟することなく質というものを思惟し定義することができるであろうか」(VT. 230, 105)．神学と思弁哲学が措定する無限なものとは，感性を切断・排除した思弁的抽象の高みに立つことで初めて観念的に想定し得るような精神・理性の立場を前提している．

他方，フォイエルバッハにとっては有限で規定されたものこそが「現実的なもの」なのである．有限な規定された「現実的」なものとは，自然的なものとしての人間の諸感官，これを介して感性によって諸個人がまずは直接的に関係し得るものなのであり，そして，それのみが「真実な存在」だと主張されるのである．

したがって，フォイエルバッハの主張する「新しい哲学」の端緒は，もはや絶対者や理念の述語としての存在ではないし，ましてや神・絶対者などでは決してない．それは有限なもの，規定されたもの，現実的なものでなければならない．哲学とは，こうした意味での「現実態に関する学」だとみなされる．フォイエルバッハにとっては，「自然（最も広い意味での自然)」こそがまさしくこの「現実態の総体」なのである．かくして，ここに措定された含意における「自然」，それこそがフォイエルバッハ哲学におけるアルファでありオメガなのである．

自然存在としての人間

「なるほど，人間は動物の真理ではあるが，しかし，もし動物たちが独立して生存していなかったなら，その時は自然の生命はいや人間の生命でさえも完全な生命であっただろうか」(KH. 160, 125)．ロマン主義的な自然観の典型的な表出に通底するかの印象をも与えかねないこの表現において，われわれは，

「現実態の総体」=「自然」を自己の哲学の端緒に据えるフォイエルバッハの自然観の一端を垣間みることができよう．すなわち，フォイエルバッハにとっての自然とは，まずは，最も自明であるにもかかわらず，「彼岸に思い焦がれる空想的な思弁家が足でふみにじっているところの最も単純な自然の事物」(KH. 203, 177) として人間に外在している．と同時に，人間をもそのうちに含む一個の有機的総体をなす自然は，人間存在の内的根拠そのものであるという意味において，人間に内在するものなのであり，人間とは人間的な自然的存在なのである．

フォイエルバッハが，「自然を持たない人格性・『自我性』・意識は無」(WC. 110, 205) である，と言う時，自然的存在としての人間とは，自らの諸感官を介して世界＝「現実的なもの」としての広義の自然と関係する存在，自然的なものとしての諸感官によって世界に開かれている存在であることが強調されるのである．自然は胃の腑の仕事場を作り，脳髄の神殿を建てた．自然は味覚を感じ取る舌を，音のハーモニーを聞く耳を，光の美しさを感じる目を与えた (KH. 203-4, 177)．

フォイエルバッハのここでの論脈においては，人間の諸感官の歴史的・社会的な形成といった視点は登場していないのであり，その意味での一面性を免れてはいない．しかし，彼がここで強調していることは，諸感覚は人間が自然的存在であることを根拠にして初めて存在し得るという点なのである．自然的存在でなければ人間の感覚も無である．胃，脳，舌，目など自然的なものとしての一切の諸感官を介して自然をわがものとし得る存在，自然が自然と関係する存在として人間の根源的な意味での自然性，それこそが強調されているのである．

しかも，ここでの自然的存在としての人間は「時間性や場所性の制限」(WC. 47, 上111) のもとにあり，かつ，「個体性や身体性」(WC. 44, 上10) を備えたものとして初めて現実的存在だと捉えられる．諸感官を介して世界と関係する人間とは，まさに自然的存在であるがゆえに，現実態としてはそうした個

別的固有性を備えたものとしてのみ実在し得る．その意味では，フォイエルバッハにおいては人間が個体主義的につかまれている．

第2節　対象的関係と自己関係

関係主義の立場

　このようなフォイエルバッハの感覚主義は，ややもすると機械論的な唯物論の主張に連接する思想とも受け止められかねない．すなわち，フォイエルバッハは感性を理性から区別し，感性の直接性と主体の外的な対象に対する受動性をひたすら強調することで，認識論の構図を機械論的な唯物論のそれへと後ろ向きに転換させただけではないのか，と．だがしかし，前章でふれたように，フォイエルバッハは，自らの立場を「浅薄な唯物論者」（WC. 3, 上50）とは意識的に区別しようとしており，事柄はそう単純ではない．

　有限で規定された「現実的」なもの，すなわち，まずは諸感官によって与えられる感覚的なものこそをみずからの哲学の端緒として定め切ったフォイエルバッハにとって，彼の拠って立つ地平は人間と対象とを二元論的に捉える立場ではすでになく，むしろそれは関係主義的な立場であると言ってよい．対象を持たない存在とはフォイエルバッハにとってはひとつの形容矛盾なのであり，それはそもそも何ら存在ですらあり得ない．「人間は対象がなければ何物でもない．……主観が本質的必然的に自己を関係させる対象とは，この主観自身の……本質以外の何物でもない」のである．目の対象は光であり音や臭いではない．光なる目の対象においては目の本質が開示される．土地を耕作するものは農民であり，魚類を捕獲するものは漁民である，等々（WC. 5, 52-3）．フォイエルバッハの提示する事例は例のアフォリズムにあふれており，それゆえにかえって理解を一面化してしまう可能性を有するものではあるが，実体主義との間に自覚的に取ろうとする彼のスタンスをそこに発見することは困難ではないであろう．

　すなわち，ある存在とは，なんらかの対象との関係に立つことなしにはそも

第2章　人間的自然論の祖型　67

そも存在でさえあり得えない．その意味で存在とはすでに関係においてのみ規定し得るものである．存在とは必然的にこうした対象との対象的な関係行為を実現しつつ自己に関係しているものとして自己関係的に捉えられているのである．フォイエルバッハのこの視点は，主体による一方向的な客体の操作という近代主義的な立場に対し，いわば相互主体性の立場を対置したものであり，その意味で，近代批判の視点を示していると言えよう[8]．

感性的な対象的関係行為

　対象を自己の本質の開示されたものとみなすこうした関係主義の立場は，しかし，フォイエルバッハの独断的宣言といった代物にすぎないのではないか．対象との関係が自己関係であり世界はそのような関係として存立し得ることのよりふみ込んだ根拠は，はたしてフォイエルバッハ自身の論理において説得的に用意されているのであろうか．

　フォイエルバッハがみずからの哲学の端緒を「現実的なもの」において措定したとき，「現実的なもの」とは，「諸感官の客観としての現実的なものであり，感性的なもの」であった．したがって，「この哲学は思想を思想の反対物——すなわち物質から・実在から・感覚から——産出するのであり，自分の対象を思惟によって規定する前に，対象に対して初めに感性的に……関係するのである」(WC. 上26-7)，としている．この論定は，神学と思弁哲学批判に立脚したフォイエルバッハみずからの哲学の端緒の措定であり，これに対する賛否はこもごもであれ，フォイエルバッハ自身の立論の仕方としては大方の承認し得るところであろう．

　だがしかし，ここから対象的な関係を自己関係であると主張し得るには，さらなる媒介の論理が不可欠であろう．この論理次元に歩を進めてみる時，そこにおけるフォイエルバッハの基本的な論旨の展開は，またしても「感性的なもの」を介在させることによって果たされることになる．「感性的存在だけがその存在のために自分の外に別の事物を必要とする．私は呼吸するために空気を

必要……」とする（GP. 249, 127）．感性的存在であるということは，自然的存在として具体的な諸感官を介して世界と関係する具体的な身体を備えた有限な存在であることを意味する．

フォイエルバッハによれば，そもそも実存するということは，自然的存在ゆえに個別的な質的な規定を受けたものとしてしか，つまり，制限された有限なものとしてしかあり得ないのである．有限で規定された存在は，対象なしには存在し得ないのだが，これらの対象との現実的な関係は，この固有な個体の諸感官を介しての感性的関係として可能となる．だからフォイエルバッハにおいて，対象的関係としての自己関係とは，まずは感性的な関係行為の活動として措定されて初めて現実的な根拠を与えられるのである．

理性を拓く感性主義

さて，感性を媒介として対象と関係するこうしたフォイエルバッハの自己関係の活動は二重の性格を持つ．すなわち，それは受動的かつ能動的な関係行為の活動として位置づけられる．まずは，我は対象がなければ我でさえない．その意味でそれは受動的である．この受動の側面に関しては繰り返しの説明を要しないほどにフォイエルバッハが強調して止まない論点であることにここでは改めて止目しておきたい．

では，能動的であるとは，いかなる意味においてであろうか．それは，感性的対象を自己の諸感官において受け止めるその主体が，「時間性と身体性」に制約された固有の個体性を前提としていることに関わる．たとえば，感性的対象のさまざまな外的刺激が複数の諸個人に対して一様に与えられる場合であっても，それらは，自己の諸感官をとおして受け止める諸個人によって同一の質として受容されるわけではない．その受容の質は，個人史における自己の諸感官の形成のありようの違いによって，それぞれの諸個人によって異なり，さらには，同一の諸個人に即してみた場合であっても，彼・彼女の「時間性と身体性」のありようによって，時々に異なって受け止めるのである．その意味で自

己関係性とは極めて能動的・個別的な性格を持つ．フォイエルバッハの立脚点が機械論的唯物論の立場とは本質的に異なる所以である．

　「月や太陽も星も人間に『汝自身を知れ！』と呼びかけている．人間が月や太陽や星をみているということ，そして人間がそれらのものをまさに彼がそれらのものをみているような仕方でみている」(WC. 6, 上54)．先にみたこの文言は，対象的な自己関係のこのような性格をよく示しているだろう．すなわち，人間の対象としての外的な自然との関係とは，人間自身の諸感官を介しての人間の内的自然それ自体との関係として捉え返され得るのである．その意味で，自然を問うということはフォイエルバッハにとっては，とりも直さず人間の自然を問い返すことと一個同一の事柄だと言ってよいのである．

　ここで，フォイエルバッハのいう「感性」とは，しばしば通俗的に表象されるように，理性に対して劣位にあり理性の位置にまで高められることを期待されているだけの「感性」カテゴリー，これとは根底的に異なっていることに注意したい．フォイエルバッハは，感性と二元論的に対立するかたちで強調される限りでの近代思弁哲学の「理性」主義的一元化に対しては全否定的であるといえるほどに批判的なのであるが，しかし彼は反理性の立場には立たない．「感性的なものは，思弁哲学の意味での，すなわちそれが世俗的なもの・手のひらに横たわっているもの・無思想のもの・自明なものであるという意味での直接的なものではない」(GP. 305, 70)．むしろ，「思想は感性によって自分を確証」せねばならないのであり，「開かれている頭脳にとってのみ世界は開かれており，頭脳の窓はただ感覚だけである」(GP. 314, 90)．

　彼は，感性的経験の蓄積に裏づけられた思考こそを要求しているのであって，理性を否定しているのではない．「人間が思惟するのであって，自我や理性が思惟するのではない」．フォイエルバッハがこのように言う時，彼の「新しい哲学」は，感性から切り離されて抽象的に自立した理性に対する批判として対置されるのである．したがって，理性に対して感性を劣位に位置づけこれを二元論的に対置した上で，フォイエルバッハを素朴な感性主義者と規定する

一面化は退けられるべきである．フォイエルバッハを感性主義と規定する時には，理性を拓くものとしての感性という彼の近代に対する批判意識が常に念頭におかれていなければならないのである．諸感官を介しての世界との関係が強調される場合，彼はそうした近代批判の地平をみやっているのである．

第3節　人間的自然と「関係」

受苦的存在・欠如態としての個の相互性

ところで，ここまでは対象を問題にするとき主要にはそれを外的な自然に焦点化しつつ，外的自然の内的自然との同一性・自己関係性を論じてきた．言うまでもなくフォイエルバッハにとって，人間の対象とは，外的自然だけでなく同時にそれは他の諸個人でもある．否，むしろ，「人間の諸感官の客体のうちで最も重要かつ本質的なものが人間自身である」ことが強調されるのである．そして具体的身体を持ちつつ時間性において生きるこの感性的諸個人とは，フォイエルバッハにとって固有の個体性でなければならなかった．この固有の我は固有の汝との関係においてのみ存在し得るものなのであり，汝たる対象を前提しない我の措定とはそもそも論理的無理を犯すことなのである．「汝すなわち他の我……我は……まず汝の目のなかで自分のまなざしを鍛えるのである．他の人間は私と世界との間のきずなである」(WC. 100, 上190)．

かくして，関係主義という彼の基本的な視点は，人間-自然関係と人間-人間関係において二重に貫かれている．以下では，人間-人間関係把握におけるフォイエルバッハの基本的な論理構成を明らかにしつつ，それがのちの人間-自然関係把握といかなる論理的関連を持つかを明らかにしておくことにしよう．

フォイエルバッハの哲学の端緒としての「現実的なもの」という観点は，言うまでもなくこの論脈にあっても前提とされる．すなわち，そもそも実存するということは質的な規定を受けたもの，有限なものとしてでしかあり得ない．自然的存在ゆえに現実的・身体を持つ存在としての諸個人は，その生命に終わりのある有限な制限された存在なのである．諸個人にとっては，有限であると

第2章 人間的自然論の祖型 71

いうこの事実からする「制限の感情は苦痛な感情である」(WC. 184, 上312)．だからこそ諸個体は，無限で完全な存在としての神を想定することでこの苦痛からの脱却を計ろうとするのであり，ここに宗教的神の根拠もある．

しかし，「有限であることを畏れる者は実存することを畏れる者である」(WC. 19, 上72)．フォイエルバッハによれば，神の無限において個の有限性を解消するのではなく，この個の有限性という冷厳たる事実の上に確固として立脚しつつ生きること，それこそが現実的なのである．

山之内靖氏は，「フォイエルバッハの唯物論の根本定理」が「個体としての諸個人が自己の有限で部分的な存在という地点から逃れようとするのでなく，むしろこの地点に自覚的に立ちつくそう[9]」ということにあったのであり，諸個体の有限性・部分性の自覚に立つがゆえに諸個体間の相互補完的な共同関係の形成が可能となる，というフォイエルバッハの主張をここに読み取ろうとしている．

既述のように，フォイエルバッハには主体による客体の操作という近代に伝統的な思考様式に対しては，対象的関係において自己関係を主張するという相互主体性の視点を用意していたのであり，その意味で，いわば欠如態たる諸個人の相互性の実現を強調する山之内氏のこのようなフォイエルバッハ理解は妥当なところであろう．しかし，諸個人が欠如態であり差異的な存在であることが無前提にそのままで相互結合的な共同的関係の実現に直結し得るのであろうか．そのことの必然性を主張し得るには，さらなる論理の媒介が必要なのではなかろうか．

このように考えてフォイエルバッハに内在してみると，決して十分な論理だてだと言えるわけではないとしても，しかし，フォイエルバッハにはその必然性を媒介する彼なりの論理が存在している，と思われるのである．フォイエルバッハが，人間-自然関係において人間的自然との連接を説いた当の論理，それがここでも同時に，人間-人間関係における諸個人の結合の必然性を解く論理としても一貫している，と認められるのである．

諸個人の相互性の力動的媒介原理

　一般的に言って，現実的に存在するということ，それを人間存在に即して言うならば，自然的存在として，自らの諸感官を介して止むことなく感性的に受容しかつ感性的に「発現」することを意味する．「あなたにとって生きるとは生命を発現させることを意味し，情感するとは諸感情を発現させる（äußern）ことを意味する．そして，あなたの感情が精力的であればあるほど，それだけますます多くの発現が必要なのである」．すなわち，フォイエルバッハにとって人間の存在の根底には人間的生命の発現が前提されており，人間的情動の発現を欠いては存在自体でさえないのである．ここにフォイエルバッハにおいて「生命発現」という視点が重要な意味を持って登場していること，このことはのちにふれるマルクスの思想形成との関係であらかじめ注目しておきたい．

　ところでフォイエルバッハは，生命の「発現」すなわち情感することにおいて存在している人間，この「人間の諸感覚の客体のうちで最も重要かつ本質的なもの，それは人間自身である」（GP. 304, 78），と主張しつつつぎのように述べている．「われわれはただもろもろの木石だけを情感するのではなく，またただ骨肉だけを情感するのではない．われわれはまた情感する存在と握手する，または，接吻することによって感情をも情感するのである」（GP. 304, 77）．すなわち，フォイエルバッハの感覚主義的自然主義の立場においては，感性的存在としての人間にとって第一義的に重要な対象とは他の諸個人自身なのであり，そして諸個人間の相互性とはなによりも「情感」の「発現」を介して成立する不断の自己関係的な活動として実現し得るのである．

　フォイエルバッハは端的に述べている．我と汝の「相互作用の秘密を解くものはただ感性だけである．ただ感性的な諸存在だけが互いに作用しあう．……感性のみがこの結合の必然性をもつ」（GP. 297, 69）．フォイエルバッハにあっては，我と汝の相互性，つまり，「自己関係的な存在（Fürsichsein）」（GP. 297, 69）であることの根拠は感性であり，抽象的知性はこの存在を実体・原子として孤立させる，としている．フォイエルバッハの論理としては，諸個人の

相互的関係の根源的媒体は，自然的なものに根拠を持つ人間的諸感官を介しての感性・情動の不断の「発現」であることが強調されているのである．そしてそのシンボリックな表現，それこそがかのフォイエルバッハの「愛」であったのである．このようにして，自然的なものの論理は諸個人の相互的「関係」の実現においても同時に貫かれているのである．

フォイエルバッハは情感を「発現」する諸個人のその対極に「純粋な悟性人」なるものを想定しつつ，つぎのように述べている．「純粋な悟性人」は，たしかに「感情人が持っている心情上の苦悩や情熱や耽溺からは免れている．純粋な悟性人はどんな有限な……対象にも情熱的に夢中になることがない」(WC. 42, 上105)．近代の合理主義的思考の優位は，いわば「感情人」のパトスを常に劣位にあるもの・抑圧すべきものの位置へとおとしめるのだが，フォイエルバッハのみてきたような論脈は，先の主体-客体関係の相互主体性への転換の視点をもふまえるならば，道具主義的理性への批判たり得ているし，生活世界へ不断に浸透する目的志向的な行為の一面性に対する批判としても機能し得るだろう．この点はのちに節を改めて論じることにしよう．

現実の「神」としての生

情感を示さない「悟性人」は，悩むことはないがしかし生命的ではない．生命を「発現」させる存在としての感性的経験を基底にした人間こそが「関係」を生きる人間的存在である．近代の合理主義・効率主義は，感性を貶価し「悟性人」の立場を不断に醸成するのだが，しかし，フォイエルバッハによれば人間を肉体と霊魂に，感性的存在と感性的ならぬ存在へと二分化することは，理論上の抽象にすぎない．「われわれは実践において，すなわち生において，この分離を否認している」(WD. 345, 199)．生は，それぞれの個体の瞬間的かつ長期にわたる固有の決断と選択の時間的連続において営まれるという性格を持つ限り，なにがしかの感性的な受容と発信の持続を常に不可欠とする．そして，この感性的情動の不断の「発現」，それこそが我―汝の相互性の力動的な

媒介原理なのであった．

「孤立は有限性であり被制限性である．共同性は自由であり無限性である」．このようにみなすフォイエルバッハにとって，有限な個が神の無限に生きるのではなく，共同的相互性の力動原理としての感性の「発現」を不可欠とする現実の生においてこそ自由と無限を生き得るのだ，ということであろう．「人間は人間にとって神である．……一般に人間に対する人間の関係……は自分自身において真実に宗教的な関係である．生は一般にそれの本質的な関係において徹頭徹尾神的な本性を持っている」(WC. 326, 下153-4)．その意味でフォイエルバッハにとって生とは現実における「神」なのである．フォイエルバッハの宗教批判にあっては，「現実的なもの」としての生における諸個人の共同，それこそが現実の「神」として宗教的な神に対置されたのである．そしてその際の本質的な契機として，感受性・情動といった内なる自然の不断の「発現」が据えられているのである．

生とは現実における「神」であるというフォイエルバッハのこの断言は，自らの言葉への単なる自己心酔にすぎないものであろうか．「存在する」ということは「関係する」ということだと考えるフォイエルバッハにとって，自らの立論の決定的な根拠に関わるという意味において，それは，比喩以上の本質的な主張なのであった，と考えられる．有限な諸個人にとって，感性的なものを基底とする共同的な相互関係が存在しなければ自己が対象を持っていないことを意味し，そうした自己は無であるのだから，彼の主張はその限りで極めて実践的な志向を持つものであった．

フォイエルバッハが自らの著書の内容をその「序言」で「治療学的なものまたは実践的なものである」と述べる時，フォル・メルツにおける宗教批判の実践的・現実的な志向をそれとして了解し得るであろう．哲学者フォイエルバッハが現実批判の意図を自然を根拠におきつつ果たそうとしたその構えは，当時とは比較しがたいほどに深刻に外的自然の危機が深化し，それと相即的に人間的自然そのものの危機が展開されている現在においてこそ社会科学的に再考さ

第 2 章　人間的自然論の祖型　75

れてよい思考のひとつであろう．

第 4 節　フォイエルバッハの自然主義と現代

大文字の「関係」と小文字の「関係」

これまでみてきたようにフォイエルバッハは，「自然的なもの」の論理を人間存在を把握する論理にまで貫徹させることによって，「社会的なもの」の力動的構造を彼なりに開示し得たのであった．人間-自然関係と人間-人間関係が人間的自然を媒介環としてその有機的な連関において把握されたと言ってよい．

ところで，フォイエルバッハにおける人間-人間関係はと言えば，彼が具体的に指摘しているのは，「親子の関係・夫婦の関係・兄弟の関係・友人の関係」(WC. 326, 下153) などであり，ハーバーマス的に言えば，「総じて格式ばらない関わり合いによって規定された私的生活領域」としての「親密圏」が，つまりは，いわば小文字の「関係」・小文字の「社会」が主要には念頭におかれていると言ってよいだろう．すなわち，フォイエルバッハによって現実の「神」として生が措定されるとき，生とは「親密圏」における諸個人の相互性をその基底において含意しているのである．さらには，存在とは関係であるという彼の関係論的視点からして，フォイエルバッハにとっては社会に生きる諸個人とは，「親密圏」における相互的「関係」がなければ無なのである．

ところで，人間と自然との関係と人間と人間との関係というフォイエルバッハによって示されたこの視点は，のちにマルクスによってその相互媒介性が強調されて展開されることになる．この視点は，マルクスの生涯を貫く基本的な視点でもある．ここで，マルクスに関連させながらフォイエルバッハの「関係」把握に言及しておくことにしよう．

マルクスにおける「対自然」と「対諸個人」の相互の有機的連関如何が自覚的に問われること，これこそが重要であるにもかかわらず，しかし，少なからぬ後世のマルクス解釈者たちはこれを二元論的に理解してきている．そうした

なかで，内田義彦氏の『資本論の世界』[12]は，『資本論』の「労働過程」節と「相対的剰余価値」章を相関的・有機的に捉えることによって，この二元論的解釈を免れた先駆的で貴重な共有財産となっている．彼は，シュミットの『マルクスの自然概念』に触発されつつも，それが「労働過程」節のみを検討対象として展開されていることの一面性を批判的に意識した上で，だからこそ，「相対的剰余価値」章をも視野に入れ込んでこの書物を書いたこと，その意味でこれはシュミット批判でもあることをのちに述懐しているのである[13]．

人間と自然に即相して展開される「搾取」が同時に「開発」でもあることを説得的に明らかにした内田氏のAusbeutungの論理は，諸個人から自立した資本-賃労働関係なる既成態化した特殊歴史的ないわば大文字の「関係」・大文字の「社会」が現実的な規定力を持つものであることを見事に解明しており，今日においても極めて新鮮である．この大文字の「関係」の持つ「人間および自然」に対する規定力という視点を欠くならば，「人間と自然」を語る語り口は極めて一面的なものとなろうことは明白である．さらには，フォイエルバッハが執拗に重視している内的自然である諸感官を介した感性の「発現」にしても，それが歴史的に常に制度化されてこそ現実には存在し得ること，こうした視点を欠いてはこれまた一面的であるだろう[14]．フォイエルバッハの論述において，この意味での歴史的な既成態化した大文字の「関係」の持つ規定力に対する関心をみいだすことは困難である．その意味でのフォイエルバッハの一面性・抽象性は明らかに免れ得ないものである．

だが，大文字の「関係」の歴史的な規定力を承認するという極めて正当なこの方法に立脚するということは，個別具体的な社会的現実のなかにひたすら大文字の「関係」の痕跡のみを「発見」し，それを大文字の「関係」にすべからく還元して理解することでこと足れりとする分析態度を採用することの正当性を示しはしないだろう．この点で，大文字の「関係」を科学として見事に捉え切った当の内田義彦氏その人が強調して止むことのなかったつぎの如き視点，これこそが今日想起されて然るべきであろう．

「近代科学の方法の本質は，異質の諸要素が複雑にからみあって出来上がっている対象を，一定の視角・方法から切り取ることにより，可能な限り単純化して観察することにある」．この操作によってこそ科学的に正確な考察の進展が可能たり得てきたのである．だがしかし，「科学の方法がそういうものである以上，科学でつかみ得たものは具体的なものそれ自体ではない」[15]．科学でつかんだものと現実そのものとの間に厳然として常に存在するこのギャップ，その緊張関係の上にむしろ自覚的に立脚すべきこと，さらには，「専門家の眼」と「素人の眼」の緊張関係を自覚化すべきことが内田義彦氏によって夙に強調されてきたのだが，その主張の意義は今日強まりこそすれ些かなりとも減じられてはいない．

人間的自然と自然法的思考

のちに第8章で詳述するが，普遍的合理性への志向という近代の一般的な傾向性は，「効率的」ではない個別具体的で質的な事柄を軽視したり，それらに対して無関心を示すような諸個人の日常的な生活態度を深部から醸成し，計算し難いものへのある種の「恐れ」の態度や，さらには「合理性」という支配的価値軸に照らしてその周辺に存在する事象の諸価値を「取るに足らない」ものとみなす態度を一般化し，諸個人の「悟性人」化を促迫する．諸個人の個別具体的な日常の生は，社会によって措定された「取るに足る」価値のみを生きて自足するわけでは決してない．だがしかし，日本資本主義のパフォーマンスは，他の資本主義諸国に比して相対的な意味で，まさにこの「合理的」ならざる諸価値を周辺化することを濃縮的に徹底し，これをひとつの根拠とすることで構造的に再生産されている，と言っても過言ではない．

「親密圏」における小文字の「関係」の次元に即して言うならば，日本の男たちが「仕事」の遂行にとって有意味な事柄にのみ関心を集約しがちであることに典型的なように，目的志向的な行為の一元的な優位のもとで，直接的な「効果」や「目的」のはっきりしないような日常的で情動的な「関係」が「取

るに足らぬもの」として周辺化される．われわれの社会は，豊かな情動的な経験の蓄積を持たぬままに抽象化されて肥大化した「知」，それが引き起こす負の社会的な現実をあふれるほどに経験してしまっている．

　斎藤茂男氏は，女子高校生コンクリート詰殺人事件に言及しながら，つぎのように述べている．日本社会は，目標を次々に掲げつつそれを乗り越え生産性を次々に上昇させてきた「目標達成型社会」であり，そこでは，目標達成の達成感のみが自己目的化され，その他の価値に対する欲求度が低下してくる．「だから達成感を共有しあっている男は，うちのなかで夫婦間の対話をするとか，赤ちゃんのオシメをとり替えるとか，子育てとか，自分の価値に関係のないことには興味を示せなくなってしまう．まして生産的な価値を生まない，むだな時間を共有することは視野に入ってこない」[16]．

　「人間が思惟するのであって，自我や理性が思惟するのではない」．理性を拓く感性主義の立場からするフォイエルバッハのこの言明は，1世紀半余を経たわが国において限りなく重い．

　このような社会的現実の展開を念頭におくならば，個別具体的な諸個人の生活行為を大文字の「関係」に還元することに終止する方法態度に立脚することは，目的志向的な行為に浸透されつつ呻吟している「親密圏」における小文字の「関係」，これを周辺的なものとして社会科学の分析枠組みの埒外へと抛擲することになるのではないだろうか．現実が，「取るに足らぬもの」として周辺化を促迫しつづける小文字の「関係」，それを社会的現実の展開と共軛的に科学の名においても周辺化することにならないであろうか．「暮らしの中の卑近な現象を虫眼鏡で拡大して眺めなおす作業が」なおざりにされつづけてきた，という「現場」からの批判的な声に耳を傾けるべきであろう[17]．

　自然法という概念装置は，一面において，その生成の歴史性に制約された粗雑な性格を持ってはいるのだが，しかしそれは，「われわれを取り巻く不透明な，意識しがたいさまざまな問題を問題としてとらえ，学問の領域に送り込む上できわめて有効」[18]である．既成態の諸価値に対して自らを埋め込み尽し得な

い人間的自然が，たとえば不登校やいじめ自殺等々として，その身体によって自己自身を表現するまでに立ち至っている．自然の「開発」「搾取」が同時に「われわれのうちなる自然である感性や情念を荒廃させる」[19] 状況を即相的に激しくしている現在，かつて自然法がそのような機能をなにがしか引き受けたように，人間の自然＝ナチュラルなもの，「素人の眼」に定位すること，その意味での「自然法的思考」[20] に立脚することは，現実と科学の既成態化に対する批判力としての位置を占め得るのではなかろうか．それはまさに，「『近代の過剰』によって生起している問題に対する感受性が鈍摩」[21] させられている一領域に降り立つことに他ならないであろう．

そしてまたこの「直接性」の磁場にひとまずは定位すること，それは現代に生きる諸個人が，社会的・構造的に媒介された存在として自己を認識し得るためのひとつのスプリング・ボードを確保することでもあろう．科学と経験との緊張関係，「専門家の眼」と「素人の眼」の緊張関係として内田によって提起された問題，これは直接性と媒介性の弁証法の問題へと連接してもいるのである[22]．

フォイエルバッハは，みてきたように，感性への定位と「生命発現」の主張によって，現代的な問題へと生命力を注入する思想家たり得ている．と同時に，彼はこの生命の思想において青年マルクスの思想形成に対して少なからぬ影響を与えたのである．フォイエルバッハとマルクスの思想的交差の過程については，次章以下でみることにするが，生，生命を光源として再考察されたマルクスは現代に対して新たな光を投げかけ得るものと思われる．その意味で，フォイエルバッハは二重の意味で現代に生きると言えよう．

注)

1) F. Engels, Ludwig Feuerbach und der Ausgang der klassischen deutschen Philosophie, *Marx/Engels Werke* (以下，*MEW* と略称する), Bd. 21, Dietz Verlag, Berlin, S. 286 (「ルゥードヴィヒ・フォイエルバッハとドイツ古典哲学の終結」『全集』第21巻，大月書店，291ページ)．以下つぎのように略記する．

F. 286, 291.

2) 山之内靖『現代社会の歴史的位相』日本評論社，1982年，45-53ページ．同『社会科学の現在』未來社，1986年，22ページ．

3) 菅谷規矩雄・出口裕弘・花崎皋平・加藤祐三・花田圭介『われわれにとって自然とは何か』社会思想社，1970年，227ページ．

4) L.Feuerbach, Das Wesen des Christenthums (以下，WC と略称する), *Sämtliche Werke* (以下，*SW* と略称する), Bd. IV (『キリスト教の本質』岩波書店，上24ページ).

5) L. Feuerbach, Vorläufige Thesen zur Reform der Philosophie, *SW*, Bd. II, S. 239 (村松一人・和田楽訳「哲学の改革のための予備的提言」『将来の哲学の根本命題』岩波書店，1967年，116ページ). 以下つぎのように略記する．VT. 239, 116.

6) フォイエルバッハの感性的確知の対象としてのサクラの木も実は歴史的な媒介を経て今ここにあるのだ．これはフォイエルバッハの「直接性」への批判として良く知られているエンゲルスの文言である (K. Marx/F. Engels, *Die deutsche Ideologie*, hrsg. von Wataru Hiromatsu, Kawadeshobo-shinsha Verlag, 1974, S. 16, 廣松渉編訳『ドイツ・イデオロギー』河出書房新社，1974年，16ページ，エンゲルスの筆になる地の文).

　フォイエルバッハの「直接性」については，彼が対象の歴史的・社会的媒介性を拒否してこれに「直接性」を対置しているかのようなフォイエルバッハ批判が極めて多いのだが，それは的を射ていない批判であろう．そうではなくフォイエルバッハのそれは，まずは思考によって媒介されたものとして存在を把握する近代思弁哲学の観念性を批判する文脈において展開されていると理解されるべきである．

　なお，本章では哲学的に専門的な感覚論・知覚論には立ち入ることができない．とりあえず，種村完司『知覚のリアリズム』勁草書房，1994年，参照．

7) L. Feuerbach, Zur Kritik der Hegelschen Philosophie, *SW*, Bd. II, S. 203 (村松一人・和田楽訳「ヘーゲル哲学の批判」『将来の哲学の根本問題』岩波書店，1967年，177ページ). 以下つぎのように略記する．KH. 203, 177.

8) 清真人氏のつぎのようなフォイエルバッハ評価は妥当なところであろう．「単に観念論のみならずいわゆる『唯物論』も含めて，総じて物質的な対象をただ〈対象〉として遇する術しか知らぬ近代的理性の一般的性格，いわゆる『道具主義的理性』としての性格への批判として成立している」(「初期マルクスにおける『豊かさ』の問題」東京唯物論研究会編『豊かさを哲学する』梓出版会，1986年，246ページ). なお，梅本克己氏は，マルクスを解読しつつ「自己関係」なる表現を用いている (『唯物史観と経済』現代の理論社，1974年，48ページ). また，「自己関係」の視角からの初期マルクス研究として，渡辺憲

正『近代批判とマルクス』青木書店，1989年，参照．
9) 山之内靖『現代社会の歴史的位相』日本評論社，1982年，47ページ．
10) L. Feuerbach, Wider den Dualismus von Leib und Seele, Fleisch und Geist, *SW*, Bd. II, S. 344 (船山信一訳「肉体と霊魂，肉と精神の二元性に抗して」『フォイエルバッハ全集』福村出版，第2巻，198ページ).
11) J. Habermas, *Strukturwandel der Öffentlichkeit, Untersuchungen zu einer Kategorie der bürgerlichen Gesellschaft*, Suhrkamp Verlag, Frankfurt am Main, 1990 (細谷貞雄・山田正行訳『第二版 公共性の構造転換』未來社，1994年，xvページ).
12) 内田義彦『資本論の世界』岩波書店，1966年．
13) 内田義彦「科学へ」岩波講座『文学』12巻，岩波書店，1988年，232ページ．
14) みる，聞く，嗅ぐ，味わう，感じるなど人間的諸器官による世界に対する人間の関わりは，対象をわがものとして領有する行為なのだが，私的所有はそれらを「持つこと」の感覚へと一元的に制度化してしまう (K. Marx, Ökonomisch-philosophische Manuskripte, *MEGA* I-2, S. 392, 城塚登・田中吉六訳『経済学・哲学草稿』岩波書店，1964年，136-7ページ). 以下つぎのように略記する．Ms. 392, 136-7.
15) 内田義彦，前掲論文，28-31ページ．
16) 横川和夫・保坂渉『かげろうの家』共同通信社，1990年，282ページ．
17) 伊藤友宣『家庭のなかの対話』中央公論社，1985年，48ページ．伊藤氏は長いカウンセラーの経験をふまえて，われわれの深部に身についている「説得」に基づく関係のあり方から「情緒の共有」をふまえた「対話」的関係への転換の必要を強調し，「カウンセリング・マインド」の社会大における展開の必要性を説いている．
18) 内田義彦『読書と社会科学』岩波書店，1985年，206ページ．
19) 中村雄二郎『感性の覚醒』岩波書店，1975年，vページ．
20) 内田義彦，前掲論文．
21) 古茂田宏「ポストモダニズムと唯物論」石井伸男・清真人・後藤道夫・古茂田宏『モダニズムとポスト・モダニズム』青木書店，1988年，232ページ．
22) 直接性と媒介性については，拙稿「現代社会認識における方法態度の問題」山田晼・長尾演雄編『共有・共生の社会理論』税務経理協会，1993年，参照．

第3章　初期マルクスの思想形成と生命
――『経済学・哲学草稿』「ミル評注」まで――

　「ドイツにとって宗教の批判は本質的にはもう終わっている．そして，宗教の批判はあらゆる批判の前提である」．「この国家，この社会が倒錯した世界であるために，倒錯した世界意識である宗教を生みだすのである」．このようにみさだめた青年マルクスは，自らの課題を「地上の批判」と「法の批判」，さらに「政治の批判」へと設定したのである¹⁾．

　『ヘーゲル法哲学批判・序説』におけるマルクスの周知のこの言明は，フォイエルバッハの宗教批判を念頭に置きながらなされたものである．マルクスのこの文言に言及して，フォイエルバッハは，A.ルーゲに宛てた手紙の草案断片のなかでつぎのような興味深い主張を行っている．「マルクスが言っているように，ドイツにおける宗教批判は，本質的にはたしかに完了しました．しかし，それはなおただ本質的にであって，まさにそのために，批判はただ少数の思惟する人たちに限られるのです．宗教批判の成果は，なお未だ直接の・一般の・大衆の真理となっていないのです」²⁾．

　フォイエルバッハのこの発言は，この時代のドイツにおいては，宗教批判が多数の民衆をまだ捉え切ってはいない，という字句どおりの意味でまずは受け止められてよいであろう．しかし，私は，この文言において，フォイエルバッハが，さらに自分の基本的な論理の次元におけるマルクスとの異同をも同時に意識化している，とみている．少なくとも，フォイエルバッハは，社会の倒錯性のみを一元的根拠とする宗教批判，そのような宗教批判の論理構成を自らは取らず，第1章でみたようにむしろ，人間を動物と区別する根源としての「厳密な意味での意識」の存在の次元から説こうとしていたのである．それゆえに，われわれは，マルクスのこの言明を即座に肯定的に受け止め切れないフォイエルバッハの心情の吐露をそこにみいだすことができる．

むろん，宗教批判におけるマルクスとフォイエルバッハのこの不協和，それは両者の基本的な理論構成の全性格上の異同と無縁ではない．ここで，両者に重畳する理論の基底を構成する基本的問題として，「自然主義＝人間主義」の思想を指摘できよう．マルクスとフォイエルバッハの協和も不協和もともにこの思想を最基層に据えることで解明し得るであろう．

マルクスは，『経済学・哲学草稿』第3草稿において，フォイエルバッハの「自然主義＝人間主義」に対し，自らのそれを「貫徹された自然主義＝人間主義」[3]としてこれに対質している．本章では，フォイエルバッハにおける「自然主義＝人間主義」の思想との異同を意識しながら，マルクスの「貫徹された自然主義＝人間主義」[4]の思想的境位を明らかにしておくことにしよう．この地平に降り立つということは，取りも直さず，諸個人の生の問題次元に軸足を据えつつ，両者の異同を明らかにすることなのである．この検討を通して，先の宗教批判をめぐる両者の不協和音，それが指し示す問題構成の思想的地平をも同時に明らかにできるであろう．

マルクスの「貫徹された自然主義＝人間主義」を中期・後期マルクスをも含むその全思想像において解明することは果たされて然るべき現代的な課題ではあるが，本章では，フォイエルバッハとの思想的交差において重要な意味を持った『経済学・哲学草稿』「ミル評注」までの思想形成の時期に限定して，考察を試みることにする．

第1節　フォイエルバッハの「自然主義＝人間主義」

マルクスは，『経済学・哲学草稿』の「序文」において，「実証主義的な人間主義的かつ自然主義的批判は，まさにフォイエルバッハからはじまる」(Ms. 326, 13)，と述べている．『経済学・哲学草稿』のマルクスがフォイエルバッハの思想水準を事実上超えておりながら，しかし，フォイエルバッハ批判がそこでは判然としたかたちをとって現われでていないのはなぜか．それは，当時の思想的交差の歴史的状況にあって，ある種の政治的配慮によるものである，こ

のような通説的な判定，これは一面において概ね正しいであろう．と同時に，本章で明らかにするように，『経済学・哲学草稿』の青年マルクスがフォイエルバッハ自身の「自然主義＝人間主義」の論理をぎりぎりのところまで駆使しながら，拠って立つべき自らの思想的境位を拓こうとしていたこと，これも一面の事実であろうと思う．『経済学・哲学草稿』「序文」におけるマルクスの先の言明，これをここではまずは文言どおりにそれとして率直に受け入れておくことにしよう．

そこで，マルクスの「貫徹された自然主義＝人間主義」の思想的境位を解明するために，急ぎ足ではあれ，先行する諸章の論述をもふまえつつ，フォイエルバッハにおける「自然主義＝人間主義」の基本的な性格だけでもまずは明らかにしておくことにしたい．

人間の根源的自然性

フォイエルバッハは，近代思弁哲学における観念的な転倒性を批判しながら，自己の哲学的端緒を「現実的なもの」において定める．そして，フォイエルバッハにとって，「自然」こそが「現実態の総体」[5]なのである．自然を端緒とするこの哲学にとって，自然とは，人間に外在するものであるとともに，人間をも一契機としてそのうちに含む一個の有機的総体である．その意味での自然とは，人間存在の深奥の内的根拠であり，その意味で自然はいわば人間に内在しており，人間とは人間的な自然存在なのである．フォイエルバッハは，「自然を持たない人格性・『自我性』・意識は無である」[6]，と述べている．すなわち，自然的なものを根基とする人間の諸感官，これを媒介としての感性的な関係行為によって世界に対して開かれていること，これこそが人間的実存にとっての基本的な特質であるとみなされるのである．これをフォイエルバッハにおける〈「感性的＝現実的」視点〉としておくことにしよう．

関係主義の視点と「生命発現」

「現実的なもの」を措定したフォイエルバッハにとって,存在とは有限で制限されたものである.したがって,それは,対象との関係性においてのみ本質的に規定し得るとみなされるのである.まさに,対象を持たない存在とはひとつの背理なのである.「人間は対象がなければ何物でもない.……主観が本質的必然的に自己を関係させる対象とは,この主観自身の……本質以外の何物でもない」(WC. 5, 上52-3).存在とは,対象へと向かう不断の関係を実現しながら同時に自己に関係する「自己関係的な存在(Fürsichsein)[7]」なのである.こうして,フォイエルバッハは,決定論的な受動性を回避する構えを自覚的に取ろうとしている.これをここでは,フォイエルバッハにおける〈対象的存在の論理〉としておくことにしよう.

有限で規定された存在としてのこの固有な個体は,自然的なものを根基とする諸感官を媒介としての感性的「発現(Äußerung)」の活動,この活動によってのみ対象的世界に開かれ,世界に対して「関係」的な存在なのである.感性的であるとは,そもそも本源的に「発現」を介して世界に動態的に開かれていることであり,それは同時に,自己へと向かうことなのである.

フォイエルバッハによれば,感性的な「発現」とは,「生命発現」=「生命」の基本原理なのである.先にみたように彼は「肉体と霊魂,肉と精神の二元論に抗して」において,きわめて明解に述べている.「あなたにとって生きるとは生命を発現させることを意味し,情感するとは諸感情を発現させる(äußern)ことを意味する.あなたの感情が精力的であればあるほど,それだけますます多くの発現が必要なのである」[8].ここに明示的に展開されているフォイエルバッハの「生命発現」の思想,その内実はすでに『キリスト教の本質』において提示されているとみてよいであろう.

ところで,「人間と人間との統一」を「哲学の最高にして究極の原理」(GP. 319, 95)であると考えるフォイエルバッハにとって,「生命発現」を根基として存在している人間,この「人間の最も重要な最も本質的な感覚対象は,人間

自身である」．この本質的な共同性において，我と汝の「相互作用の秘密を解くものはただ感性だけである．ただ感性的な存在だけが互いに作用し合う．……感性のみがこの結合の必然性を持つ」(GP. 297, 69)．

こうして，フォイエルバッハの「自然主義＝人間主義」は，自然を根基とする人間における諸感官を介しての感性的関係行為，これを能動的な媒介原理とすることで統一的に把握されているのである．だが，そうした能動性の論理的な根拠は，フォイエルバッハの場合，どのようなものとしてみさだめられているであろうか．

欠如的諸個体の共同

「限界もなく時間もなく窮迫もないところには，また，質もなくエネルギーもなく精気もなく情熱もなく愛もない．……窮迫のない存在は根拠のない存在である．悩む (leiden) ことのできるものだけが生存するに値する．……悩みのない存在は，存在のない存在である．悩みのない存在は，感性のない物質のない存在である[9)]」．

有限で個別具体的な身体を持ちながら時間的かつ空間的な具体性を生きる諸個人にとって，たしかに，「制限の感情は苦痛な感情である」(WC. 184, 上312)．だが，世界において制約されて受苦的であるがために，諸個人は能動的であり得る．ここに，受動の能動が強調される．これをフォイエルバッハにおける〈受苦の論理〉としておくことにしたい．

たしかに，「個体は欠如を持っており，不完全であり，虚弱であり，貧弱である」(WC. 188, 上317)．有限な個体は無限な存在としての神を想定することで，自身の存在に常に付随するこの苦悩からの脱却を志向する．ここに，宗教的な神の一般的根拠が存在する．だが，「厳密な意味での意識」を持つ人間という類はこれを意識し得る．つまり，フォイエルバッハは，個体の有限性といういわば人類の歴史を貫く普遍性の次元をふまえて自らの宗教批判の論理を構

成しているのである．人類における宗教成立の根拠の堅牢さを十分に自覚しな
がら，したがって，それゆえにこそ，フォイエルバッハは，自分の宗教批判を
「治療学的」あるいは「実践的」な意味を持つものとして位置づけている．
「現実的なもの」としての現世の生における諸個人の共同においてこそ，無限
性が実現されるべきであることを主張し，宗教的神の無限性に対して諸個人の
生の共同を現実における「神」として対置するのである．

第2節　自由への志向と「生命」

〈思想における社会性-個体性問題〉

　さて，フォイエルバッハにおける「自然主義＝人間主義」思想の基本構成
を，枝葉を払って，瞥見できた今，マルクスにおける「貫徹された人間主義＝
自然主義」の特質の解明へと移行する地点に立つことができた．

　19世紀初頭のドイツを主要な舞台としながら，ヨーロッパ世界全体の思想的
な発酵過程のただなかにあって，多くの思想との刻々の交差のなかから自らの
思想的立脚点を紡ぎだしていった青年マルクスの思想像に迫ろうとする時，一
定の分析的な視座を予め用意しておくことは不可欠であろう．初期マルクス研
究が少なからぬ歴史的蓄積を形成してきている研究史的事情を勘案すれば，な
おのことである．

　固有の身体を備えた固有の個人の頭脳の内部において特定の個人の思想的な
展開が敢行される時，外的に介在してくる少なからぬ思想的刺激のなかからあ
る種の刺激を自己にとっての刺激として取捨選択する主体的営みそれ自体は，
どのような他の個体によっても代替することは不可能である．固有の個人に外
在する思想的刺激は，当の個人の思想内部の固有の琴線に多少なりとも触れ合
うことによってのみ，それを自己に批判的に内在化することも可能であろう．
もちろん，それは，自己の思想的核心の主体的な改変の過程と相即する．青年
マルクスという固有な個人の思想を解明する場合にも，やはり，この媒介を経
た全体像をつかむことで，当該の思想水準を対自化できるであろう．これをこ

こでは仮に〈思想における社会性−個体性問題〉と称しておくことにしよう[11]．

　以下，主には「パリ草稿」におけるマルクスを主要な検討対象としながらも，まずは，「パリ草稿」へ至るまでのその思想的歩みを瞥見し，そのうえで，「パリ草稿」それ自体の執筆順序の内的な構成をも考慮に入れてマルクスの〈思想における社会性−個体性問題〉への接近を試みる理由である[12]．

精神の自由

　「貫徹された自然主義＝人間主義」，よく知られているこの表現は，『経済学・哲学草稿』の第1草稿には登場していない．それは第3草稿に至って初めて現れる．先に指摘した〈思想における社会性−個体性問題〉視座に立つならば，第3草稿におけるその含意は，それに先行するマルクスその人自身の思想をもふまえて明らかにされなければならないであろう．ここでは，「パリ草稿」の「貫徹された自然主義＝人間主義」の思想に時を経て遙かに連接していく思考の核として，マルクスの思想形成を先導した基本的な価値理念，それを「精神の自由」への希求としておさえることができる，と思われる．ここに，「思考の核」とは，否定的に変容されながらそれが新しい思想次元へと地歩を進められる軸芯，という意味においてである．

　最初期の論述「職業選択にさいしての一青年の考察」において，マルクスは，「人類の幸福と我々自身の完成」[13]を自己の職業選択の基本的な導因として語ったように，マルクスがフランス啓蒙思想の影響を受けながら，自由への志向を育んできたことはしばしば指摘されてきた．21歳のマルクスは，学位論文のための準備ノートにおいて，「古代は，自然に，実体的なものに，根差していた．……近代的世界は精神に根差しており，精神は自由であり，その他者すなわち自然を自分から解き放すことができる」[14]と述べ，古代との対比において近代の根拠を「精神の自由」に求めている．また，デモクリトスの必然性の立場に対し，エピクロスの「必然性のなかに生きることは不幸である」（Heft. 275, 203）という文言を肯定的に引用しながら，「直線的な道からの原子の偏

り」(Heft. 165, 122) を主張するエピクロスの偶然性の立場に止目している．そして，マルクスは，ここでエピクロスの「眼目」は「精神の自由」(Heft. 105, 80) にあると喝破するのである．

大学に職を得る途を断念したのち，マルクスは，出版検閲制度や入会権という物質的利害問題との格闘のなかで，「自由は精神的存在全体の，したがってまた，出版の類的本質」[15]だという立場で論陣を張り，他方で，「木の偶像が勝利をおさめ，人間は敗れていけにえとなるのだ」[16]として，物によって人間が非人間化される現実，これを「低劣なマテリアリスムス（物質主義・唯物主義）」(Holz. 236, 172) だと批判する．

こうした現実社会との格闘のなかから，マルクスの，精神の自由の内包も血肉を得て次第に姿をみせてくる．出版の自由をめぐる論説において，マルクスは，「自由は真に人間の本質であり」(Publikation. 143, 58)，「自由が人間にとって貴重でなくなることは決してあり得ない」(Publikation. 152, 69)，と人間的本質としての自由という視点を明確に打ちだして，つぎのような注目すべき主張を行うに至る．「自由の第1の必要条件は自己認識である」(Publikation. 122, 31)．「私が自由なことを行うということだけではなく，それを自由に行うということも，やはり自由の一部である．もし，そうでないとすれば，ビーバーは毛皮をつけた建築師で，建築師は毛皮のないビーバーだということのほかに，建築師とビーバーとの間にどんな差異があるのか」(Publikation. 155, 72)．

ここでは，出版の自由という社会的自由のみならず，自由を行使する自由，つまり，自己の内面世界に向き合いながら自己の存在様式に関して主体的に自己決定を行う諸個人の生の能動性の次元をも視野に入れて論じられている．「プロイセンの最新の検閲訓令に対する見解」においては，「私の最も内的な本質」，それは「すなわち私の個性」[17]なのであると指摘され，したがって，諸個人の個性を示す精神的多様性の存在こそが必要であり，それが不可侵であること (Bemerkung. 110, 617) が強調されている．それまで「精神の自由」として語られていた自由の内実が，個性的諸個人の個別的な生の内面世界の実現をも

含み持った広範な概念として用意されつつあると言える．

「生命」への定位

こうして，『ライン新聞』を主舞台として展開されたこの時期のマルクスの批判活動において，人間的自由の視点が決定的な橋頭堡を構成していたと言ってよいであろう．この自由の立場は，否定的な社会的現実に対し単に外面的，機械的に対置されたという性格に留まるものではない．むしろ，それは，のちのパリ時代のマルクスにおける社会理論の最基層を構成することになる，という点でさらに根源的な意味を持つ．もちろん，その自由の立場が無媒介にこれに連接したわけではない．どのような媒介を経てであるのか．端的に言えば，それは，「自由」の本質的定在を「生命」においてみさだめ，ここに定位するという視点を獲得できたことによってなのである．

『ライン新聞』における出版の自由をめぐる論戦のなかで，マルクスは，予防法の是非に関してつぎのように言う．法というものは，そもそも，「自由の積極的な定在」(Publikation. 150, 66) であり，その意味で，「法律は人間の行為の内的な生命法則そのものに他ならず，人間の生命の意識的な映像に他ならない」．だから，自由をその本質とする「生命」，その意識的表現である法律においては，「予防法なるものは，無意味な矛盾である」(Publikation. 151, 67)，という論理で論陣を張るのである．

自由の本質的な定在を「生命」において捉えることになったマルクスは，この時期，「生命」に関していくつかの注目すべき発言をしている．ここでは，つぎの二点に注目しておきたい．

① 「新聞というものは，生命と同じように，たえず生成していき，果てるということを知らないものである[18]」．これは，新聞の本性を「生命」との類比で述べている文脈であるが，別の箇所では端的に，「人間の生命は発展である」(Publikation. 155, 59) として，「生命」を不断の生成の活動として捉えている．

② さらにまた，マルクスは，つぎのようにも述べている．「自由のそれぞ

れの姿態が他の姿態を条件づけることは，身体のそれぞれの器官が他の器官を条件づけるのと同じである．ある特定の自由が危うくされるたびに，自由そのものが危うくされる」(Publikation. 168, 88)．ここには「生命」の全体的性格という視点に連なる思考が示されている．

このようにして，のちに『経済学・哲学草稿』「ミル評注」では明示的に示されることになる「生命」の活動的でかつ全体的という二重の性格把握がここにはすでに萌芽的に立ち現れている．

すでにみてきたように，『経済学・哲学草稿』に至るまでのマルクスにあっては，一貫して人間的自由の問題に棹さしながら，「生命」の次元においてこれを捉え直し，市民社会の「マテリアリスムス（物質主義・唯物主義）」を批判する．この点で，「人間主義」的視点がひとつの基礎視座を構成してきていることは間違いがないであろう．他方，「自然主義」の思想はといえば，自然との類比で人間や社会を把握する表現は少なからずみられはする[19]．だが，この時期までのマルクスの思想を「人間主義」的と規定できるのと同じ程度の意味合いにおいて，それを「自然主義」的と規定するには困難が伴う．

ここまでのマルクスの獲得された思想水準にあっては，人間と自然の相関を論理の次元で自覚的に問い，それを有機的統一の位相において捉える媒介的論理を発見するのは困難である．だが，しかし，自由の問題を「生命」の地点から問い返し，市民社会の「マテリアリスムス（物質主義・唯物主義）」を批判するというこの時期までに獲得されてきたこの立脚点は，のちに，「パリ草稿」において疎外を「生命活動」「生命発現」の視点から把握し返し，ついには「自然主義＝人間主義」の「貫徹された」次元を発見し，のびやかな「生命発現」としての感覚解放論という理論の地平へと連接する一筋の思想的琴線を構成することになるのである．

では，ここまでの思想水準をふまえるならば，どのようにしてマルクスの「自然主義＝人間主義」の思想を批判的につかむことができるのであろうか．ついで，パリ時代のノートの分析へと地歩を進めることにしよう．

第3節 「生命活動」と疎外

「非有機的身体」としての自然

第1草稿の「疎外された労働」断片においてマルクスは,「国民経済上の現に存在する事実から出発」(Ms. 364, 86) し,これらの事実を「概念的に把握しない」(Ms. 363, 84) 国民経済学を批判的に超えようとする．マルクスは,「実践的な人間活動の疎外の行為,すなわち労働」(Ms. 368, 93) の考察を通して,労働生産物の疎外と労働の活動自体の疎外を明らかにし,これらの規定から「疎外された労働の第3の規定」(Ms. 368, 93) を析出する．

「疎外された労働は人間から,①自然を疎外し,②自己自身を,人間の特有の活動的機能を,人間の生命活動 (Lebenstätigkeit) を,疎外することによって,それは人間から類を疎外する」(Ms. 369, 95)．そのすぐあとで,マルクスは,同一の事態をつぎのように表現し直している．「疎外された労働は,人間から彼自身の身体を,同様に彼の外にある自然を,また彼の精神的本質を,要するに彼の人間的本質を疎外する」(Ms. 370, 95)．

「自然主義＝人間主義」との関わりにおいては,つぎのことが指摘されてよいであろう．すなわち,ここでは,「人間的本質」を,①まずは人間をも自然として把握し,かつ,②ここに「生命活動」という範疇を登場させた上で,その特質を人間の固有の「精神的な類的能力」(Ms. 370, 98) として把握しているのである．

すでに指摘したように,『経済学・哲学草稿』に至る思想形成過程においては,「自然」に関する発言は,人間や社会をそれとの類比で表現するかたちでは頻出するとしても,それまでのマルクス自身の「人間主義」の思想と同質の独自の理論的視界を備えては現れていなかった．しかし,『経済学・哲学草稿』のここでの「疎外」への論及においては,自然の次元を欠落させたままでは,その論理自体を構成することも困難になるという意味において,自然は本質的な契機として登場しているのである．

マルクスは，自然は，人間の「非有機的身体」(Ms. 368, 94) であり，「人間は自然の一部である」から「人間の肉体的および精神的生命が自然と連関しているということは自然が自然と連関」(Ms. 368, 94) することだ，と述べている．マルクスのこの「自然主義」の思想は，ここに「生命」の次元からの捉え返しをふまえて判然とした姿をとって現れるのである．従来のマルクスの自然への言及に比するならば，質を異にするといっても過言ではない様相において立ち現れている．ここには，フォイエルバッハの「自然主義」という外的な思想的刺激の介在を想定できるであろう．

ただ，マルクスがここに至るまでに，人間的本質としての自由を「生命」の次元から捉え返すことができていたのであり，この獲得されてきた思想水準によって自然の問題に隣接する地点に彼がすでに立脚していたことも間違いない．自然と切断された地点に立ちつづけて「生命」を思考することは困難であろう．フォイエルバッハは，「自然主義」の視点に立って，人間の諸感官を介しての感性の「発現」を捉え，そして，そこに「生命」の活動の現実的次元をみいだしながら，これを自らの「人間主義」の思想に重ねたのであった．マルクスは，接近経路をこれと逆転させるかたちで「自然主義」への地歩を固めてきたと言えるであろう．

「生命活動」

さて，類の疎外の第1の局面を自然の疎外とした上で，第2の局面は，人間的な「生命活動」の疎外として把握されている．マルクスは，ここにおいて「活動以外の生命とは一体何であろうか」(Ms. 368, 93) と述べて，「生命」を活動において捉える従来の自己の視点を一層明確に提示しながら，第1草稿においては「生命活動（Lebenstätigkeit）」を鍵概念のひとつとして登場させて，疎外を捉え返すに至る[20]．

では，「生命活動」の疎外とはどのような含意であろうか．「動物はその生命活動と直接的にひとつである．……人間は自分の生命活動そのものを，自分の

意欲や自分の意識の対象にする。彼は意識している生命活動を持っている」(Ms, 369, 95)．マルクスは，一方では，人間を自然存在とみなし，その限りで生物的な「生命活動」を営む存在と捉える．他方において，動物との種差を意識的存在として規定し，だからこそ人間の活動は「自由なる活動」，「彼自身の生命が彼にとって対象」(Ms. 369, 96) なのであり，人間は自分自身に対して自己関係的に普遍的で自由な存在のように振舞うとみなすのである．

『ライン新聞』時代において強調されてきたように社会的自由のみならず，自己の内面世界に向き合いながら，主体的に自己決定する個の能動性をも含む広義の意味における自由，それがここにおいては，人間の「意識性」を媒介に端的に「生命活動」範疇に定位して指摘されることになる．だから，ここでの「意識性」とは，意識一般を示すのみならず，この意味での人間的自由の次元をもその視野に含む広がりを持っていることに注意すべきであろう．その意味で，「生命活動」とは，諸個人の固有性を示す自由の活動なのである．自由の本質定在を「生命」としてつかむマルクスの思考は，自由な活動である「生命活動」が肉体的生存の維持の単なる「手段」(Ms. 369, 96) へと成り下がり，「逆転」しているこの現実，それを「疎外」として批判することのできる理論的前提をすでに用意してきたと言えるであろう．

だが，しかし，ここでの論理のかなめのひとつを構成している「意識性」の根拠は，果たしてどのようなものであろうか．人間という類は，なぜ意識的存在であるのか．その根拠はどこにあるのか．第1草稿のこの論理の次元においては，根拠それ自体は問われないままに，「意識している生命活動」という規定は登場させられている．したがって，この段階では，「人間主義」の視角と先の「自然主義」の視角とを統一的媒介的に把握する論理はまだ判然としてはいない．

第4節 「生命発現」と感性的活動

第1草稿の末尾において，マルクスは，先の第3規定から，「人間の類的存

在が人間から疎外されているという命題は，ある人間が他の人間から，またこれらの各人が人間の本質から疎外されていることを，意味している」(Ms. 370-1, 98) という規定を引きだし，人と人との社会関係という視点から疎外を概念的に把握する視座を用意している．だが，これについては，独自の解明は与えられないまま，第1草稿は擱筆される．引きつづき「ミル評注」の草された所以であろう．

「生命発現」

さて，「ミル評注」において，マルクスは，人間存在の相互媒介的な性格を指摘し，「人間は真に共同的な存在」であり，これを「人間の本質」だと規定している[21]．すでにみたように，第1草稿において，「人間的本質」は，自然的かつ意識的であることと規定されていたが，ここにおいては「人間的本質」についての新しい規定が立ち現れているのである．

類的本質である人間のこの「相互補完的行為」=「社会的交通」(Mill. 453, 370) は，「疎外された形態」においては，「疎遠な仲介者」(Mill. 448, 364) である貨幣物象に媒介されて現れる．こうした共同関係に関する疎外の位相に言及しながら，マルクスは，「人間として生産したと仮定しよう」として，ここに第1草稿では存在していなかった「生命発現 (Lebensäußerung)」という範疇を新しく登場させ，つぎのように述べている．

人間としての生産を想定した場合，そこでは諸個人が，それぞれに「自分自身と相手とを二重に肯定」することになる．私の生産において私の固有性を対象化し，自己確証し，その過程において「生命発現」の喜びを味わう．また，「私は私の個人的な生命発現において直接に君の生命発現を作り出し」(Mill. 465-6, 382-3)，人間的本質としての共同存在性を確証する．

ここで注意しておきたいのは，第1草稿において鍵概念の位置を占めていた例の「生命活動 (Lebenstätigkeit)」の内実，それが，新しく「生命発現」範疇によって，共同的存在である諸個人間の活動の相互性の側面をも独自にその視

野に入れながら，積極的に語りだされていることである．興味深いことに，「ミル評注」のなかのマルクス自身の評注部分においては「生命活動」の表現は，管見の限りでは 2 ヵ所登場するのみで，替わって「生命発現」が多用され[22]，さらに，第 2 草稿および第 3 草稿に至っては，「生命活動」は消失し「生命発現」によって置き替えられていることである[23]．この事情は，おそらくは，「ミル評注」において，「生命」をそれ自体として諸個人の活動の相互的な交換という社会的な性格としてもおさえることができたことと無縁ではないであろう．自由の本質的定在を「生命」において把握するというそれまでの一貫した視点が，ここでは，それがさらに人間の共同存在性において把握する独自の地平へ展開されるに至っている．

「パリ草稿」に即して言えば，『経済学・哲学草稿』の第 1 草稿においては，自己へと向かう人間の類的精神性，それが「生命活動」範疇によって捉えられていた．それがここ「ミル評注」以降においては，「生命発現」範疇を獲得することで，自己へと向かうことと他者へと向かうことの相即性，すなわち，人間的な生命発現の相互性，したがって相互の自己関係性という固有の視点をも意図的に介在させていくこととなる．

先取りして言えば，マルクスは，「生命発現」範疇の獲得を介して，「社会」性の視点から「自然主義」と「人間主義」を統一的に把握する橋頭堡をここに確保することができたと言ってよい．

「生命発現」の現実相としての感性の次元

フォイエルバッハにとって，自然存在としての人間が存在するとは，そもそも，諸感官を介して感性的に「発現」し受容することと同義であった．フォイエルバッハは，感性的な「発現」の活動を核とした「生命」の動態的性格を強調していたのであった．フォイエルバッハは，「生命発現」において，すなわち，自然的なものを根基とする人間の諸感官，これを介しての感性の「発現」において，それが同時に，人間同士の相互的関係性の動態的な媒介原理を構成

すると考えていた．ここでのマルクスの「生命発現」範疇の導入は，その限りでフォイエルバッハの「生命発現」論と基本的に同質の問題設定に立脚するものと言える．

事実，第3草稿においてマルクスは，「生命発現」の現実相，これを感性の次元から捉え返し，感覚の解放自体を主題化しているという点では，改作的にではあるが，フォイエルバッハ哲学の端緒を構成する〈「感性的＝現実的」視点〉それ自体は正当に共有していると言ってよい．[24]「私的所有の止揚は，すべての人間的感覚や特性の完全な解放」(Ms. 393, 137) であり，「あらゆる感覚を十分に備えた人間……を生産」(Ms. 394, 140-1) するとみなすマルクスは，「私のなかでの対象的存在の支配，私の本質的活動の感性的な発動は熱情である」のだが，社会主義を前提すれば，それが「同時にまた私の本質の活動となるのである」(Ms. 397, 144) と，述べている．

もちろん，「生命」を活動的かつ全体的な性格においてつかむ第1草稿に至るまでにすでに獲得されていたマルクスの視点，その視点が萌芽的であったとしてもそれがそこに貫流していることも一面において間違いない．だが，第1草稿では，「生命活動」が重視されつつも，しかしそれを感性や感覚の次元から自覚的に捉え返す視点はまだ存在していない．第3草稿においては，「感性」については「フォイエルバッハをみよ」(Ms. 396, 143) と明示しているように，マルクス自身の「パリ草稿」に先行する「生命」に定位するという自身の思想的な琴線，これにフォイエルバッハの生命論と感性論が響き合いながら，「生命発現」の現実相が感性や感覚の次元でつかみ直され，人間的感覚の解放の視点から「私的所有の積極的な本質」(Ms. 389, 130) が語られ始めることになるのである．

「生命発現」の原理

しかし，それにしても，この「生命」の動態的な性格は，どのように根拠づけられるのであろうか．活動的かつ全体的な性格を持つものとしての「生命」，

それを基軸的位置におこうとする理論にあって，これは本質的な問いのひとつであろう．のちに，「フォイエルバッハにかんする第1テーゼ」において，「能動的側面」は「唯物論に対立して抽象的に観念論」において展開されてきたとして，フォイエルバッハを厳しく批判することになるマルクスにあって，『経済学・哲学草稿』の思想の次元において，「能動的側面」の根拠の解明はすでに自らが引き受けるべき課題でもあった，と言わなければならない．

第3草稿が，フォイエルバッハの提出した〈「感性的＝現実的」視点〉を受け止めていたように，この論点に関しても，フォイエルバッハの論理それ自体をぎりぎりのところまで自らのものとしながら，決定的な一点においてフォイエルバッハを超えようとするのである．ぎりぎりまでたぐり寄せているフォイエルバッハの論理とは，既述の〈対象的存在の論理〉と〈受苦の論理〉である．

マルクスは述べている．「人間が肉体的で自然力のある，生きた，現実的で感性的で対象的な存在であるということは，人間が現実的な感性的な諸対象を，自分の本質の対象として，自分の生命発現の対象として持っているということ，あるいは，人間がただ現実的な感性的な諸対象によってのみ自分の生命を発現できるということを意味するのである」(Ms. 408, 206)．少々長い引用であるが，「非対象的な存在とはひとつの非存在である」(Ms. 409, 207) という引きつづき現れるマルクス自身の言明と重ね合わせてみるならば，これが先にみたフォイエルバッハの〈対象的存在の論理〉そのものであると言っても決して過言ではないであろう．

〈対象的存在の論理〉をふまえながらマルクスは，つぎのように述べている．感性的であるとは，自己の感性的対象を自己の外に前提していることと同義であり，それは，すなわち，「受苦的であること」なのである．「それゆえ，対象的な感性的存在としての人間は，ひとつの受苦的な (leidend) 存在であり，自分の苦悩 (Leiden) を感受する存在であるから，ひとつの情熱的 (leidenschaftlich) な存在である．情熱，激情は自分の対象に向かってエネルギッシ

ュに努力をかたむける人間の本質力である」(Ms. 409, 208). この文言は，フォイエルバッハではなく，マルクスのものである．だが，これはまさに，先にみたフォイエルバッハの〈受苦の論理〉そのものを受け止めていると言わなければならない．このようにして，マルクスは，人間の「生命」の現実相を感性の次元において把握しながら，その「生命発現」の動態性の根拠，これをフォイエルバッハの論理をぎりぎりまで駆使しながら解明しようとしていると言えるのである．

〈受苦の論理〉の視座転換

だが，マルクスのフォイエルバッハとの同一性，それは，ここまでである．人間の本質的な能動性の根源をフォイエルバッハの〈対象的存在の論理〉と〈受苦の論理〉に依拠して根拠づけながら，しかし，マルクスは，人間を自然存在一般としてではなく，「人間的自然存在」，つまり，「自己に対してあるところの存在」と捉える先の自身の規定をたぐり返している．これは，第1草稿において，「意識している生命活動」を持つものとして人間の「生命活動」が種差的に指摘されていた論点である．しかし，「社会的交通」の視点をもふまえて「生命発現」範疇が獲得され展開されてきたここ第3草稿においては，「私の一般的意識の活動も……社会的存在としての私の理論的な現存なのである」(Ms. 391, 134)，としておさえられる．第1草稿においては，その根拠を問われることなく前提とされていた意識性，ここではそれが「社会」性の視点から改めて説かれることになるのである．

つまり，意識的＝社会的存在としての「人間的自然存在」は，自然存在として自然でありながら，同時に，それ以外の自然との差異を被った存在なのである．人間は，「社会」的存在という本源的性格において，いわば〈文化〉を備えた特殊な自然的存在としてすでにある．人間は，そうした存在としての実を示さなければならない．そこで，マルクスは，先の〈受苦の論理〉を展開したのちに，つづけてつぎのように述べる．「したがって，人間的な諸対象は，直

接にあるがままの自然諸対象ではないし，人間の感覚は，それが直接にあるがままで，つまり対象的にあるがままで，人間的感性，人間的対象性であるのでもない．自然は，客体的にも，主体的にも直接的に人間の本質に適合するように存在してはいない」(Ms. 409, 208)．

フォイエルバッハが，個の有限性として，いわば個体主義の視角から語っていた〈受苦の論理〉，それがここでは類の制限性，類の受苦性へと視点が転換されながら改作的に登場してくる．このようにして，マルクスにあっては，一方において，対象の人間にとっての「社会的な対象」としての「生成」(Ms. 393, 216)，つまり，「自然の人間化」の必然性が主張される．また，他方においては，「人間的感覚，諸感覚の人間性は，感覚の対象の現存によって，人間化された自然によって，初めて生成する」ことが強調される．人間は，対象を人間的＝社会的対象として生成しながら，この「人間化された自然」(Ms. 394, 140)との関係行為を通して「感覚」自体をも生成する．「私的所有の積極的本質」は，このようなマルクス的な感覚論の展開がなければ，語られなかったであろう．

マルクスにあって，フォイエルバッハは，フォイエルバッハ自身の視点をこのように転換することによって超えられる．フォイエルバッハ的な〈受苦の論理〉の視座転換は，生成の弁証法を「ヘーゲル弁証法の積極的な諸契機」(Ms. 413, 216)としてつかみだすことによって可能にされたことは言うまでもないであろう．フォイエルバッハの唯物論によってヘーゲルの観念論を超えながら，他方で，ヘーゲルの生成論によってフォイエルバッハの唯物論をも超える．こうして，「観念論とも唯物論とも異なっており……同時に両者を統一する真理」としての「貫徹された自然主義＝人間主義」(Ms. 408, 205)の立場がここに主張されるのである．

「社会」の媒介性

だがしかし，このような「両者を統一する真理」を可能にしたマルクスにお

ける基礎的な視座は何であったのか．それは，これまでの論脈においてもはや明らかだと思われるが，ここで改めて問われてよいであろう．

「個人は・社・会・的・存・在・である．だから彼の生命発現は——たとえそれが共同体的な，すなわち他人とともに同時に遂行された生命発現という直接的形態で現れないとしても——社・会・的・生・命・の・発・現・であり，確証である」(Ms. 391, 134-5). このように，「生命発現」それ自体を社会的性格のものとしてつかむマルクスの視点からすると，人間的「生命」の属性としての「意識性」は，もちろん，「社会性」において根拠づけられる．

「生命発現」範疇の獲得の過程と相即的に展開される社会性の視点の自覚的な獲得，マルクスはこれによって類の種差の根拠を明示する．第1草稿においては明示的ではなかった「自然主義＝人間主義」が，ここにおいて統一的に把握されることになる．第3草稿のなかのつぎの命題がきわめて明快に響いてくるのは，マルクスなりの，熟成の過程を経た思考の帰結なのである．

「それゆえ，社会は，人間と自然との完成された本質統一であり，自然の真の復活であり，人間の貫徹された自然主義であり，又自然の貫徹された人間主義である」(Ms. 391, 133)．この周知の文言に示されているように，マルクスは，「自然主義」と「人間主義」との統一的な把握を実に明快に，いわば「社会」において成し遂げているのである．

「生命」の地点を経て「生命」の地平へ

第3草稿で確信に満ちて打ちだされることになる「社会」において「自・然・主・義・＝・人・間・主・義・」をつかむこの視点の獲得は，「生命発現」範疇に立脚しながら，感覚論において人間の自己形成を捉える視点，したがって，感覚論を全面に据えて解放論を論じる視点の彫琢と相即している．感覚論の地平に立つことができたがために，第3草稿に至って初めて「私的所有の積極的本質」が語りだされ，「人間と自然との間の，また人間と人間との間の抗争の真の解決」としての「共産主義」が，「完成した自然主義として＝人間主義，完成した人間主義

として＝自然主義」(Ms. 389, 131) が語られることになったのである．『経済学・哲学草稿』に至る時期まで一貫して「生命」の地点に定位しようとするマルクスの思想の琴線，これにフォイエルバッハの生命論と感覚論がここ第3草稿において触れ合いながら，ここに「生命」に立脚した社会理論の新しい地平を拓くことができたのである．感性を「感性的活動」として捉える「フォイエルバッハ・テーゼ」の思想的境位を，第3草稿は事実上すでに獲得していると言ってよいであろう．

ところで，辿ってきた青年マルクスの思想的歩みはそれ自体が，〈思想における社会性-個体性問題〉の所在の現実性とその一般的性格を体現するものになっていることを強調しておきたい．自由を「生命」において捉え返す思想的地点に立脚しつづけようとするマルクスというこの固有な個体は，そこに立脚するからこそ，フォイエルバッハの生命論と感覚論という外的社会的な刺激を批判的に内在化し，自己の「生命」論を彫琢しながら，社会理論の新しい地平を拓くことができたのである．「生命」の地点を経て「生命」の地平へ．誤解を恐れずに，青年マルクスの思想像をこのように形容しておこう．

マルクスとフォイエルバッハの思想的交差における諸論点，さらに一般的に言えば，〈思想における社会性-個体性問題〉，現代においてそれは，単なる歴史的挿話に留まるものではないであろう．というのも，検討してきた思想史上の一幕それ自体が，今度は，外的な思想的刺激のひとつを構成し，現代を生きるわれわれ諸個体自身が，固有な自己という資格において，その意味を相対化し，内在化することになるのである．したがって，思想史の解明の営みとは，それ自身が二重の意味での〈思想における社会性-個体性問題〉を構成しているのである．

〈大文字の社会〉と〈小文字の社会〉

丸山圭三郎氏は，〈特定共時的文化〉とは区別しながら，「時代や制度の別なく人間がおかれた根源的条件」というものが存在することを強調し，これを人

間の〈汎時的文化〉と名づけて,この〈汎時的文化〉を解明することの現代的意義を説きつづけた[25].

すでにみてきたように,マルクスは,眼前の国民経済的事実を「下向」的に分析しながら[26],人類の,いわば根源的な〈汎時的文化〉と〈特定共時的文化〉の両側面を「社会性」において捉え,「貫徹された自然主義=人間主義」を遠望した.これに対して,フォイエルバッハは,ハーバマスの言う「親密圏」における諸個人の相互に動態的関係としてのいわば〈小文字の社会〉[27]を〈汎時的文化〉の視点で捉えてはいるが,しかし,「他人とともに同時に遂行された生命発現という直接的形態」(Ms. 391, 134)を超えでた,いわば〈大文字の社会〉を〈特定共時的文化〉として捉える視点は乏しい.しかし,フォイエルバッハにあっては,人類のこの〈汎時的文化〉の側面は,代替不可能な身体を備えた諸個人の有限性において把握されている.フォイエルバッハのこのような視点の一面性は批判されて然るべきであるとしても,すべてを〈大文字の社会〉に還元し〈小文字の社会〉の現代的な含意までをも否定することは,逆の一面的な構えであること,このことについてはすでに第2章で指摘した.

本章の冒頭でふれたマルクスの『ヘーゲル法哲学批判・序説』における社会の倒錯性という視点からの一元的な宗教批判,それに対して,フォイエルバッハが抱懐した違和感は,当時の政治戦術的な次元からの判定に由来するものだけでは決してなかったであろう.個の有限性という〈汎時的文化〉次元から宗教成立の根拠を説くフォイエルバッハが,〈特定共時的文化〉における「社会」の転倒性を根拠とするマルクスのここでの宗教批判の構えに対して,本質的な違和感を抱いたとしても不思議ではない.

当時の時代認識に関する限りで,現実感覚の優越性が相対的な意味でマルクスにあったことは明らかであろう.だがしかし,抽象は捨象であり,捨象は抽象である.フォイエルバッハの提起した個の有限性という視点によく示されている個体性の〈汎時的文化〉性という論点自体が,これによって無化されるわけではないことも否定しようがない.

たしかに，個体性は〈特定共時的文化〉における「社会」の規定性の質を帯びてのみ存在できる．だから，マルクスは，個別性をその本質とする感性の次元を取り上げながら，他面では，感性の制度化（近代社会における「持つ」感覚の一般化）の側面をも指摘できたのである（Ms. 409, 208）．しかし，他方，「社会」性は，個体性に担われこれを介してのみ発現できるものだということも別の一面の事実である．同一の客観的な外的「情報」が複数の個体に対して存在する時，それらを意味的に受容する主体は代替不可能なそれぞれの固有の個体を除いては存在しないのである．「生命」の地点を経て「生命」の地平へ．初期マルクスの思想形成の歩みそれ自体がまさにそのようなものとしてあった．

　これまで，社会科学において，近代社会の批判的解明を成し遂げようとする場合に，個体性の〈汎時的文化〉の側面をその視野のなかに過不足なく介在させることに十分な目配りを与えていたであろうか．制限された，代替不可能な，生物的な個別性をも含み持った諸個人が，総じて言えば，「個別」が「社会」や集団という〈特定共時的文化〉の「一般」性のなかに融解されてこなかったであろうか．

　マルクスとフォイエルバッハによって演じられた一駒の歴史的経験を経ること150有余年，総じて社会の諸領域において個別化が格段と展開する現代においては，異質な「個別」が「一般」に解消されることなく固有の位置を占めながら共同することのできる社会的諸条件の解明こそが求められている[28]．

　「人間の諸感受性，諸情熱などは，真に存在論的な本質（自然）肯定」なのであり，感情や情熱などの「肯定の仕方は決して同一ではなく，むしろ肯定の種々の異なった仕方が，それらの現存の，それらの生命の独自性をかたちづくるのである」（Ms. 434, 178）．このように述べたのは，『経済学・哲学草稿』第3草稿におけるマルクスである．この時期のマルクスは，「生命の独自性」，すなわち諸個人の存在の本質的な固有性をつかむ際の基本的な立脚点，これを感性的な「生命発現」の次元においてみさだめようとしているのである．これ

は，今日改めて注目されてよい視点であろう．

また，フォイエルバッハは，「純粋な悟性人」は，苦悩や情熱，耽溺などからは自由であるが，情熱的に熱中することもない，と批判的に指摘しながら（WC. 42, 上104-5），「感性的存在だけが互いに作用し合う」のであり，我と汝の「結合の必然性は感性のみにある」（GP. 297, 69）と述べてもいた．

すでにみてきたように，フォイエルバッハと「パリ草稿」のマルクスでは，決定的な点においてはその基礎的な視座をついに交わらすことがなかった．だが，しかし，「生命」へ止目しながら感性の次元に足場を据えて思考していた点では，この時期の両者は，その目線を共有していたのである．このパリ時代のマルクスの「生命発現」の視座への定位は，のちに，ドイツ的イデオロギー批判，とりわけシュティルナー批判をエンゲルスとともに果たしつつ，両者の理論的彫琢をはかる際の基本的な立脚点となるのである．この点で，19世紀中葉におけるヨーロッパ社会思想形成史のこの到達点は原理的に重要な意味を持っている．と同時に，ここでの到達点は，現代的な意義を合わせ持つものである．

感性的な情動の発現は，一方では，諸個人の憎悪や反目を人間世界にもたらすこともあるのだが，しかし，それがなければ人間的な共感も実現できないであろう．差異に立脚した共同の可能性が模索されるべき現代にあって，位相を異にしながらもこの時期の青年マルクスとフォイエルバッハが共に降り立っていた「生命」の地平に立脚すること，そのことの現代的な意味は，決して瑣末なものではないであろう．

注）
1) K. Marx, Zur Kritik der Hegelschen Rechtsphilosophie, Einleitung, *K. Marx/F. Engels Gesamtausgabe*（以下，*MEGA* と略称する），I -2, S. 170（「ヘーゲル法哲学批判・序説」『全集』第1巻，1959年，415-6ページ）．
2) L. Feuerbach, Brief an Arnold Ruge vom April 1844, *Gesammelte Werke*, hrsg. von W. Schuffenhauer, Bd. 18, S. 338.

3) 「貫徹された自然主義すなわち人間主義」としてこれを等式でつないで理解する文言的解釈に関しては，木田元『反哲学史』講談社，1995年，186ページ，参照。

4) K. Marx, Ökonomisch-philosophische Manuskripte, *MEGA*, I-2. S. 408（『経済学・哲学草稿』岩波書店，1964年，205ページ）。以下つぎのように略記する。Ms. 408, 205.

5) L. Feuerbach, Zur Kritik der Hegelschen Philosophie, *Sämtliche Werke*（以下，*SW* と略称する），Bd. II. S. 203（村松一人・和田楽訳「ヘーゲル哲学の批判」『将来の哲学の根本問題』岩波書店，1967年，177ページ）。以下つぎのように略記する。KH. 203, 177.

6) L. Feuerbach, Das Wesen des Christenthums, *SW*. Bd. IV. S. 110（船山信一訳『キリスト教の本質』上，岩波書店，1964年，205ページ）。以下つぎのように略記する。WC. 110, 上 205.

7) L. Feuerbach, Grundsätze der Philosophie der Zukunft, *SW*, Bd. II. S. 297（村松一人・和田楽訳「将来の哲学の根本命題」『将来の哲学の根本命題』岩波書店，1967年，69ページ）。以下つぎのように略記する。GP. 297, 69.

8) L. Feuerbach, Wider den Dualismus von Leib und Seele, Fleisch und Geist, *SW*, Bd. II, S. 344（船山信一訳「肉体と霊魂，肉と精神の二元論に抗して」『フォイエルバッハ全集』第2巻，福村出版，1974年，198ページ）。以下つぎのように略記する。WD. 344, 198.

9) L. Feuerbach, Vorläufige Thesen zur Reform der Philosophie, *SW*, Bd. II. S. 234（村松一人・和田楽訳「哲学改革のための暫定的命題」『将来の哲学の根本問題』岩波書店，1967年，110ページ）。以下つぎのように略記する。VT. 234, 110.

10) 宗教自体をどのように規定するかにも関わるとしても真下信一氏のつぎの発言は，傾聴に値しよう。「私は，宗教がなくなる日がいつか来る，とはどうも思えません。そこに人間がいる以上，なにか無限なものへの憧れといったものを持つだろうし，それを思惟によって，つまり哲学によって得ることができる人はやはり少ないでしょうから，宗教は残ってゆくと思うのです」（真下信一『自由と愛と』青木書店，1985年，98ページ）。

11) 宮本十蔵氏のつぎの指摘は思想史研究において重く受け止められねばならないであろう。「影響はどれだけ大きくても所詮影響以上のものではない。それを受け止めるばかりでなくつくりかえるような何らかの内的な核があってこそ，影響は影響でありえたのであるし，一個の思想として把握されうるのである」（宮本十蔵『哲学の理性』合同出版，1977年，83ページ）。

12) ラーピンの文献考証以来，『経済学・哲学草稿』「ミル評注」は，『経済学・哲学草稿』の第1草稿と第2草稿・第3草稿との間に「ミル評注」が介在する

ものとして読まれてきた．この点に関しては，その後の文献研究の蓄積によっても，これを決定的に覆し新規に定説化された執筆順序推定は現れていないようである．タウベルト説については，後述する．以下の文献を参照のこと．N. I. ラーピン（細見英訳）「マルクス『経済学・哲学草稿』における所得の三源泉の対比的分析」『思想』1971年3月号，岩波書店，98-118ページ．I. タウベルト（渋谷正・服部文男訳）「『経済学・哲学手稿』研究の新段階」『現代と思想』38号，青木書店，234-268ページ．J. ローヤン（山中隆次訳）「いわゆる『1844年経済学・哲学草稿』問題」『思想』1983年8月号，岩波書店，102-157ページ．渋谷正「『経済学・哲学草稿』とパリノートをめぐる問題」『経済』1983年8月号，新日本出版社，155-183ページ．渋谷正「『経済学・哲学草稿』とパリノートをめぐる研究の新段階」『経済』1984年6月号，新日本出版社，203-227ページ．

13) K. Marx, Betrachtung eines Jünglings bei der Wahl eines Berufes, Deutscher Aufsatz, *MEGA*, I -1, Dietz Verlag, Berlin S. 457（「職業の選択にさいしての一青年の考察」『全集』第40巻，519ページ）．

14) K. Marx, Hefte zur epikureischen, stoischen und skeptischen Philosophie, *Marx Engels Werke*（以下，*MEW* と略称する）Ergänzungsband, Dietz Verlag, Berlin, S. 59-60（「エピクロス派，ストア派，および懐疑派の哲学へのノート」『マルクスエンゲルス全集』第40巻，大月書店，以下『全集』と略称する，52ページ）．以下つぎのように略記する．Heft. 59-60, 52.

15) K. Marx, Die Verhandlungen des 6. Rheinischen Landtags. Erster Artikel : Debatten über Preßfreiheit und Publikation der Landständischen Verhandlungen, *MEGA*, I-1, S. 146（「第六回ライン州議会の議事，第一論文・出版の自由と州議会議事の公表とについての討論」『全集』第1巻，62ページ）．以下つぎのように略記する．Publikation. 146, 62.

16) K. Marx, Die Verhandlungen des 6. Rheinischen Landtags. Dritter Artikel : Debatten über das Holzdiebstahlsgezetz, *MEGA*, I-1, S. 201（「第六回ライン州議会の議事，第三論文・木材窃盗取締法にかんする討論」『全集』第1巻，128ページ）．以下つぎのように略記する．Holz. 201, 128.

17) K. Marx, Bemerkungen über die neueste preußische Zensurinstruktion, *MEGA*, I-1, S. 108（「プロイセンの最新の検閲訓令に対する見解」『全集』第1巻，15ページ）．以下つぎのように略記する．Bemerkung. 108, 15.

18) K. Marx, Das Verbot der „Leipziger Allgemeinen Zeitung" für den preußischen Staat, *MEGA*, I-1, S. 291（「プロイセン領内における『ライプツィガー・アルゲマイネ・ツァイトゥング』の発禁」『全集』第1巻，178ページ）．

19) 「自然的な事象と人間的精神的な事象とをパラレルに描きあげるのは若いマルクスの常套的な叙述法である」（宮本十蔵『哲学の理性』合同出版，1977年，

154ページ).

20) 「実践的現実的な関係行為」と「関係との相互媒介的把握」が「マルクスの少なからぬ見失われた視座のうちでもっとも重要なもののひとつ」であると主張し，その視点から「生命活動」に止目した論考として，細谷昂「行為と関係——見失われたマルクスの一視座——」『社会学年報』14号，東北社会学会，を参照のこと．

21) K. Marx, Auszüge aus James Mills Buch „Élémens d'économie politique", MEGA, I-2, S. 452 (「ジェームズ・ミル著『政治経済学要綱』からの抜粋」『全集』第40巻，369ページ)．以下つぎのように略記する．Mill. 452, 369.

22) Mill. S. 450, 367. および，S. 455, 374.

23) 草稿と「ミル評注」の執筆順序に関わるタウベルトの推定は，第3草稿以後にリカードとミルからの抜粋を含むノートが書かれた可能性を指摘している．第2草稿・第3草稿に「ミル評注」が後続するとすれば，第1草稿に頻出していた「生命活動」が第2草稿・第3草稿においてはなぜ不在なのか．そしてまた，第2草稿・第3草稿において「生命発現」がこれに替わって現われるのはなぜか．きわめて限定された問題次元からではあるが，こうした疑問が率直に言って生じてくる．タウベルト前掲論文．

24) マルクスは，端的につぎのように述べている．「感性的であるということ，すなわち，現実的であるということ」(Ms. 409. 208)．

25) たとえば，丸山圭三郎『生命と過剰』河出書房新社，1987年．

26) 第1草稿を「下向」的手法として位置づけて分析した先駆的な仕事としては，細谷昂『マルクス社会理論の研究——視座と方法——』東京大学出版会，1979年，を参照のこと．

27) フォイエルバッハにおいては，歴史的に既成態化し諸個人への規定力を持つ〈大文字の社会〉への関心は弱く，「親密圏」(ハーバーマス)における〈小文字の社会〉が念頭に置かれていること，そしてそのことの意義に関しては，本書第1章，第2章を参照．

28) 古茂田宏氏は，たとえば女性が男性＝人間（マン）として解放されるのではないという青木やよひの視点を取り上げ，それは同時に，「男性＝人間」の帯びる「普遍性」への問い返しでもある，と述べている．傾聴に値しよう．古茂田宏「ポストモダニズムと唯物論」石井伸男・清真人・後藤道夫・古茂田宏『モダニズムとポストモダニズム』青木書店，1988年．

第4章　マルクスの「生命発現」の論理
——シュティルナー批判への視点——

第1節　『唯一者とその所有』におけるマルクス批判

『唯一者とその所有』

1844年末，ヘーゲル左派の解体過程において現れたシュティルナーの主著『唯一者とその所有』は，一躍注目の的となり，他方，セリガ，フォイエルバッハ，ヘスらがこの書への批判を試み，さらに，シュティルナーは「シュティルナーの批評家たち」で彼らへの反批判を行うなど，ヘーゲル左派内部での一大論争を引き起こした[1]．

さらに，この書の刊行は，マルクスとエンゲルスの本格的な共同の理論構築作業，つまり，『ドイツ・イデオロギー』の執筆を促した．『ドイツ・イデオロギー』は B. バウアー論文を直接に批判するかたちで起筆されているが，『ドイツ・イデオロギー』執筆の動機は多様であり，シュティルナーのこの書の発刊が少なくともそのひとつの契機として機能したことは間違いない．その意味において，この書に対しマルクスとエンゲルスの両人がどのような反応を示したのか，その反応の仕方の質は，彼らが共同で唯物史観を形成していく過程に対しても微妙な「理論的体質」[2]の差を示すものとして影を落とすことになっている．マルクスとエンゲルスの思考様式の異同については，『ドイツ・イデオロギー』の執筆過程に即して両者のいわゆる「持ち分問題」をもふまえながら詳細に解明されるべき課題であろう．『ドイツ・イデオロギー』に内在しての検討は第5章と第6章で行うこととして，以下では，まずは『唯一者とその所有』におけるシュティルナーによるマルクス批判の含意，および，批判された当のマルクスの文献の文脈をふまえて，その限りで予測されるマルクスのシュティルナーへの反応の構えを指摘しておくことにしよう．

『唯一者とその所有』でシュティルナーは，神の本質とは人間の本質なのだ，というフォイエルバッハのキリスト教批判を俎上にのせた上で，つぎのようにフォイエルバッハを批判している．

「最高の存在は確かに人間の本質ではあるが，まさにそれが人間の本質であって彼・人間自身ではないそのゆえにこそ，われわれがそれを彼の外にみて『神』とみなそうが，あるいは，彼の内にみいだして『人間の本質』とか『人間』とかいう名をつけようが，どのみちそれは全く同じことなのだ．私は，神でもなければ人間一般でもなく，最高存在でもなければ私の本質でもない[3]」．

「一般」によって個が回収されてしまっているのだ，というシュティルナーなりの現実認識に立って，彼は随所で，そこでは「聖なるもの」・「固定観念」が私のなかに生きるのであり，私が生きているのではない，と批判的に主張している[4]．このような視点から，フォイエルバッハの「人間なるもの」，これもやはり「固定観念」なのだとみなすのである．

フォイエルバッハの「人間なるもの」のみならず，「正義，法，善なるもの，帝王，結婚，公共の福祉，秩序，祖国，等々[5]」一切のものが「固定観念」なのであり，これら「神聖なもの」は退けられねばならない，とシュティルナーは言う．「私の事柄は，神のものでもなく人間のものでもなく，真なるもの，善なるもの，正義なるもの，自由なるもの等々ではなく，ただひとり私のものであるのだ．それは，一般なるものではなく，ただ——私が唯一であるごとくに，唯一であるのだ[6]」．このように述べて，シュティルナーは「一般」に対して「唯一者」を対置するのである．

マルクスとシュティルナーの問題圏

この書のなかで，マルクスそのものはシュティルナーによって正面切った批判対象としての扱いを受けているわけではない．ここでは，フォイエルバッハ

第 4 章　マルクスの「生命発現」の論理　111

をいわば教祖とする「人間宗教」[7]の一信徒の事例としてマルクスが批判の対象とされているにすぎないのである．マルクスに言及した唯一の箇所でシュティルナーは，わずかに一言つぎのように述べているだけである．

「私を人間なるものと全く同義化するために，人はつぎのような要請を創出し提起した．すなわち，私はひとつの『現実的な類的存在』とならねばならぬ（原注：たとえば，マルクス独仏年誌，ユダヤ人問題によせて，197ページ）[8]」．

マルクスにとって，こうしたかたちでのシュティルナーからの批判は幾重にも心外であったろう．「ユダヤ人問題によせて」のマルクスは，近代社会を市民社会と国家との分裂において，その「二元性」において把握している．そこでは市民社会が「エゴイズムの領域」とされ，「完成した政治的国家は，その本質上，人間の類的生活であって，彼の物質的生活に対立している[9]」とされている．ここで国家の領域に振り分けられた「類的生活」とは人間の共同性を意味するものとして使用されている．

のちのマルクスの思想水準からすれば，こうした二元的理解は問題を含むものであるが[10]，シュティルナーの批判するこの「現実的な類的存在」という用語法によってマルクスが主張していることは，近代の「政治的解放」でさえもこの共同性の実現が十分ではなく矛盾を孕むものだということである。したがって，ここでのマルクスの「類的存在」とは，『唯一者とその所有』においてシュティルナーが批判するような，個人をそこへと同一化すべき抽象化された「一般」・「固定観念」などではあり得ないのである．

このように個別を「一般」に解消するかの主張を行っているものとしてシュティルナーによって描きだされたマルクスは，自らのこの著作の基本的な意図をはなはだしく曲解するものと感じ取ったとしても不思議ではない．と言うのも，マルクスの思索の基本的な方向性は，諸個人がそれぞれの固有性を共同性との相即のなかに実現する可能性の模索にこそあったのであり，諸個人の固有

性を否定するものでは決してあり得なかったのだからである．「ユダヤ人問題によせて」のなかでマルクスは，制限された「政治的解放」の彼方につぎのように将来社会を遠望している．

「現実の個別的な人間が，……個別的な人間のままでありながら，その経験的生活において……類的存在となった時初めて，つまり人間が自分の『固有の力』を社会的な力として認識し組織した時……，その時初めて，人間的解放は完成されたことになるのである[11]」．

マルクスは個別-「一般」問題において，一方が他方に解消されるのではなく，むしろその相即的な発展こそを展望しようとしていたのである．むろん，この時期のマルクスの思想としてそれは熟したものではない．しかし，マルクスはここで個別を「一般」に解消するかのように主張をしているわけでは決してない．それをシュティルナーによって，「一般」に同一化すべきものとしての個別，「類のサンプル」としての個人をマルクス自身が主張しているかのような批判を受けているわけである．マルクスにとってこれはとてつもない曲解であっただろう．

『唯一者とその所有』においてマルクスはきわめて軽く遇されているとはいえ，いや軽くあしらわれているがゆえにこそ，これは当のマルクスにとってはみすごして済まし得ない一書であったはずである．そして，シュティルナーのマルクスへの批判の内容としても，すでに指摘したように，個別を「一般」に解消するかのような曲解に基づくものであるがためにそれはなおさらであっただろう．と言うのも，マルクスにとってここでの論点，個体性と共同性の相乗的発展・豊饒化という論点，それは後期マルクスに至っても一貫しているのであり，その意味でこの時点でも彼の思考の本質的な論点のひとつであったからである．

このように，シュティルナーがマルクスに直接に言及した部分との関わりに

第4章　マルクスの「生命発現」の論理　113

おいて，マルクスが，この書に対し少なからぬ違和感と関心を抱いていたであろうことは想像に難くない．加えて，つぎのような事情は，この書へのマルクスの関心を一層増幅させたとも考えられる．それは，「ユダヤ人問題によせて」を書いたのち一連の「パリ・ノート」で自らの思索の足場を固めていたマルクスにとって，『経済学・哲学草稿』執筆後，時を経ずして『唯一者とその所有』が出現したという事情である．このことは，マルクスにとって特別の意味を持っていたであろう．

と言うのも，『経済学・哲学草稿』「ミル評注」において，マルクスは，人間の「生命活動」「生命発現」に足場を据えて諸個人の生とその疎外を主題化しつつ，「人間的生をわがものとする獲得」[12]，その可能性如何を思考していたからである．その際，そこでは諸個人の生の自己関係性と生命の全体的な「発現」が主題化されていたのである．

生のトータルな性格に関してシュティルナーもまたつぎのように述べている．「単なるひとつの部分・社会の部分とみなされることは，個体には耐えられない．というのも，個体はそれより以上であるからだ．このものの唯一性は，かかる限定された解釈を斥けるのだ」[13]．シュティルナーは，彼なりに生の全体性を指摘しながら，しかし現実には個別が「一般」に回収されているという視点で，だから「この生をわれらの喜びのままに営むことなく，かの本質に合わせて生をかたちづくることが，われわれの義務」[14]となっているのだ，と批判する．このような認識に立って，「身体髪膚をそなえる生身の人間」・「唯一者」[15]が強調されるのである．

のちにみるように，生の問題に対する両者の接近の様式において，直接性に立脚するシュティルナー，これに対して，媒介性を強調することで諸個人の個別性の現実的な実現を主張するマルクスと，両者は明らかにベクトルを異にした地点に立っている．問題の提出の仕方においてもその解明の様式においても，両者は全く異なる接近をしている．だがしかし，両者の共通の視界に収められた諸個人の生といういわば「問題圏」そのものにおいて，マルクスがこの

書に批判的な関心をただちに抱いたとしても自然であろう．

マルクスの課題

シュティルナーによって曲解され，フォイエルバッハの「人間なるもの」へ拝跪する「人間宗教」の一信徒に貶められたマルクスにとって，ここに「二重の課題」が提起されたことになる．「シュティルナーと同じ論点でフォイエルバッハを批判すると同時に，当のシュティルナーを批判しうる視点」[16]を確保するという課題である．この課題は明示的には，のちに『ドイツ・イデオロギー』においてマルクスとエンゲルスによって果たされることになる．ドイツ的イデオロギー批判の過程が，同時に，両者の思索の彫琢過程として展開される『ドイツ・イデオロギー』そのものへの内在は，第5章および第6章で改めて検討することとして，以下では，『唯一者とその所有』の発刊時にみられたマルクスとエンゲルスとの反応の質の差異をみておくことにしよう．

エンゲルスがいち早く『唯一者とその所有』を読み，「自我から，経験的な生身の個人から出発」[17]すべきことを認め，この点に関してはシュティルナーについて比較的にポジティブな評価を行った内容の手紙をマルクスに書き，マルクスはこれを厳しく批判する内容の手紙をエンゲルスに書き送った模様である．マルクスからの批判の手紙を受け取ってのち，エンゲルスは，マルクスに宛ててつぎのように書いている．「シュティルナーについてはまったく同感です．君に手紙を書いた時には，まだあまりにもこの本の直接の印象にとらわれていたが，それを放りだしてもっと熟考することができるようになってからは，君と同じことを感じている」[18]．

マルクスの手紙が失われているので，彼のシュティルナー批判の内容は確定できない．また，したがってエンゲルスがマルクスのいかなる主張に同意したのか，そこにはニュアンス上の差異もないほどに同意し得たのか否かなどという点も確定しがたい．いずれにしても，ここにおける両者のシュティルナー評価の異同は，のちの『ドイツ・イデオロギー』執筆過程における両者の思考様

式上の微妙なズレの存在や両者の見解のすり合わせ過程にかかわる問題にも連動してくるとも思われる[19].

　しかし,『唯一者とその所有』の出版の直前に書かれていた『経済学・哲学草稿』「ミル評注」において獲得されていた思想水準,それがこの時点でのマルクスのシュティルナー批判の基本的な構えの内容を構成していることは間違いないであろう.結論を先取りしていえば,この時点ではまだ明示的なフォイエルバッハ批判に転じていないとはいえ,マルクスの場合,ここにおいてこそ先の「二重の課題」を遂行する思考の水準が事実上すでに確保されていると言ってよい.つまり,シュティルナーの提出していた個別-「一般」問題,これと本質的に重なる諸個人の生という問題圏に棹さすことで,「シュティルナーと同じ論点」でフォイエルバッハを批判し,かつ,当のシュティルナーを批判することのできる水準を,事実的に確保していると言ってよい.だからこそシュティルナーの書が現れた時,エンゲルスのシュティルナー評価を厳しく批判することができたのである.

　もちろん,この「二重の課題」がそれとして明示的に展開されるのは『ドイツ・イデオロギー』においてであることは繰り返すまでもないが,『経済学・哲学草稿』「ミル評注」におけるマルクスの基礎的な視座は,『ドイツ・イデオロギー』におけるエンゲルスとの思想彫琢過程にも連動してのちにきわめて重要な意味を持ってもくるのである.そこで,以下では,それ自体としてはシュティルナーと共通の視界に収められた諸個人の生という問題圏に関する『経済学・哲学草稿』「ミル評注」の基礎視座を検討し,「二重の課題」へのマルクス的視点をみておくことにしよう.

第2節　「生命活動」「生命発現」の全体的な性格

意識している生命活動

　『経済学・哲学草稿』の第1草稿「疎外された労働」断片には,一見すると奇妙なつぎのような文言がある.

「人間そのものは肉体的欲求から自由に生産し，しかも肉体的欲求からの自由のなかで初めて真に生産する」(Ms. 369, 96)．

マルクスにおいて人間の本質を示す歴史貫通的カテゴリーは「労働」であるとする慣れ親しんできた理解にとってこの文言は奇妙であるに違いない．あるいは，『ドイツ・イデオロギー』でのこれまたよく知られているつぎのようなエンゲルスの記述に慣れ親しんできた者にとっても，先の第1草稿の文言は奇妙ではないだろうか．すでに参照したが，『ドイツ・イデオロギー』の最も早い時期に草された部分でエンゲルスはつぎのように書いているのである．「無前提なドイツ人」を批判しながらの記述である．歴史を作るためには生きることができなければならないのだから，つまり，飲食，居住などが必要なのだから，「第1の歴史的行為」は「物質的生活そのもの」の生産であり，つぎに，欲求の充足と新しい欲求の創出，第3は，生殖，そして，協働，このようにして，4つの歴史の契機を考察し終えたところで，人間は「意識」を持つことをみいだす，と記しているのである[20]．つまり，人間は労働によって，まずは，物質的に生産し，そしてその上で精神的にも生産するのだ．このようないわば物質と精神との二元論的な理解に立脚すると，先のマルクスの言説はなんとも理解しがたいものとなる．だが，この短い文言はマルクスの思想の根源的な立脚点を逆によく指し示すものなのである．

「疎外された労働」断片中に現れた先の文言は，疎外された労働の第1，2規定をふまえ第3規定を導きだす文脈において登場する．人間は，物質的には，なによりも他の動物同様に「非有機的自然」(Ms. 368, 94)と関係しながらそのなかで生きなければならない．つまり，「人間が死なないためには自然との不断の過程にとどまらねばならない」(Ms. 368-9, 94)．なぜならば，人間とは自然だからである．だから，「人間の肉体的および精神的生命が自然と関連しているということは，自然が自分自身と関連していること以外の何事をも意味しはしない」(Ms. 369, 94-5)のである．

その限りでは、人間の「生命活動（Lebenstätigkeit）」は動物の生命活動と同様なのであるが、「動物はその生命活動と直接的にひとつである」。それに対して、「人間は自分の生命活動そのものを、自分の意欲や意識の対象にする。彼は意識している生命活動を持っている」（Ms. 369, 95）、とマルクスは指摘している。人間は自己の生命活動を自己の意欲・意識の対象としつつ生命活動を行う存在なのである。マルクスは、ここに単なる「自然存在」ではなく「人間的自然存在」として人間の生命の独自性を認める。人間という意識する独自の自然存在は、そのようなものとして二重に自己を二重化する。つまり、「人間は単に意識のなかでのように知的に自分を二重化するばかりでなく、製作活動的・現実的にも自分を二重化する」（Ms. 370, 97）のである。ここで言われる意識とは、観念形態のみならず諸感覚をも含む人間の精神的営み一般をさす最広義における含意で理解できよう。

自然と諸個人を対象としつつ、この対象への関係を介して自己に再帰的に関係する生命活動、これが人間の生命活動の独自性なのである。『ドイツ・イデオロギー』のマルクスの表現を先取りするならば、それは、「自然に対する関係と諸個人相互の関係」（DI. 50, 50, 79）における二重の意味での自己関係の営みであるといってよいであろう。マルクスはここに動物一般の生命活動から人間の生命活動を特徴づけるいわば種差をみてとっている。だから、人間の生命活動においてこの自己関係性こそが本質的な特質をなしているのである。

「生命発現」の全体性・活動性

『経済学・哲学草稿』の第3草稿では、マルクスは、「人間は自分自身に対してあるところの存在」（Ms. 409, 208）なのだから人間は自分をそのような「人間的自然存在」としてあかしだてねばならない、と述べている。つまり、意識を持って自己に関係する特殊な生命・特殊な自然である人間にとっての対象は、「直接にあるがままに、つまり対象的にあるがままで」人間にとっての対象ではない。「自然は……直接に人間的本質に適合するように存在してはいな

い」(Ms. 409, 208) のである．人間は意識的な生命活動を持っているがゆえに，動物のようにはそのままで自然とひとつに融合的なのではない．したがって，人間は二重の意味で自己を二重化することによってのみ存在しつづけることができる．

このようにみてくると，先の一見すると奇妙なマルクスの文言が，彼の思考において本質的なと言ってよいくらいに重要な意味を持って立ち現れてくるであろう．動物は「直接的な肉体的欲求に支配されて」「一面的に生産する」のだが，「意識している類的存在」(Ms. 369, 96) としての人間は，「肉体的欲求からの自由のなかで初めて真に生産する」．「真に生産する」とは，動物が一面的に生産するのに対して，人間が「普遍的に (universell) 生産する」ということである．「だから人間は，美の諸法則にしたがってもまたかたちづくるのである」(Ms. 370, 96)．このようにして，マルクスによって，意識的な生命活動という人間の生命活動の独自性をふまえて，そのような意味で「人間の普遍性 (Universalität)」(Ms. 368, 94) が強調されるのである．

したがって，人間の生命活動は，「みる，聞く，嗅ぐ，味わう，感じる，思惟する，直感する，感じ取る，意欲する，活動する，愛する，要するに人間の個性の諸器官」(Ms. 392, 136) を媒介した「生命発現」の全体としてある．だからこそマルクスは，「実践的な人間活動の疎外の行為，すなわち労働」を考察するなかでつぎのように述べていた．「食うこと，飲むこと，産むこと，等々は，なるほど真に人間的な諸機能ではある．しかし，それらを人間的活動のその他の領域から引き離して，最後の唯一の究極目的にしてしまうような抽象がされるところでは，それらは動物的である」(Ms. 367-8, 93)．

人間が意識的でしたがって普遍的な存在であるというこの本源的性格，それは，このように人間の諸感官器官を媒介とする「生命活動」「生命発現」が全体的な性格のものとして営まれることで現実的な存在形態を与えられているが，それが全体的な性格のものであるということは，同時に，活動・過程として不断に「発現」されることを意味している．生きるということは，常に生命

第4章　マルクスの「生命発現」の論理　119

の「発現」としてのみあるのである．

　しかし，私的所有のもとにあっては，この諸個人の「生命発現」の全体性と活動性という本源的な性格は，諸領域に不断に分断化され固定化されて現れる．つまり，「持つこと（Haben）」の感覚が自己目的化される歴史的な傾向性が現れるのである．しかし，生の疎外のこの歴史的な形態においても，人間存在が人間存在でありつづける限りにおいては，諸個人は生の自己関係性という本源的性格を保持しつづけること，したがって，生の疎外自体を自己関係的に感受し得るということ，このことにはあらかじめ注意しておきたい．

「生命発現」の社会的性格

　すでに前章でふれたように，第1草稿における「生命活動」（Lebenstätigkeit）カテゴリーは，「ミル評注」で「生命発現」（Lebensäußerung）カテゴリーを登場させて以降，第2，3草稿では「生命活動」カテゴリーが「生命発現」カテゴリーに置き替わっている．むろん，マルクスの『経済学・哲学草稿』「ミル評注」以降の時期の諸著作をみるならば，そこにおいても「生命活動」はカテゴリー上の重要な位置を担って登場している[22]．しかし，少なくともここで検討している『経済学・哲学草稿』「ミル評注」に限定して言えば，明らかに用語使用上のそのような特徴を指摘することができるし，パリ・ノートにおけるマルクスの思索のうちでこのような用語使用上の変化が現れていることは，存外に重要な意味を持っていると思われる．

　商品関係に視座を定める「ミル評注」においてつぎのように言われている．

「生産そのものの内部での人間の活動のお互いのあいだでの交換も，人間の生産物のお互いの間での交換も，ひとしく類的活動であり，類的精神である．そしてこの類的活動と類的精神の現実的で意識的な真の定在が，社会的な活動と社会的な享受である」[23]．

このように，ここでは人間存在の社会的な性格が強調されている．そして，私的所有のもとでは諸個人相互の「社会的交通」がその疎外された形態で現れているという認識に立って，「われわれが人間として生産したと仮定しよう」(Mill. 465, 382) とした上でつぎのような記述がつづく．この文脈において「生命発現」カテゴリーが登場させられるのである．

　「私の生産において私の個性を，独自性を，対象化したことであろう．したがって私は，活動している最中には個人的な生命発現 (Lebensäußerung) を楽しみ，そしてまた，対象物を眺めては，私の人格性を対象的な，感性的に直感できる，またそれゆえまったく明々白々な力として知る」(Mill. 465, 382).

　ここでは，諸個人のそれぞれの生命の固有性とその発現・対象化による対象的な自己確証が強調されている．さらには，「私は私の個人的な生命発現のなかで直接に君の生命発現をつくりだし，したがって，私の個人的な活動のなかで直接に私の真の本質を，私の人間的な本質を，私の共同的本質を確証し，実現した，と意識する喜びを，こうした喜びを直接に味わったことになる」(Mill. 465, 383)，と述べている．ここにおいては，個人的な「生命発現」が実は他者の「生命発現」を相互補完するものとして，その社会的性格が強調されている．むろん，私的所有のもとではこのような「生命発現」の相互性，つまり，活動そのものの相互性は商品交換に媒介されて展開される．

　こうした脈絡において「生命発現」カテゴリーが登場してくることの理由は，「生命発現」が人間の「生命活動」の一般的な性格を示すだけでなくそれが諸個人の固有性の発現でもあることを強調し，同時に，しかし，固有なものとして現れるこの「生命発現」が，実は社会的性格を持っていることを意識的に強調するがためであったのではないか．もちろん，第3草稿においても，諸個人の固有性という含意ではなく人間の独自の性格一般を指し示すものという文脈においても，この「生命発現」は使用されている．しかし，その場合でも

対自然と対諸個人という二重性が常に意識化されたものとして使用されていると言えよう．

「パリ・ノート」以降の著作はともあれ，少なくとも，『経済学・哲学草稿』の第2, 3草稿では「生命活動」に替えて「生命発現」が使用されている．もちろん，「ミル評注」をふまえて対諸個人関係を意識的に前提としている第2, 3草稿の論理段階であるので，「生命活動」カテゴリーを使用しても意を尽せるのであろうが，少なくとも，マルクスは「生命発現」を用いることでそうした視点を自覚的にふまえようとしているのではなかろうか．

「ミル評注」において「生命発現」カテゴリーを採用することで強調されていた二側面，つまり，諸個人の生命の固有性の発現という側面とこの個人的な生命発現が社会的な性格を帯びるという側面をマルクスのつぎの文言は二つながら示しているであろう．第3草稿でマルクスはつぎのように明快に述べている．

「個人は社会的存在である．だから彼の生命の発現は——たとえそれが共同体的な，すなわち他人とともに同時に遂行された生命の発現という直接的形態で現れないにしても——社会的生命の発現であり確認なのである」(Ms. 391, 134-5)．

ここでは「個人とは社会的存在である」ことが強調され，個人とはなんら抽象のなかに在るのではなくまさに社会においてこそ個人であることが明確に宣言されている．ここではさらに「個人の生命の発現」とされていることに注意したい．「生命発現」は，諸個人によって現実的に担われるのだが，つまり「生命発現」は諸個人を離れて行われるのではないが，しかしそれは社会的存在としての規定性を常に帯びつつ遂行されるのである．

「活動と享受とはその内容からみても現存の仕方からみても社会的であり，社会的活動および社会的享受である」(Ms. 390, 133)．諸個人の「活動」や「享

受」を，総じて「生命発現」を，抽象的にではなく社会性において媒介されたものと捉える第3草稿でのこの論述は，「人間性は個人に内在する抽象物ではおよそない．その現実性においてはそれは社会的諸関係の総体である」とする「フォイエルバッハに関する第6テーゼ」の思想水準に事実上立脚している，とみなすことができよう．[24]

　第3章ですでにみたように，フォイエルバッハの感覚論をぎりぎりのところまで摂取しつつ，「生命発現」の現実相を感性発現において展開するマルクスは，感性自体をも媒介されたものとして把握するのである．この点で，感性を端的に直接的なものにおいて把握するフォイエルバッハをまさにその感覚論の次元において事実上超えるものとみなすことができよう．しかし，それはフォイエルバッハの提起した感性の次元という「問題」そのものを捨て去るものではなく，むしろ，批判的により深化させて受け止めるものとなっていることに注意しておきたい．マルクス的「批判」の様式の特質は，相手から提出された解明すべき「問題」そのものを棄却することなく，むしろこれを内在的に深化させつつ相手を超えていくことである．

「生命発現」の個体性

　ところで，諸個人の「生命発現」を社会的な媒介を受けたものとして捉える第3草稿および「第6テーゼ」での把握は，歴史的に規定的な社会関係に諸個人を還元して済ますことを意味するのであろうか．そうではないであろう．『経済学・哲学草稿』のマルクスは，「生命発現」の特定の様式が諸個人の固有性を示すものと捉えている．その上で，「人間的な関係を前提」とすれば，「現実的な個性的な生命のある特定の発現」（Ms. 438, 187）において諸個人の相互性が成立することが強調されているのである．もちろん，私的所有のもとでは諸個人の個性が高次化する相互性としては現れず，相剋性として現れる．しかし，諸個人の生命の発現は特定のかたちで諸個人において担われるしかない．この側面にも同時に注意を振り向けておきたい．

第4章 マルクスの「生命発現」の論理　123

　マルクスは，生命活動の社会的性格を強調する文脈のなかにおいて，「彼の特殊性が彼を個人とし，そして現実的な個体的共同存在とする」(Ms. 392, 135) として，分業のもとにおいて諸個人の特殊化が進み，したがって，そのような諸個人の相互依存の深まりが増すことが指摘されている．あるいは，つぎのようにも述べている．「人間は自己的である．彼の目，彼の耳等々は自己的である．人間のいかなる本質諸力も人間において自己性 (Selbstigkeit) という特性を持っている」(Ms. 406, 201)．しかし，マルクスにおいては，こうした個別性が，シュティルナーの意味での一切の規定性を否定した「生身の個人」であり得ないことは言うまでもない．このような個別性，「自己性」は社会的媒介を経てこそ具体的に存在し得るものだとみなされている．しかし同時に，そうした社会的媒介は諸個人に対して規定的に作用するとしても，全ての諸個人に全く均質的に作用するのではなく，諸個人の個別的な固有の感官器官を介してのみ作用し，したがって，個別的にのみ作用するのである．[25)]

　このようにみてくるならば，第3草稿における諸個人の社会的媒介性の強調および「第6テーゼ」に示された思想は，諸個人の個別性をいわば大文字の「社会」に還元して済ますといった性格のものではないであろう．それは個別を「一般」に回収する主張ではなく，むしろ，社会的な媒介性を経てこそ個別的な「自己性」が個別的なものとしての自己へと関係し得るという主張であろう．まさに固有なものとしての自己に関係し得るのは，他者との関わりにおいて自己へ再帰し得るからである．そのような広がりをもった含意においてまさに「社会的諸関係の総体」なのである．このことに注意しておきたい．したがって，マルクスの記述は媒介性を強調することによって，個別的な諸個人が他者との関わりにおいて固有な生命としての自己に関係し得ることの現実的な根拠を主張することになっている．

　このような意味でのひろがりを持つものとして強調される諸個人の社会的媒介性の主張は，諸個人と自然との関わりの根拠をも同時に示すものとなっていることに注意しておきたい．「自然の人間的本質は，社会的人間にとってはじ

めて現存する」(Ms. 390, 133). これは一見するときわめてフォイエルバッハ的な表現であるが, すでにふれたように意識的・普遍的な「自然存在」としての人間がそうした性格ゆえにその実を示すためには動物のように「肉体的」必要のみから自然に関わるのではなく, 「普遍的に生産」しなくてはならない. その意味で, 「社会」が「人間と自然との本質統一」(Ms. 391, 133) だとされているのである. 『ドイツ・イデオロギー』におけるマルクスの表現を先取りすれば, ここには, 「対自然と対諸個人」の相互規定的な把握の視点が示されている. したがって, ここでの「生命発現」の社会性の指摘は, 対自然関係をも視野に入れていることに注意しておきたい.

「普遍的に生産」を行い「生命発現」の全体性を本質的な契機とする「普遍的な自然存在」である人間, このようなマルクス的把握の根拠は, 人間が「意識している生命活動」を持っていることであった. だが, 第3章でみたように, この意識性の規定が『経済学・哲学草稿』のなかではじめて提起された第1草稿においては, 人間がなぜ意識的であり得るのか, その根拠は, 人間の身体の独自性が暗示されてはいたがそれとしては明示されることなく, むしろその根拠は所与として前提されていた. 諸個人の社会性が強調されているここ第3草稿では, つぎのように述べられることになる. 「私の普遍的意識の活動もまた……社会的存在としての私の理論的な現存なのである」(Ms. 391, 134). 人間が社会的存在として対他的にあることと自己に対して関係し得ることの相即性, ここにこそ, 人間の意識性の根拠が明示的に指摘されるのである.

人間という自然は, 「非有機的な身体」としての外的な自然との不断の関係においてのみ存在できるのだが, 孤立した裸の個人が自然と直接に向き合うことによっては, 自然との関係は「関係」としては成立し得ない. それは, 他の諸個人との社会的な関係において初めて成り立つ. 逆に, 他の諸個人との社会的関係も, それが直接的であれ間接的であれ自然との関わり抜きには成り立たない. 対自然および対諸個人のこの相互媒介的な関係は, 人間の関係行為としてのみ成り立つのである. 人間の関係行為とは, 対象に関わりつつ再帰的に自

已に関係する不断の意識的な関係行為としてのみある．意識的な関係行為は，対象と関係しながら自己と関係する「生命発現」を抜きにしては成り立たないのである．したがって，ここでの「意識的」とは，先にふれたように感覚をも含む広義のカテゴリーとして用いられている，と言えよう．

このようにみてくると，人間が意識的存在であること，自然と関係しつつ普遍的に生産すること，諸個人が社会的に存在すること，これらを個別的に捉えるのではなく相互媒介的な有機的統一性において捉えていること，ここにマルクス的思考の特質がある．「生命発現」はそうした有機的統一の具体相を不断に生成し展開する過程性において把握する際のキー・カテゴリーの位置を占めていると言えるであろう．マルクスは，このようにして生命・存在・意識を一元的に把握しているのである．

第3節　私的所有と自己関係

自己関係としての「生命発現」

「生命諸力」を備えた「活動的な自然存在」としての人間は，自分の本質諸力を「あかしだてる」ために不可欠な「現実的感性的な諸対象を，自分の本質の対象として，自分の生命発現の対象として持っている」．人間は，「感性的な諸対象によってのみ自分の生命を発現できる」（Ms. 408, 206）．人間は，「諸々の素質，能力，衝動」などのかたちで実存している本質諸力としての「生命諸力」を対象的に発現し自己性を確証する．このようにして生命発現とは，「現実的で肉体をもった人間」（Ms. 407, 205）が自己の身体の諸感官器官を介して生命諸力を発現して自己の対象に関係行為することで，自己をあかしだて自己に関係する活動だと言えよう．

こうした論理の展開が行われる第3草稿のこの部分では，「非対象的な存在とはひとつの非存在である」（Ms. 408, 207）と述べるなど，フォイエルバッハをふまえた展開となっているのだが，しかし，「自然の人間的本質は，社会的人間にとってはじめて現存する」（Ms. 390, 133）ものとして把握されている．

つまり，マルクスはここでは対自然と対諸個人の相互媒介性において把握する思考水準に立っている．フォイエルバッハにもこの相互媒介の視点は存在しているのだが，マルクスは，ぎりぎりのところまでフォイエルバッハに依拠しつつこの相互媒介の論理を自覚的に強めていると言ってよい．対自然と対諸個人の相互媒介の思想をふまえるならば，自己関係としての「生命発現」における対象とは，自然と諸個人ということになろう．

私的所有のもとでは，みる，聞く，嗅ぐ，味わう，感じる，思惟する，直感する，感じ取る，意欲する，活動する，愛する等々の「人間的な肉体的・精神的感覚」に替わって「そのようなすべての感覚の単純な疎外，所有の感覚」(Ms. 392, 137) が現れる．マルクスは，「君が自分の生命を発現させることが少なければ少ないほど，それだけより多く君は所有する」(Ms. 421, 154)，と述べている．

マルクスにおける私的所有の批判的解剖，それは物象の世界として現れている私的所有を労働という生命活動の疎外の行為の次元において捉え返し，さらには，労働を「生命発現」の根源的次元から把握し返しているのであり，このような視点で生の疎外という根源を視野に収めていることに注意される必要がある．

したがって，私的所有の止揚とは，「すべての人間的な感覚や特性の完全な解放」(Ms. 393, 137) であり，「人間的生をわがものとする獲得」，つまり，「疎外の積極的止揚」(Ms. 390, 132) だとされるのである．私的所有の積極的な止揚において，彼はそこに，ゆたかな人間とゆたかな人間的欲求，「人間的な生命発現の総体を必要としている人間」(Ms. 397, 144) をみいだす．「人間的生をわがものとする獲得」，ここに青年マルクスの思想のアルファとオメガがあると言えよう．

こうした私的所有の積極的止揚は，しかし，私的所有の非人間性を告発しそれのアンチとして一種の理想像を示すという性格のものとして提示されているのではない．[26] そうではなくて，疎外の形態で展開される「私的所有の積極的本

質」(Ms. 389, 130) をふまえたものであることが，重要であろう．つまり，私的所有のもとで人間的本質の対象化，疎外の展開，そしてまた不断にこの対象化を止揚する過程において，私的所有の止揚の客体的・主体的諸条件が形成されることが重視されている．それは私的所有の単なる否定ではなくまさに「積極的止揚」なのである．だから，「歴史の全運動は，共産主義を現実的に生み出す運動」(Ms. 389, 131) として捉えられているのである．

それでは，マルクスにとって私的所有の歴史的にポジティブな含意とは，いかなるものであろうか．近代ブルジョア社会の高度に展開する産業的富や，商品交換が作りだす「社会的交通」といったいわば物質的・客観的要因をそれだけで孤立してその歴史的意味を指摘しているのであろうか．もちろん，そうした客観的な諸要素の展開を前提にしながらも，マルクスはそこに収斂させてはいないことに注意したい．対象を根底的に生命の次元から主体的につかみ返すマルクス的思考においては，対象的に展開する富や社会的交通を自己関係としての諸個人の生の次元にまで立ち返って主体的につかみ返した時，「私的所有の積極的本質」がその十全の意義のもとに主張されてくることになるのである．のちにふれるが，たとえばクレラや望月清司氏など私的所有のポジティブな側面を強調する論者においてもこの点への目配りが必ずしも十分であるとは言えないように思われる．

疎外と感覚生成

人間が「意識している生命活動」という基本的な規定性から逃れ得ない存在である限り，諸個人の感官器官を媒介としての対象との関係行為において自己自身に関係する自己関係性，この「生命発現」の根源的な性格，それは私的所有のもとで疎外の形態において展開されるのであるが，しかし，疎外ゆえにこの根源的な性格それ自体が否定し去られるわけではない．すでにふれたようにマルクスの関係行為とは，対自然と対諸個人の相互規定的性格としてつかまれている．したがって，「生命発現」における対象とは，対自然・対諸個人の二

重の意味において示されているのである．疎外の形態においても「生命発現」はこの二重性において展開される．では，疎外の形態における相互規定的なこの二重の「生命発現」という自己関係行為を通して展開される「私的所有の積極的本質」とはどのような内容としておさえられているのであろうか．

　人間は自己の生命活動を「労働」というその疎外された形態で展開してきた．人間は疎外において，「産業」の形態で人間に対する自然の「歴史的な関係」を実現してきた．クレラの言葉を用いれば「人工的周囲世界」を歴史的に[27]形成してきたと言える．しかし，マルクスの場合，「人工的周囲世界」は物質的な意義においてのみ一面的に捉えられているのではないことに注意しておきたい．それは，「生命発現」の具体相である人間の諸感覚の歴史的形成という主体的契機からも捉え返されているのである．

　「人間的本質の対象的に展開された富を通じて初めて，主体的な人間的感性の富が，音楽的な耳が，形態の美にたいする目が，要するに，人間的な享受をする能力のある諸感覚が，すなわち人間的本質諸力として確証される諸感覚が，初めて完成されたり，初めて生みだされたりするのである……五感の形成はいままでの全世界史のひとつの労作である」(Ms. 394, 140)．

　私的所有が積極的に止揚された「社会的状態」の歴史的な前提となる「生成しつつある社会」，マルクスは，この社会においてまさに私的所有の運動を通じて人間的感覚の「形成のために全ての素材をみいだす」(Ms. 394, 140)のである．したがって，「たとえ疎外された形態においてであれ，産業を通じて生成する自然は，真の人間学的自然」(Ms. 396, 143)なのである．[28]

　このように疎外のもとでの感性や感覚の歴史的な意味での形成を基礎づけようとするマルクスの立脚点は，生命と感性・感覚を重視する点でフォイエルバッハの感覚論を共有しつつ，感性自体の歴史的形成，その媒介的な性格を重視する点でフォイエルバッハとは異なっている．マルクスにとっては感覚は所与

第 4 章　マルクスの「生命発現」の論理　129

ではないのである．

　疎外のもとでの感覚の媒介的形成は，対自然の「人工的周囲世界」との関わりから主張されるだけではなく，同時に，私的所有を前提とした対諸個人の社会的関係における形成が強調されている．その意味でそれは，繰り返しふれてきたように対自然および対諸個人の相互規定的な二重の関係において把握されているのである．

　「社会的人間の諸感覚は，非社会的人間のそれとは別の諸感覚なのである」(Ms. 394, 140)．このようにマルクスが述べる時，他者との関係において自己と関係しつつ「自己性」を不断に形成する自己関係の視点がふまえられていることをみてとる必要があろう．分業が社会的に広がりをもち，諸個人の社会的交通が商品交換によって媒介されることで，疎外の形態をとりながら諸個人の自立と相互依存が強まる．普遍的に広がりつくした分業を前提とすれば，商品所持者としての諸個人は疎外の形態において，なにがしかの自らの意志による選択を不断に要請される歴史的個人なのである．前近代的な共同体の一肢体としての個人とはこの点で明らかに異なるであろう．

　諸個人が社会的な関係のもとにおいて，つまり社会において，文字どおり諸個人として特殊歴史的に形成されるのであり，分化されるがゆえに相互補完性をますます強める他者との自己再帰的な関係において諸感覚が社会的に形成されるのである．このように，近代ブルジョア社会における社会的な客体的諸関係の普遍化が歴史的にポジティブな側面において強調される時，そのことの持っている主体的な意味においても捉え返される必要がある．[29]

　このようにしてマルクスにおいては，諸感覚の形成は，対自然・対諸個人の二重の関係において指摘されている．諸感覚の形成とは，「生命発現」の具体相における「生命諸力」の歴史的な展開を意味している．したがってそれは，諸個人の自己関係性の歴史的な展開を意味しているのである．マルクスにとって，疎外の形態のもとでの諸個人の生のありよう，諸個人の感覚の歴史的形成，つまりは，諸個人の自己関係性の展開が，「私的所有の積極的本質」にお

ける不可欠の一契機として位置づけられていることがみうしなわれてはならないであろう．

媒介と自己関係

シュティルナーによって提起された問題，および，マルクスによるシュティルナー批判の様式如何といった問題を背後に意識しつつ，マルクスの諸個人の生の問題圏を『経済学・哲学草稿』「ミル評注」を中心に解明してきた．国民経済学批判をその基本的な課題としている『経済学・哲学草稿』「ミル評注」のマルクスは，人間を「自分の生命活動そのものを自分の意識や意欲の対象とする」(Ms. 369, 95) 存在として捉えることで諸個人の生の自己関係性をこの作品の通奏低音としていたのである．シュティルナーに曲解されたマルクスであったが，諸個人の生という問題次元に立脚するというその限りではシュティルナーの『唯一者とその所有』と問題圏自体は重なり合うものがあったのである．マクレランによって，マルクスとエンゲルスの「『聖マックス』に対する猛烈な攻撃は長さの点ではシュティルナー自身の書物に匹敵し，退屈さにかけては容易にそれを凌いだ」とまで評される『ドイツ・イデオロギー』「聖マックス」[30]篇がのちに書かれることになる，その理由の一端をここにみることも可能であろう．

マルクスのエンゲルスを批判した手紙が残っていないのでマルクス自身のエンゲルスおよびシュティルナーに対する批判点は確定し得ないのだが，この時点でのマルクスのシュティルナー批判はかなり厳しいものであったことが予測される．個別的な身体を備えた諸個人の「自己性」は『経済学・哲学草稿』のマルクスも認めた上で，諸個人の生の自己関係性は，対自然と対諸個人の相互規定的な対象的関係行為に媒介されてこそ現実性を持つものとして把握されているのであった．「直接的なものは抽象的である．現実は媒介（関係）の総体である」[31]という「フォイエルバッハにかんするテーゼ」の思想水準に『経済学・哲学草稿』のマルクスは事実上立っている．媒介の総体において現実を把

第4章 マルクスの「生命発現」の論理　131

握するという視点で「自己性」をふまえた諸個人の生を把握するマルクスにとって，一切の規定性を「一般」・「固定観念」の支配として否定するところに設定されるシュティルナーの「唯一者」は，それゆえになんら具体的・現実的ではなく「抽象」そのものであり，むしろ，諸個人の固有性を示し得ないものと映ったとしても不思議ではない．

　ここで，エンゲルスのくだんの手紙における「生身の個人」から出発することへの肯定的評価は，実はこの手紙のなかでエンゲルスがヘスの「抽象」性を厳しく批判することと表裏をなして展開されたことに注意をしておこう．手紙におけるエンゲルスのヘス批判は辛辣を極めている．ヘスは「まだいくらかの観念論的空論を身につけている．……彼が論理的なことをいう段になると，きまって範疇がまっ先にでてくるので，そのために彼は通俗的に書くこともできない．というのは，彼はあまりにも抽象的すぎるからです」，と述べている．[32)]

　エンゲルスは経験的ではないことをもって，ヘスを「抽象」的だと批判している．そしてこの場合，エンゲルスが「経験的」という言葉を用いる時，少なくともシュティルナーに言及しつつ表象される「生身の個人」が念頭にあるだろう．観念的という意味での「抽象的」はマルクスももちろんよく使用するが，その場合でも媒介性を欠くがゆえに観念的であるという視点を前提にしている．このようなマルクス的観点からすると，一切の規定性・媒介を排したところに主張されるシュティルナーの「唯一者」は決して現実的であるどころか，むしろ「抽象的」であるということになろう．

　マルクスにあっては，人間の根源的な感性や意識性をも媒介されたものとして把握することで生の自己関係性を問題化することができたのである．マルクスに言わせれば，媒介性を否定する「唯一者」はこうした自己関係性そのものを主張し得ない，ということになろう．自己とは関係態であるとすれば「唯一者」は自己でもあり得ない．このような根源的な批判が『経済学・哲学草稿』の思想水準のマルクスからは可能なのである．そして，そうした視点をも含めてのマルクスからエンゲルスへの批判であったとすれば，それは，おそらくは

ある種相当に根源的な意味を持つものだったと言わなければなるまい．

注）
1) 良知力・廣松渉編『ドイツ・イデオロギー内部論争』御茶の水書房，1986年，参照．この『唯一者とその所有』が当時のヘーゲル左派にいかに大きなインパクトを与えたか．たとえば，廣松渉氏は，フォイエルバッハのシュティルナーへの反論「『唯一者とその所有』との関連における『キリスト教の本質』」では，彼の『キリスト教の本質』に比して「エゴイズム」が許容されるような構成に変化しており，ここには『キリスト教の本質』からの「評価の転換」が認められ，それは「シュティルナーのインパクト抜きに考えられない」（同書341ページ），と述べている．「シュティルナー・ショック」と言われる所以の一端を示すものであろう．

他方，このようなフォイエルバッハの「『変更』とは，彼の哲学自体から生じた『変容』，つまり彼の思索発展のなかで生じてきたものと考えるべきだ」，という見解もあり（河上睦子『フォイエルバッハと現代』御茶の水書房，1997年，53ページ），その評価自体は，フォイエルバッハの思考の展開過程をふまえた思想内在的な研究によって確定されるべき事柄であろう．いずれにしても，当時，シュティルナーのこの一書が無視して済まし得ない位置を占めるものであったことは間違いない．

なお，近年のシュティルナー研究としては，住吉雅美『哄笑するエゴイスト』風行社，1997年，参照．
2) 細谷昂『マルクス社会理論の研究』東京大学出版会，1979年，155ページ．
3) Max Stirner, *Der Einzige und sein Eigentum,* Reclam, 1972, S. 35（片岡啓治訳『唯一者とその所有』上　現代思想社，1977年，45ページ）．以下つぎのように略記する．EE. 35，上45．
4) 「君は，君自らに生きず，君の精神に，そして精神の所産たるもの・すなわち理念に生きているのだ」（EE. 32，上41）．ドイツ的思惟においては「生きるのはただ精神であり，精神の生がすなわち真の生なのだ」（EE. 94，上 114）．「この生をわれらの喜びのままに営むことなく，かの本質に合わせて生をかたちづくることが，われわれの義務となる」（EE. 369，下 257）．
5) EE. 46，上58．
6) EE. 4，上8．
7) EE. 192，下36．
8) EE. 192，下35．
9) K. Marx, Zur Judenfrage, *K. Marx/F. Engels Gesamtausgabe*（以下，*MEGA* と略称する），I-2, S. 148（「ユダヤ人問題によせて」『マルクス・エンゲ

ルス全集』第1巻,大月書店,392ページ).以下つぎのように略記する.ZJ. 148, 392.
10) 加藤眞義『個と行為と表象の社会学』創風社,2000年,を参照.
11) ZJ. 162-3, 407.
12) K. Marx, Ökonomisch-philosophische Manuskripte, *MEGA* I-2, S. 390(城塚登・田中吉六訳『経済学・哲学草稿』岩波書店,1964年,132ページ.)以下つぎのように略記する.Ms. 390, 132.
13) EE. 294, 下166.
14) EE. 369, 下257.
15) EE. 27, 上35.
16) 加藤尚武「マルクス主義における『人間』の問題」『理想』1975年5月,110ページ.
17) F. Engels, Brief an K. Marx vom 19. November 1844, *MEGA*, III-1, S. 252(「エンゲルスからマルクスへ　1844年11月19日」『全集』第27巻,11ページ).
18) F. Engels, Brief an K. Marx vom 20. Januar 1845, *MEGA*, III-1, S. 259(「エンゲルスからマルクスへ　1945年1月20日」『全集』第27巻,14ページ).
19) 廣松渉氏は,エンゲルスは「いったん,マルクスの意見に屈服」(廣松渉『エンゲルス論』盛田書店,1968年,259ページ)しはするが,エンゲルスの手紙の立場は,「ヘーゲル学派的な思弁的構成とは逆に,個別から普遍を導出する唯名論的・経験論的な立場……何はおいてもまず飲みかつ食わねばならぬ『経験的な身体を具えた個人から出発する』立場」(廣松渉『増補・マルクスの成立過程』至誠堂,1984年,95ページ)であり,エンゲルスのこの立場が『ドイツ・イデオロギー』で唯物史観をマルクスに対して主導的に形成していくことになる,と主張している.

他方,これに対して,望月清司氏は,「飲みかつ食う人間」がシュティルナー的水準に終わるものでないならば,「かれは実はひとりで飲みかつ食う前に『ゲゼルシャフト的交通』の一成員としての自己を見出さねばならない」(望月清司『マルクス歴史理論の研究』岩波書店,1973年,185ページ)のであり,この時期のマルクスはまさにそのような「人間＝社会」の水準をつかんでいたことを強調している.『ドイツ・イデオロギー』におけるマルクスとエンゲルスの思考様式の異同に関してはのちにとりあげるが,いずれにしてもシュティルナーをめぐるこの論点は,決して軽微な問題ではなかったのである.
20) K. Marx/F. Engels, *Die deutsche Ideologie,* hrsg. von Wataru Hiromatsu, Kawadeshobo-shinsha Verlag, Tokio, 1974, S. 22-3(廣松渉編訳『ドイツ・イデオロギー』河出書房新社,1974年,22-8ページ),渋谷正編・訳『草稿完全復刻版　ドイツ・イデオロギー』新日本出版社,1998年,52-8ページ.以下つぎのように略記する.DI. 22-3, 22-8, 52-8.

21) 比較的早い時期にマルクスの「自己関係」に着眼した著作として,梅本克己『唯物史観と経済学』現代の理論社,1971年,48ページ.マルクスにおける自己関係視点を強調する研究としては,渡辺憲正『近代批判とマルクス』青木書店,1989年,参照.

22) 『賃労働と資本』において,マルクスはつぎのように述べている.「労働は,労働者自身の生命活動(Lebenstätigkeit)であり生命の発現(Lebensäußerung)」なのだが,「この生命活動を,彼は,生活資料を手に入れるために,他の人間に売るのである.だから彼の生命活動は,彼にとっては,生きていくための一手段にすぎないのである」.賃労働は「はたして彼の生命の発現……と言えるのであろうか」(K.Marx, Lohnarbeit und Kapital, *Marx/Engels Werke* 〈以下 *MEW* と略称する〉, Bd. 6, S. 400,『全集』第6巻,396ページ).

23) K. Marx, Auszüge aus James Mills Buch „Élémens d'économie politique" *MEGA*, IV-2, S.452(「ジェームズ・ミル著『政治経済学要綱』からの抜粋」『全集』第40巻,369ページ)以下つぎのように略記する.Mill. 452, 369.

24) K. Marx, Thesen über Feuerbach, *MEGA*, IV-3, S. 20-1(「フォイエルバッハにかんするテーゼ」『全集』第3巻,4ページ).

25) 行動の個人による選択的性格というものを強調しつつ,A. シャフはつぎのように述べている.「人間的活動は,……つねに社会的に制約されている.しかし,決して一義的に,あらかじめ決定されていない」(Adam Schaff, *Marxismus und das menschliche Individuum,* Europa Verlag, 1969,花崎皋平訳『マルクス主義と個人』岩波書店,1976年,242ページ).なお,本書ではマルクスにおける「個」と「私」の区別と関連については言及していないが,これについては,永野由紀子「マルクスにおける『個』と『私』」『社会学研究』第61号,東北社会学研究会,を参照されたい.

26) 細谷昂氏は,エンゲルスの「イギリスの状態」に言及しつつ,エンゲルスの「共産主義」が「資本主義の非人間性,不合理生の否定として,いわばそのうらがえしとしてえがきだされた,一種の理想像にほかならない」(細谷,前掲書,141ページ)と述べている.『経済学・哲学草稿』のマルクスとは好対照である.

27) A. Kurella, *Das Eigene und das Fremde,* Aufbau-Verlag, 1970(藤野渉訳『マルクスの人間疎外論』岩波書店,1972年,95ページ).

28) クレラは,「人工的周囲世界」との関わりにおいて人間の感覚が形成されるという点に言及はしているが,しかし,クレラの場合,五感の形成が基本的には人間の自然コントロール能力の発展・形成という側面からのみ捉えられている(クレラ,前掲書,110ページなど).しかし,『経済学・哲学草稿』では,産業形成のポジティブな面はこうした側面をも含めて,人間の生のありようにおける感覚形成の意味というより広い視点が強調されているのである.

29) 望月清司氏は，私的所有の「ポジティブな本質」は「『労働にもとづく所有』をその疎外態においてにせよ普遍化し，それら所有主体間のゲゼルシャフト的交通関係を完成させたことにある」と強調しているが，近代ブルジョア社会におけるこの側面の展開が客体的含意において指摘されてはいるが，必ずしもそのことがもつ主体的な意味が捉え返されていないように思われる（望月清司「労働・疎外・交通」『社会認識と歴史理論』日本評論社，1974年，165ページ）．
30) D. McLellan, *Karl Marx,* Macmillan, London, 1973（杉原四郎・重田晃一・松岡保・細見英訳『マルクス伝』ミネルヴァ書房，1976年，143ページ）．
31) 加藤尚武，前掲論文
32) F. Engels, Brief an K. Marx vom 19. November 1844, *MEGA* III-1, S. 255（「エンゲルスからマルクスへ　1844年11月19日」『全集』第27巻，12ページ）．

第5章　生の把握におけるマルクスとエンゲルス
——『ドイツ・イデオロギー』最旧稿——
（第1篇第1ブロック）

　前章でみたように，シュティルナーの『唯一者とその所有』において曲解的な批判を被り，同時にまた，奇しくも諸個人の生という「問題圏」に棹さしながら，「人間的生をわがものとする獲得」の可能性如何を思考していた『経済学・哲学草稿』「ミル評注」のマルクスにとって，すでに『唯一者とその所有』が出版されたその時点で，これは黙して済ますことのできない書物であった．だからこそ，マルクスは，シュティルナーに肯定的な姿勢を示すエンゲルスのマルクス宛の書簡に対して厳しい批判の手紙を即刻に書き送ったのである．シュティルナーのマルクスへの批判は，マルクスがフォイエルバッハの「人間宗教」の徒にすぎないという扱いであったがために，マルクスによるシュティルナー批判は，同時に，フォイエルバッハに対する公然たる批判という性格をいずれ必然的にともなわざるを得ないものであった．

　その後，1845年10月の『ヴィーガント季刊誌』第3巻にB.バウアーの「L.フォイエルバッハの特性描写」が公表され，このなかで，バウアーはフォイエルバッハを「独断主義」[1]だと批判し，そして，マルクスとエンゲルスは「フォイエルバッハ流の独断主義者」[2]だと論難されることになるのである．さらにまた，この第3巻には，シュティルナーの反批判論文「シュティルナーの批評家たち」も掲載された．すでに『経済学・哲学草稿』「ミル評注」においてフォイエルバッハを批判的に超え得る思想水準に事実上立ち，そしてまたその後，「フォイエルバッハにかんするテーゼ」において明示的なフォイエルバッハ批判に転じていたマルクスにとっては，公然たるフォイエルバッハ批判を行いながら，同時に，シュティルナーを同じ批判の刃で斬ること，総じて言えばドイツ的イデオロギーの包括的批判を敢行しながら，この批判の過程でエンゲルス

と共同して思想彫琢をはかること，これが緊要な課題として改めて提起されたのである．

このような背景をもって草されることになった『ドイツ・イデオロギー』は，マルクスとエンゲルスの生前に発刊されたのは第2巻「真正社会主義」の第4篇のみであり，残りは未完に終わった．とりわけ第1巻の第1篇「フォイエルバッハ」は，みひらきの左ページに記されたエンゲルスの筆記になる基底稿の文章に対しマルクスとエンゲルスが追補，訂正，欄外注記，削除などを施すなど，草稿の状態は極めて複雑である．それゆえに，これまでマルクスとエンゲルスのいわゆる「持ち分問題」など，一義的な解釈をもたらすことを困難とさせる論争的なテーマが集中しているのも主にこの第1篇「フォイエルバッハ」においてなのである．さらにまた，この第1篇「フォイエルバッハ」のなかでも，エンゲルスの基底稿の文章に対するマルクスの欄外注記，訂正，追補などが最も目立つのが，『ドイツ・イデオロギー』の執筆過程の全体において最も早い時期に書かれた最旧稿・第1篇第1ブロックなのである．[3]

『ドイツ・イデオロギー』を検討する場合，そこに展開されている思想を最初からマルクスとエンゲルスに同一のものとして扱う素朴なマルクス・エンゲルス一体説はもちろん支持できるものではない．また，マルクスとエンゲルスの思想をこれはマルクス，これはエンゲルスというかたちでふるい分けること自体を自己目的とするかのような接近の仕方も避けられるべきであろう．[4]『ドイツ・イデオロギー』とは，観念から出発するのではなく現実的な生（生活）から出発し現実そのものを変革するというこの点において二人に共通な思考様式を前提にしながらも，しかし，それぞれに異質な個性を持った二人が互いの見解をたたかわせ，それらを突き合わせ，新たな見解に練り上げていく作業であった．それはまた，子細にみると両者のあくまでも練り上げ切れぬ部分をも残しながら進められた共同の作業であった．

そうだとすると，無理な一体説に立つことはもちろんのこと，両者の思考のふるい分け自体を自己目的とするような接近は論外であるとしても，しかし，

両者の思考の異同をふまえてその思考のつき合わせ，修正，創造が施されていく『ドイツ・イデオロギー』全体の過程をふまえることがどうしても不可欠な前提をなす作業であろう．この過程をふまえることは，唯物史観を，現実をそれに当てはめて裁断するための「図式」であるかのようにとり扱う転倒した理解を回避するためにも不可欠の前提だと言えよう．むしろ，このように観念を主体化させる転倒した思考様式を批判すること自体が『ドイツ・イデオロギー』の共同の課題のひとつであったのであるから，このことは十分に強調されてよいであろう．『ドイツ・イデオロギー』を読むにあたり，そもそも，この作品においてでき上がった「図式」や「公式」があるであろうことをまずもって前提とし，それらを探しだそうというような読みの姿勢それ自体が転倒したものではないのだろうか．われわれは，マルクスとエンゲルスという二人の個性的な思想家が率直に意見を交換する過程として，『ドイツ・イデオロギー』にまずは相対するべきなのではなかろうか．

このような接近の仕方をする上で，最旧稿である第1篇第1ブロックは，『ドイツ・イデオロギー』全体の論述の出発点として，以降の両者の思想の展開過程を理解する際，極めて重要な位置を占めている．そこで，本章では，マルクスとエンゲルスのドイツ的イデオロギー批判の共通の前提的な立脚点を構成しており，かつ，それの分析をふまえることによって唯物史観の諸カテゴリーが過程的に紡ぎだされることになっていく「生（生命，生活）」の概念を中心として第1篇第1ブロックを検討していくことにしよう．

第1節　生への定位

ドイツにおける空文句と「現実的解放」

ドイツ的イデオロギー批判におけるマルクスとエンゲルス両者に共通のスタンスは，マルクスによってつけられたページ番号〔1〕〔2〕（以下このように表記）において早くもみいだされる．エンゲルスは，基底稿のなかで，「自己意識」を引き合いにだしながら，つまり，直接にはバウアーに言及しながら，

哲学者たちのやるような「思想の事業」によっては「解放」はあり得ず,「現実的な解放」を「現実的世界のなかで,また現実的手段」によって達成する以外には実現し得ないことを強調する．また,ドイツの特殊歴史的な位置をふまえながら,「みすぼらしい歴史的発展しか起こらないドイツのような国」では「思想発展」が「歴史的発展の欠如を埋め合わせる」のだ,と述べている．資本主義発展が遅れたドイツの特殊性を意識したエンゲルスのこの基底稿本文に対して,マルクスが,「空文句と現実的解放」「ドイツにおける空文句の意義」[5]と欄外に書き,このようなエンゲルスの視点を肯定的に補強する見解を表明している．

のちにふれるように,両者にとってドイツ的イデオロギー批判の共通の立脚点であるこの「現実」「生活」それ自体を如何につかむのかという,この基本的な論点において,マルクス,エンゲルスの両者の間には『ドイツ・イデオロギー』の共同執筆の開始の時点で,実は少なからぬ差異をみいだすことができるのである．しかしいずれにしても,「解放」は「思想の事業ではない」のであり,歴史的な現実そのものに立脚して展開されるべきだ,という点がともかくも両者の共通の前提となっている．

「現実的解放」とエンゲルスが記述しているこのあたりの欄外に,マルクスは,「地質学的,水理学的,等々の諸条件 人間の身体．欲求と労働」(DI. 156, 166, 43) と記している．マルクスによる人間の「身体」「肉体」への言及は,第1篇第1ブロックでは都合3回なされているが,その最初の箇所が,こなのである．つまり,両者が共同の作業を開始した時点における文字どおりの冒頭から,マルクスの「身体」に関する注記がなされているのである．このことの含意についてはのちにふれるが,これら3ヵ所の注記の全てが,広い意味での「現実」「生活」に関説するエンゲルスの基底稿に対して付されていること,したがって,ドイツ的イデオロギー批判の共通の立脚点としての「現実」「生活」に関わる両者の理解の異同を示唆していること,このことにあらかじめ注意をしておきたい．

なお，エンゲルスが「自己意識」を引き合いにだしてバウアーを批判する先の文言を書いたあたりの欄外に，マルクスは，「人間なるもの．唯一者．個人」と注記している．ここには，基底稿のエンゲルスの文章に比べてみるなら，批判対象としてシュティルナーをも独自に意識しているマルクスの姿が明らかに垣間みえるのである．前章でみたように，『唯一者とその所有』が出版されたその時に，マルクスに対してすでに提示されていた課題，つまり，シュティルナーの行っているフォイエルバッハ批判と同じ論点でフォイエルバッハを批判し，それが同時にシュティルナー批判でもあるような批判のあり方如何を，マルクスは，おそらくはこの時点でも強く意識しているのであろう．

フォイエルバッハ批判と「感性的活動」

［8］〜［10］でエンゲルスは，フォイエルバッハ批判の記述を正面切って展開している．「実践的唯物論者，すなわち共産主義者」にとって，重要なことは現存する世界を実際に変革することなのだが，フォイエルバッハの場合には，このような見解があるとしても，それは萌芽的にすぎない．そして，エンゲルスは，フォイエルバッハの「感性的世界」の把握は「一方では，たんなる直感に，他方では，単なる感覚に限られている」（DI. 16, 16, 48）と述べるが，マルクスは，「単なる感覚に限られている」というこのエンゲルスの言葉を引き取り，それに直接につなげて，「『現実的で歴史的な人間』のかわりに『人間なるもの』をおく．『人間なるもの』は，実際は『ドイツ人』である」（DI. 16, 16, 49）と右欄に書いている．

先の「人間なるもの．唯一者．個人」の注記と同様に，ここでも，マルクスは，フォイエルバッハ批判を展開する際に，シュティルナーによるフォイエルバッハ批判を意識していることが読み取れるのである．『ドイツ・イデオロギー』の執筆過程におけるシュティルナー批判という共同の作業が，彼ら自身の思想の彫琢過程にとっても，同時に極めて重要な意味を持っていたということに関しては，行論において明らかになるが，ここであらかじめこのことに注意

第5章 生の把握におけるマルクスとエンゲルス　141

をしておきたい．

　エンゲルスはつづけて，フォイエルバッハの直感や感覚によって把握される「感性的世界」，それは実は，「産業と社会状態の産物」によってもたらされたものであり，もっとも単純な「感性的確信」の対象，たとえば一本のさくらんぼの木でさえも，「社会的発展，産業および商業交通によってのみ」フォイエルバッハに与えられているのだ，と批判する．「『純粋な』自然科学でさえ，やはりその目的をもその素材をも，商業と工業によって，人間たちの感性的な活動によって，初めて受け取るのである」．「感性的な労働と創造」(DI. 19, 19, 51) が今日の「感性的世界全体の基礎」なのだからそれがわずかでも中断すれば，フォイエルバッハ自身の「直感能力」ばかりか彼の存在自体も無効となってしまうのだ．エンゲルスは，このようにフォイエルバッハのアキレス腱をつく．

　エンゲルスによるこのようなフォイエルバッハ批判の視点は，フォイエルバッハの認識活動の根拠それ自体をも問うという意味で根源的なのであるが，ここでは，エンゲルスは「感性的活動」を産業，労働，工業，商業などとして，つまりは物質的生産という意味において捉えており，このフォイエルバッハ批判が，この物質的生産の視点から一元的になされていることに注意しておきたい．

　『経済学・哲学草稿』のマルクスも強調していたように，「産業」は確かに，人間の感性的活動によって不断に生みだされている．「産業」は，その意味で，人間の存在にとって本質的な意味を持っており，「人間的本質諸力の開かれた書物」6) なのであった．エンゲルスのここでの記述は，「感性的活動」による産出において「産業」を捉えるという視点，これをマルクスと共有していると言ってよい．

　「感性的活動」という視点は，明らかに，マルクスの「フォイエルバッハに関するテーゼ」などの思想をエンゲルスは彼なりに受け止めているのであろう7)．だが，『経済学・哲学草稿』「ミル評注」では，「産業」を「感性的活動」

において捉え返し，これを極めて重視していることはもちろんなのだが，他方，マルクスにとって，「感性的活動」のすべてが「産業」に還元されるわけではない．『経済学・哲学草稿』で述べられていたように，マルクスにとっては，みること，聞くこと，愛すること，等々，「生命発現」のすべての活動が「感性的に我がものとする獲得」なのであり，この「感性的活動」の総体において諸個人の生を捉え，資本制社会におけるその疎外を問題化していたのである．すでにふれたように，このような感性への視点は，マルクスがフォイエルバッハから多くを学びとったものであった．

「感性的活動」の把握におけるこのようなマルクスとエンゲルスとの異同は，以下の叙述によく現れているであろう．フォイエルバッハは「愛と友情」の関係以外の人間関係を知らない，としてエンゲルスはフォイエルバッハを批判するのであるが，マルクスは，エンゲルス基底稿のこの文言に対して，つぎのような文言を挿入してエンゲルスのフォイエルバッハ批判を一面においては補強している．フォイエルバッハは「今日の愛の諸関係の批判はなにもない」．つまり，マルクスによるここでの補強点とは，たとえば愛という感性的な活動でさえも常に歴史的な媒介を受けることにおいてのみ存在しているのだ，ということであろう．

ある意味ではエンゲルス以上に厳しいここでのマルクスのフォイエルバッハ批判は，実は，感性の次元の意義を否定するものではなく，むしろ，それの全体性を重視するがゆえであること，このことに注意しておきたい．多面的で全体的な感性の次元を重視するからこそ，マルクスは，『経済学・哲学草稿』「ミル評注」において，一方で，感性は一切の社会的規定性を免れた完全に透明で無媒介なものではあり得ないこと，しかし他方，社会的規定性は諸個人に均質的に担われるのではなく，諸個人の個別的な「生命発現」の具体性を通してのみ現れ得ること，が強調されていたのである．『ドイツ・イデオロギー』では，この両側面がシュティルナー批判を介して，のちに明示的に解明されていくが，ここでのマルクスの視点は『経済学・哲学草稿』「ミル評注」でのこのよ

うな主張をふまえたものだと言えよう．このような理解を前提にしてみると，つぎの短い文言をめぐっての両者の応答の含意も明らかにし得るであろう．

　エンゲルスは，最初に書いた地の文章では，「感性的世界を，それをつくる諸個人の結合した感性的活動として把握すること」（圏点は引用者）には至らないとフォイエルバッハを批判している．ここで，エンゲルスが「感性的世界」を「諸個人の結合した感性的活動」（DI. 20, 20, 52）だとみなしていること，そして，フォイエルバッハはこのような見解に立てないのだと批判していることに注意をしておきたい．ここでエンゲルスによって主張されているのは，諸個人が結合して遂行する感性的活動なのである．「結合した」というこの表現から直接に読み取れるように，エンゲルスは明らかに「感性的世界」ということで「産業」を含意していると思われる．

　このエンゲルスの文言にマルクスは手を入れる．エンゲルスの書いた「結合した」をマルクスは抹消し，「生きた」「全体」という言葉を加えている．こうしてマルクスは，エンゲルスの「結合した感性的活動」を「諸個人の生きた感性的活動全体」（圏点は引用者）と書き換えて，「感性的活動」の含意をより広く示すことによって，一方では，「産業」の契機を「感性的活動」においてみないフォイエルバッハを厳しく批判するとともに，他方では，「感性的活動」を「産業」のみに狭く限定するエンゲルスの立論，これをも同時に批判する構えとなっているのである．諸個人の「生命発現」「生命活動」の全体性に視点を据えて思考する『経済学・哲学草稿』「ミル評注」のマルクスにあっては，「感性的活動」とは，そのような意味でのトータルな性格のものなのであり，マルクスは，ここでもこのような「生命発現」の全体性という視点を保持しているのである．

「無前提なドイツ人」と「歴史の前提」

　さて，ついでエンゲルスは，フォイエルバッハにおいては唯物論と歴史が「分離」（DI. 20, 20, 52）していることを指摘した上で，フォイエルバッハへの

直接の批判を離れて，今度は，「歴史」の「条件」「契機」に関してより一般的なかたちで独自の主張を始める．すでに言及したことのあるエンゲルスの文言であるが，これは，諸個人の生の把握におけるマルクスとエンゲルスの異同を明らかにする上で重要な記述であるので，ここで改めて詳述しておくことにしよう．

　エンゲルスは，「無前提なドイツ人」の場合，人間が「歴史をつくる」ためには「生きることができなければならない」（DI. 22, 22, 52）という「歴史の第1の前提」を確認することから始めなければならないと指摘した上で，生きるために必要な飲食や住居など，「物質的生活そのものの生産」が「すべての歴史の根本条件」（DI. 22, 22, 54）だ，と述べている．エンゲルスが「歴史の第1の前提」についてこのように述べたところに，マルクスは，「ヘーゲル．地質学的，水理学的，等々の諸関係．人間の諸肉体．欲求，労働」（DI. 22, 22, 53）と，先の第1篇第1ブロック冒頭での欄外注記と同様の「身体」などへの指摘をしている．[8]「現実」あるいはここでは「生活」を理解する際に，人間をも自然として理解するマルクスの「自然主義＝人間主義」の視点が強調されているのである．このマルクスの指摘の含意についてはのちほどまた立ち返ってその意味を明らかにすることにしよう．

　エンゲルスは，「歴史の第1の前提」として物質的生活の生産を指摘することから始めて，第2として，新しい諸欲求の生産を，第3のものとして，生殖による種の生産を指摘した上で，欄外に，エンゲルス自身が，「これら三つの側面は，三つの異なる段階として把握されるべきではなくて，……三つの『契機』として把握されるべきである」（DI. 24, 24, 57）と追記している．その上で，労働における生産も生殖における生産も，自然的で社会的な関係として現れる，として諸個人の「協働」（DI. 26, 26, 56）がついで指摘される．ここまで書いたのちに，エンゲルスは，「われわれがすでに本源的な歴史的諸関係の四つの契機，四つの側面を考察したあとで，今ようやく，われわれは，人間が……『意識』……をも持つことをみいだす」（DI. 26, 26, 58）と述べている．

第5章　生の把握におけるマルクスとエンゲルス　145

　ここでの「意識」は，ドイツ的なイデオロギーを念頭におきながら書かれているだろう．したがって，この文言におけるエンゲルス自身の基本的なねらいはドイツ的イデオロギーの批判であろう．しかし，ここでのエンゲルスの批判の様式は，物質的生活と意識を二分法的に引き離したした上で，物質の側から一元的にいわば還元主義的に批判するにとどまっていないであろうか．エンゲルスが歴史の段階ではなく「諸契機」だと注解的に強調しているにも関わらず，エンゲルスのこのような論理の運びは，やはり二元論的であり，マルクスが『ドイツ・イデオロギー』に先行して『経済学・哲学草稿』「ミル評注」においてすでに獲得していた視点，つまり，生命・存在・意識を一元的に把握し生を自己関係としてつかむ立場からすると，マルクスにとっては，エンゲルスのこのような理解の仕方に対してみすごしがたい違和感を覚えたとしても不思議ではなかっただろう[9]．

生の生産と自己関係

　歴史の「前提」に関する比較的長いこのエンゲルスの記述に対して，マルクスは，「歴史の第1の前提」とエンゲルスが書き始めたその始まりの部分で，先にふれた「人間の諸肉体」云々の注記を記した以外には，途中で「協働」に関する短い注記を記したのみで，あまり多くを語らず沈黙を維持している．しかしおそらくは，エンゲルスのこのような二元論的な把握には違和感を感じていたのであろう．歴史の諸関係の「四つの側面」の指摘を終わったあとに，「ようやく」「意識」を取りあげる，というエンゲルスのこの記述が登場するに至って，マルクスは，つぎのような比較的長い欄外注記を書いている．

　「人間が歴史を持つのは，彼らが自分たちの生を生産しなければならないから，しかも，特定のやり方で生産しなければならないからである．このことは，彼らの肉体的組織によって与えられている．それは，彼らの意識と同様である」(DI. 26, 26, 59)．

この注記には,『経済学・哲学草稿』「ミル評注」におけるマルクスの生命・存在・意識を本源的な一体性において捉える視点が生きているであろう.『経済学・哲学草稿』「ミル評注」のマルクスにあっては,人間は,自分の生命活動自体を自分の意識や意欲の対象とする,つまり,自己関係的な独自の生命活動を行う存在なのであり,このような「意識している生命活動」という独自性を備えているがために人間は,「普遍的に生産」するというかたちで生命を生産・再生産する存在なのである.したがってマルクスによれば,人間は「生命発現」の全体性,これこそをその本質としているのであり,この「生命発現」の固有な全体として諸個人の固有性,「自己性」が捉えられていたのである[12].

そして,人間の生命のこのような独自の性格は,自然を自分の「非有機的身体」とする人間の身体の独自性によってその種としての人間の存在の次元においてすでに性格づけられているものとして把握されていた.『ドイツ・イデオロギー』の執筆過程において,マルクスには,エンゲルスの基底稿に対してこのような問題意識が当初から伏在していたがために,先にみたように,この最旧稿の冒頭から「身体」を強調し,「身体」「肉体」への三度目の言及をするここに至ってこのようなマルクスの思想が明示的に示されることにもなったのであろう.

引きつづく欄外注記において,このような『経済学・哲学草稿』「ミル評注」のマルクスの思想が,「意識」に言及しながら,より明快に表明されることになる.エンゲルスは,欄外に「私の四囲に対する私の関係が私の意識である」と書き込んでいるが,マルクスは,エンゲルスのこの一文を抹消する.そして,その後につづくエンゲルスの,「動物は,何物に対しても『関係行為』しないし,そもそも関係行為しない」という記述に対して,マルクスは,行間に「対自的には他に対して……ない」[13]と書きつけている.そして,このエンゲルスの記述につづけて,マルクスが「動物にとっては,それの他のものに対する関係は,関係としては存在しない」(DI. 28, 28, 59)と書いている.

第5章　生の把握におけるマルクスとエンゲルス　147

　ここでのマルクスの注記では，人間と動物との区別が対自的に関係行為し得るか否かにあることが念頭におかれているのである．[14] 動物は対自的に関係行為しないが，人間は対自的に関係行為する．つまり，「四囲」に対する関係が自分の意識なのではなくて，『経済学・哲学草稿』の言葉をふまえれば，「対象」との関係行為において自己に関係する，そのような生命活動が「意識している生命活動」なのである．マルクスは，ここに人間の生命活動の独自性をつかみ取った『経済学・哲学草稿』「ミル評注」の思想次元からエンゲルスの地の文に対して注記を加えているのである．

　このようにみてくると，ここ第1篇第1ブロックの冒頭から「身体」と注記していたマルクスの思考が，「生命発現」「生命活動」の全体的な性格と自己関係性という『経済学・哲学草稿』「ミル評注」の基軸的な論点を問題意識の一貫した底流とさせながら，エンゲルスの記述を追っていることがうかがわれる．ここには，物質的生産と自己関係の視点を重ね合わせつつ思考するマルクスの姿が垣間みえる．他方，エンゲルスは，先にみた「歴史の前提」の記述において二元論的発想を伏在させていたと言えるが，エンゲルスのこのような思考様式は，第1篇第1ブロックでは少なくない．両者の思考様式の差異は，ドイツ的イデオロギーを批判する際の両者の共通の根源的な立脚点である「現実」「生活」の内包する意味への基本的な理解に関わるものであっただけに，ここ第1篇第1ブロックでは，それが，人間の歴史的な形成という基本的な人間観に関わる問題においても影を落とすことになっている．この点に関しては，のちに改めてふれることにしよう．

第2節　生命・存在・意識 —— 最新稿 ——

　マルクスとエンゲルスの共同の思想彫琢が開始された冒頭部分，『ドイツ・イデオロギー』の最旧稿において示された両者の「生活」把握に関する視点の微妙な違いは，『ドイツ・イデオロギー』執筆の最終段階で書かれた，つまり最新稿に属する改訂稿・清書稿においては，エンゲルスによって，マルクスの

注記が基本的には生かされるかたちの叙述に変化している．以下では，最新稿における「生活」把握の対応をみて，その上で，もう一度，第1篇第1ブロックの論述に立ち返ることにしよう．

最新稿に属する｛1？｝｛2？｝では，エンゲルスによって，「生きた人間的諸個人」の「身体的組織，および，それによって与えられる，その他の自然に対する彼らの関係」，これが「確認されるべき第1の事実」だ，と記されている．第1篇第1ブロックの最初の部分でマルクスが，三度にわたり強調していた「身体」「肉体」の指摘がここに生かされている．そのあとエンゲルスは，第1篇第1ブロックにおけるマルクスの注記を受けて，「地質学的，山岳誌的＝水理学的，気候的およびその他の諸関係」についても言及している．このあたりは明らかにマルクスの指摘を取り入れているのである．

エンゲルスの記述は，「生活手段の生産」を重視し，この「生活手段の生産」の様式が人間の「身体的組織によって条件づけられている」ものであり，そして，生活手段の生産の様式は「諸個人の肉体的存在の再生産である」だけではなく，それが，諸個人の「生命発現」の様式なのだ，と記している（DI. 25, 25, 16）．「諸個人が生命を発現するとおりに，彼らは存在しているのである」．したがって，「諸個人がなんであるかは，彼らの物質的諸条件に依存する」（DI. 25, 25, 16-18）と述べる時，ここでのエンゲルスの記述は，物質的契機と精神的契機を二分法的に対立させた上で，物質の側から意識を批判するといった構成を基本的にはとっていないのである．すでにふれたようにこの「生命発現」カテゴリーは，マルクスの『経済学・哲学草稿』「ミル評注」において基軸的な位置を占めるものであった．

「意識とは，決して意識的存在以外のものではありえず，そして，人間達の存在は，彼らの現実的な生活過程である」（DI. 29, 29, 36）．清書稿におけるエンゲルスの筆記によるよく知られたこの文言は，第1篇第1ブロックにおける，『経済学・哲学草稿』「ミル評注」の思考をふまえて記された「身体」「意識」「生の生産」に関するマルクスの指摘を明らかに受けている．人間は，自

分の「生命活動」を自分の意識や意欲の対象とする独自の「生命活動」を本質としており，したがって，人間とはそのような意識的な存在そのものなのであり，意識的な生命活動としてのこの存在は，「生命発現」において自己関係的に不断にある．その意味で人間の存在とは「生活過程」なのである．ここでは，存在と意識を二分法的に分けておいて繋ぐという発想は斥けられており，それは「生活過程」において一元的に把握されているのである．引き合いにだされることの少なくない「意識が生活を規定するのではなくて，生活が意識を規定する」(DI. 31, 31, 36) という文言は，そのような含意においてつかまれるべきであろう．

　最旧稿の第1篇第1ブロックにおいて，エンゲルスの基底稿の思考は，精神的な再生産と切れたかたちで設定された「物質的生活」から出発していた．ここ最新稿では，存在と意識を一元的におさえるものとして「生活」が位置づけられた上で，現実に活動する諸個人の「現実的な生活過程」「活動的な生活過程」(DI. 33, 33, 38) から出発する時に思弁は止み，「現実的な知識」にとって替わらざるをえない，と主張される．哲学にとって替わりうるのは，「人間たちの歴史的発展の考察から抽象され得る最も一般的な諸帰結の総括」(DI. 33, 33, 38) なのだが，「しかし，それらは，哲学とは違って，それに則って歴史的諸時代が正しく切り分けられることのできる処方箋や図式を決して与えない」(DI. 33, 33, 39)．この「一般的な諸帰結の総括」を「処方箋」や「図式」のように扱い現実を裁断しようとするならば，「天上から地上に降りてくるドイツの哲学」(DI. 31, 31, 36) の水準に立つことになってしまうからである．ここでも歴史的で現実的な「生活過程」に立脚することが原点とされて強調されるのである．

　さて，『ドイツ・イデオロギー』の執筆の最終局面においては，上にみたように，最旧稿におけるマルクスの注記がほぼ組み込まれるようなかたちで叙述されていくのではあるが，[15]『ドイツ・イデオロギー』執筆の最初の局面においては，エンゲルスの記述に二元論的な理解が影を落としていた．『ドイツ・イ

デオロギー』執筆の開始時における両者の基本的な視点としてはこれは意外と大きな落差であっただろう．少なくとも第1篇第1ブロック冒頭部からのマルクスの注記に対して，改訂稿，清書稿にみられるような理解をエンゲルスが即座に示したとは思われない．第1篇第1ブロックの後半部分に至ってもこの存在と意識，物質と精神の二分法的把握は影を落としているように思われるからである．

　清書稿における「生活過程」カテゴリーの重要な位置づけに照らしても，第1篇第1ブロックに特徴的なエンゲルスの「生活」把握が二分法的発想を脱していく過程は，『ドイツ・イデオロギー』全体を通しての唯物史観の形成過程において軽視し得ない一争点を形成するように思われる．先取りしてあらかじめ指摘するならば，存在と意識を生活において一元的に把握し得るためには，第1篇第1ブロックののちに書かれる第3篇「聖マックス」におけるシュティルナーへの批判とそれへの積極的な応答の過程が介在されなければならなかった．その意味でも，マルクスとエンゲルスの思想彫琢の過程においてシュティルナー批判はひとつの問題構成的係争軸を成しているのである．この点については，章を改めて検討することとして，その前に再び第1篇第1ブロックに立ち戻り，先にみてきたエンゲルスの基底稿における「歴史的諸関係の四つの側面」「意識」への言及に後続する部分に考察を加えておこう．

第3節　諸個人の自己関係性の歴史的深化

自然宗教と自己関係

　さて，これまでに明らかになったように，最旧稿である第1篇第1ブロックで，物質と精神，存在と意識の二分法的把握において「生活」を理解するエンゲルスと，生命・意識・存在を一元的に把握するマルクス，両者の生活，生命把握の差異は，小さからぬものがあった．この生活，生命把握の異同は，歴史における人間的・主体的要因の位置づけ如何という等閑視できない基本的問題にも影を落とすことになっている．

第5章　生の把握におけるマルクスとエンゲルス　151

　つまり，物質と精神の二分法的把握を背景としながら歴史における物質的発展の意義を一方向的に強調するエンゲルスと，歴史発展の過程における，物質的世界の拡大・発展の歴史過程が同時に，精神性をもふくむ諸個人の自己形成の過程でもあることを常に意識しながら，エンゲルスの基底稿に対して注記をつづけエンゲルスへの注意を促すマルクスの姿を第1篇第1ブロックの執筆過程に読み取ることができる．このマルクスの視点は，のちに第1篇第3ブロックにおいて明示的になっていく論点，つまり，構造の矛盾を諸個人における生の矛盾としてつかみ返すという論点に遥かに連接していくことになる．内容的な展開については章を改めて検討することとして，以下では，諸個人の自己形成に関して第1篇第1ブロックに立ち返って，すでにみた部分から先へ進むことにしよう．

　「本源的な歴史的諸関係の四つの契機，四つの側面」を考察したあとで「意識」(DI. 26, 26, 58) を問題とした先ほどの記述につづけて，エンゲルスは，「自然に対する意識」「自然に対する動物的な意識」，これが「自然宗教」(DI. 28, 28, 58) だと書いている．先にみたように，「私の四囲に対する私の関係が私の意識である」とするエンゲルスの記述を，マルクスは抹消して，動物は対自的には他のものに対し関係しないと主張していた．つまり，人間の関係行為とは優れて対自的関係行為であり，自己関係の行為であることが動物との対比で強調されていたのである．このようにみてくると，「自然に対する意識」を「自然宗教」だとするエンゲルスのこの記述は，マルクスが抹消していた「私の四囲に対する私の関係が私の意識である」とするエンゲルスの理解に基づくものである．マルクスの自己関係の視点から把握するならば，「自然宗教」とは，「自然がまだほとんど歴史的に変形されていない」(DI. 28, 30, 59) 段階における自然を対象としながら人間が自己へ関係する様式のことだ，と言うことになろう[16]．

　エンゲルスの「自然宗教」に関するこの記述の欄外に，マルクスは，つぎのように記している．「人間たちの自然に対する局限された関係行為が，彼らの

相互に対する関係行為を条件づけ，そして，彼らの相互に対する局限された関係行為が，彼らの自然に対する局限された関係を条件づける」(DI. 28, 30, 58-61)．この思想をふまえるならば，ここでの自己関係は，対自然・対諸個人の関係行為の相互規定性において性格づけられることになる．そうすると，「自然宗教」とは人間の二重に局限された自己関係としてつかみ直せるだろう．逆に言えば，対自然・対諸個人の関係行為におけるこの二重の意味での局限性が取り除かれていく歴史過程は，人間の自己関係性の深化の過程でもあるとつかみ直すことができるのである．マルクスにおいてはこのように対自然・対諸個人の関係のありようが，客体的な意味においてだけではなく，人間の自己形成において主体的にも捉え返されていることに注意しておきたい．

諸個人と共同利害

第1篇第1ブロックは，こののちエンゲルスの分業についての記述がつづく．エンゲルスによって，「特殊的利害と共同的利害とのあいだの分裂」(DI. 34, 34, 62) が指摘され，この「共同的利害」は観念のなかでの「一般的なもの」ではなく，現実的なものなのだ，と述べられている．シュティルナーにとっては，「一般的なもの」「聖なるもの」等々は，「固定観念」なのであり，この観念的構成物が廃棄されるべきだという主張であり，ここでのエンゲルスの論述は，明らかに，シュティルナーの主張するこの「一般的なもの」の思弁的な性格を批判する文脈において展開されている．エンゲルスは，「共同的利害」の現実性を強調することでシュティルナーの「一般的なもの」の観念性を批判しようとしているのである．

このエンゲルスの文脈は，シュティルナーの「一般的なもの」の観念性に対する批判ではあるが，しかし，それに「共同的利害」の実在性を対置しただけでは，シュティルナーに対する批判としては不十分である．何ゆえに観念的構成物としての「一般的なもの」がシュティルナーによって主張されたのか，その現実的な根拠如何，そこまで遡って記述することの必要をエンゲルスは感じ

第5章　生の把握におけるマルクスとエンゲルス　153

たのであろう。上の基底稿の右欄にエンゲルスは自ら追補を始める。エンゲルスは，つぎのように説いている．「特殊的利害と共同的利害とのこの矛盾」から，「共同的利害」は，「国家」というかたちで「幻想的な共同性として自立した姿をとる」(DI. 35, 35, 63)．そして，だめを押すかのように，「そもそも一般的なものは共同的なものの幻想的な形態である」と書き込んでいる．つまり，エンゲルスのこの欄外追補は，明らかにシュティルナーの「一般的なもの」の成立根拠をエンゲルスなりに批判的にふまえてその観念的性格を批判しようとしているのである．

　そして，このエンゲルスのこの欄外追補の最後につづける指示を示す記号を付して，マルクスは，つぎのように書いている．「諸個人が，彼らの特殊な――彼らにとって彼らの共同的利害とは一致しないものだけを追求するからこそ――これは，彼らにとって『疎遠な』，彼らから『独立した』，それ自体ふたたび特殊で独特な『一般的』利害としておし通される」(DI. 35-7, 35-7, 65)．エンゲルスの基底稿およびエンゲルスの欄外追補の記述が分業社会ないし階級社会貫通的であるのに対して，上記のマルクスの注記はおそらくは近代ブルジョア社会の独自性をも念頭においているであろう．諸個人が，自らの特殊利害をそれぞれに追求するがゆえに，共同利害を，結果として，「一般的」利害として通用させることになる，このようなかたちでの諸個人の利害と共同利害の関連づけは，近代市民社会の商品関係の論理がふまえられていると言えよう．

　シュティルナー批判をマルクスもエンゲルスも共通に強く意識しながらも，しかし，エンゲルスの基底稿および右欄追補の文章とマルクスの上の右欄追補の文言とのあいだには，微妙にニュアンスを異にする部分が含まれている．諸個人が共同利害とは一致しない自らの特殊利害を追求するからこそ共同利害が「一般的」利害としておし通される，というマルクスのこの視点は，エンゲルスの基底稿にはみいだすことができない．

　マルクスは，シュティルナーのように諸個人の活動と切れたところに，観念的な構成として抽象的な「一般性」を設定するのではなく，まさに個別的な諸

個人の活動によって不断に産出される現実的な関係をふまえようとしているのである．ここには，『経済学・哲学草稿』「ミル評注」の諸個人による対象的世界の不断の実践的産出とその止揚というマルクスの基本思想が生きているであろう．個別的な諸個人の実在性と活動性の視点，これはのちに第3篇においてシュティルナーの「唯一者」を批判する過程でシュティルナーへの応答として自覚的に取りだされてくる論点なのであるが，ここではそれがマルクス的な思想として展開されていることにあらかじめ注意しておくことにしよう[18]．それは，『経済学・哲学草稿』において「自己性」として強調されていた視点である．

「運動」としての「共産主義」

さらにマルクスは，「疎外」が「止揚」される「二つの実践的前提」を指摘する長大な覚え書きをつづけている．エンゲルスの基底稿の論述が分業社会一般を前提として展開されているのに対して，マルクスのこの覚え書きにおいては，この「実践的前提」が近代ブルジョア社会の独自に歴史的な性格によって準備されることが強調されている．「二つの実践的前提」とは，ひとつは，生産力の増大にともなって生成される「富と教養」の世界との矛盾というかたちを取りながら，人類の大多数が無所有として形成されるということ．そして，彼らにとって「疎外」は「耐え難い」力として現れることである．もうひとつは，生産諸力の普遍的な発展である．というのも，これがなければ「欠乏」が一般化されることになるし，また，この生産諸力の普遍的発展とともに「普遍的交通」が築かれ，「世界史的な，経験的に普遍的な諸個人を局地的な諸個人にとって替わらせてしまうからである」(DI. 37, 37-39, 65-67)．

さて，先のマルクスの「利害」に関する覚え書き，および，「疎外」に関する覚え書き，この二つの覚え書きのあいだの余白に書き込まれ，したがって，これら二つの覚え書きが書かれたあとからこの場所に挿入されたとされている「共産主義」に関するマルクスの覚え書きがみられる[19]．マルクスは，つぎのよ

第5章　生の把握におけるマルクスとエンゲルス　155

うに注記した上で，この「共産主義」に関する自分の覚え書きの左脇に縦線を引いている．「共産主義は，われわれにとって，つくりだされるべき<u>状態</u>，現実が従わなければならない<u>理想</u>ではない．われわれが共産主義とよぶのは，<u>現実的運動</u>であり，その運動は現在の状態を廃棄する．この運動の諸条件は，いま現存する前提から生ずる」(DI. 37, 37, 65)

　マルクスは，なぜ，二つの覚え書きのあとから，わざわざ狭い余白へこの[20]「共産主義」に関する覚え書きを書き込み，強調を意味するとも思われる縦線を付したのであろうか．共産主義に関する記述がその間へあとから挿入されることになった「利害」と「疎外」に関する上下二つの覚え書き，それとこの「共産主義」に関する覚え書きとのそれぞれに対する内容上のつながり具合はどうであろうか．上の覚え書き，つまり，「利害」に関する覚え書きは，この「共産主義」に関する覚え書きと内容的に直接にはつながらない．しかし，下の「疎外」に関する覚え書きは，その前に「共産主義」に関するこの覚え書きを挿入することで「疎外」についての覚え書きの含意が一層鮮明になっているように思われる．

　つまり，マルクスは，共産主義は「理想」や「状態」ではなくて，現在の状態を止揚する「現実的運動」であり，その「運動の諸条件」は「いま現存する前提から生ずる」ことを強調する「共産主義」についての覚え書きを，敢えて狭いこの空白に挿入することによって，後続する「疎外」に関する覚え書きにおいて「二つの実践的前提」を指摘することの意味をより鮮明にすることとなっているのである．

　資本主義の否定的状態を強調してその対極に「理想」的な「状態」としての共産主義を対置するのではなく，共産主義を「現実的運動」として捉え，運動の「諸条件」を現在の社会的状態において探ることが主張され，したがって「疎外」についての覚え書きでは，近代ブルジョア社会の特殊歴史的な普遍性の開発が強調されているのである．ここには，『経済学・哲学草稿』の「私的所有の積極的本質」[21]という思想が流れ込んでいると言えよう．細谷昂氏もいわ

れるように，それはまた，同時に，資本主義の否定的な現実に対して，共産移住地などの例をあげながら「理想」的な「状態」を裏返しとして対置して共産主義を論じてきたエンゲルスへの批判をも「ひそやかに」含めているであろう．[22]

マルクスが「共産主義」に関する覚え書きをここに挿入したのは，先にみたように，近代ブルジョア社会の特殊歴史的普遍性を強調したそれにつづく「疎外」に関する覚え書きの含意を明確にするためだけではなかった，と思われる．それには，エンゲルスの基底稿に対するマルクス自身の批判的言及の意味合いをも同時に込めたものであっただろう．[17]末尾でエンゲルスは，「朝には狩りをし，午後には釣りをし，夕方には牧畜を営み」云々というマルクスに言わせればまさしく「理想」・「状態」というべき「共産主義」に関わる記述を行っていた．しかも，極めて牧歌的といってよい描写においてである．[23]マルクスが，「そして食後に批判をする」とこのエンゲルスの記述に挿入しているのは，明らかにこのような共産主義のエンゲルス的描写には批判的であったことを示していると言えよう．

先のマルクスの「共産主義」に関する覚え書きはエンゲルスの基底稿のこのあたりの記述に対して表明されるものであっても不思議ではない．しかし，右欄はすでに先の「利害」に関するエンゲルスの追補があり，そのエンゲルスの右欄追補を受けて，マルクスの「利害」に関する記述がつづいており，エンゲルスの基底稿における共産主義についての記述に対応する右欄の余白はすでに埋められていた．マルクスは敢えてこの狭い空白に「共産主義」に関する覚え書きを挿入することによって，近代ブルジョア社会の特殊歴史的普遍性を指摘した「疎外」に関する覚え書きの持つ意味を強調すると同時に，エンゲルスの基底稿における「理想」としての共産主義の記述に可能な限り近いこの位置に挿入することで，エンゲルスの「理想」的な「状態」としての共産主義に対しても批判的な言及を施そうとしたのではないであろうか．

普遍的な諸個人

　ところで,マルクスの「疎外」についての覚え書きにおいては,近代ブルジョア社会の歴史的に固有な性格に視点を据えながら,近代ブルジョア社会のもとで,「疎外」が「耐え難い力」となるためには,前提として必要な多数の無所有な大衆が形成されること,生産諸力が普遍的に発展すること,それとともに人間たちの「普遍的な交通」が展開されること,局地的な諸個人に替えて世界史的な「普遍的な諸個人」が形成されること,世界史的な定在としてのプロレタリアートが存在すること,などが具体的に強調されている.つまり,「自然宗教」との関わりで注記されていたマルクスの指摘をふまえるならば,自然に対する関係行為と諸個人の諸個人に対する関係行為の相互規定的な総体が,近代ブルジョア社会の発展のもとで普遍的な形態において特殊歴史的に展開されることが強調されているのである.そして,この対自然・対諸個人の相互規定的な関係行為の総体の普遍的な発展,これが「共産主義」に関する覚え書きに記された「現実的運動」の「現実的な諸条件」として示されるという文脈となっているのである.

　ところでここでは,マルクスのこの「現実的な諸条件」が物質的な意味でのみ強調されているのではなく,そうした物質的な諸条件の形成を諸個人の歴史的な自己形成において主体的に捉え返されている.エンゲルスの地の文章においてはこの視点を認めがたいだけに,このことに特に注意しておきたい.マルクスは,資本主義発展における「普遍的交通」の展開を指摘するとき,エンゲルスが「交通」において念頭においていた商業交通の発展はもちろんふまえながらも,「普遍的交通」が,「局地的な諸個人」に替えて「普遍的な諸個人」もたらすものだ,として主体的にもつかんでいるのである.

　だがしかし,「普遍的交通」が「普遍的な諸個人」をもたらすとは,どのような意味でそのように主張できるのであろうか.ここの覚え書きののち,[21]の欄外にマルクスは,「個人の現実的精神的豊かさが,まったく彼の現実的諸関連の豊かさに依存する」(DI. 42, 42, 71) と書いているが,この注記はマルク

スの関係論的視座をふまえた彼の人間観を示すものとして極めて重要な一句であろう。まさに、「普遍的交通」とは、主体的に捉えられればこの諸個人の「現実的関連」の「普遍」的形成を意味するのであり、したがって、局地性を脱した「普遍的な諸個人」の形成とは、疎外という外皮をまといながら展開される諸個人の自己関係性の展開を意味しているであろう。諸個人が社会的関連のなかで個別化されること、つまり、社会においてまさに諸個人として歴史的に形成されること、精神的豊かさの形成とは、そのようなかたちをとって、諸個人の自己関係性が歴史的な深化を遂げることを意味しているだろう[24]。

先にみたように、マルクスにとって、「自然宗教」は、人間たちの自然に対する局限された関係行為と人間同士の局限された関係行為の相互媒介的関連における自己関係性を意味していた。その意味で、それは諸個人の自己関係の局限性を、歴史の一方の極において象徴的に示すものであった。資本主義において展開される対自然・対諸個人の特殊歴史的に普遍的な関係行為の総体とは、したがって、諸個人の自己関係性の特殊歴史的な深化をも意味するものとして主体的に捉え返し得るのである。「疎外」が「耐えがたい力」となり得るには、「プロレタリアート」の諸個人が自己の生命活動自体を対象とする自己関係性を歴史的に深化させていること、それが根源的な要件のひとつであろう。『経済学・哲学草稿』「ミル評注」のマルクスの思想をふまえるならば、このような展開は「疎外」のなかで、むしろ「疎外」という形態をとることで歴史的に進展する、と言うことになろう。

エンゲルスにおける「世界史」

[19]でエンゲルスは、つぎのように記して主題の変更を予告している。「これまでわれわれは、主として人間的活動の一方の側面、すなわち、人間たちによる自然の加工だけを考察してきた。他方の側面、すなわち、人間たちによる人間たちの加工」。渋谷氏によれば、マルクスは、このパラグラフの脇に縦線を引いている。これはマルクスによる強調であろうか。また、渋谷氏の考証に

第 5 章　生の把握におけるマルクスとエンゲルス　159

よれば,「自然の加工」が書かれた行の右欄に, マルクスが「交通と生産力」という覚え書きを書いている[25]. 生命・存在・意識を一元的に捉え, したがって, 人間の自然に対する関係行為と諸個人相互のあいだの関係行為を別々にではなく相互規定的に理解するマルクスは,「交通と生産力」という注記によってこの相互規定性を強調しようとしたのであろうか. いずれにしても, 客体的世界において展開する特殊歴史的な変容を主体的な視点から捉え返し, 諸個人の自己形成において把握し返す視点を保持してきたマルクスにとっても,「人間の加工」は主題的に論じられて然るべき論点であっただろう.

　先の長大なマルクスの欄外追補は, 近代ブルジョア社会の独自性を,「運動」における客体的・主体的な現実的な「諸条件」として指摘したものであったが, エンゲルスは, このマルクスの指摘をその後どの程度受けとめ得たであろうか. みたようにマルクスは, 長大な欄外追補において「世界史」に言及していた. さらにまた, エンゲルスが共産主義に関してふれている基底稿に対して, マルクスは,「プロレタリアートは, ……世界史的にしか存在し得ない」「諸個人の世界史的存在」「世界史と直接的に結びつけられている, 諸個人の存在」, などと右欄に記している. ここでの「世界史」とは, 先のマルクスの「疎外」の覚え書きにおける「世界史」の含意, つまり, 近代ブルジョア社会とともに展開する「普遍的交通」がふまえられている. つまり, マルクスは「世界史」において近代ブルジョア社会の歴史段階を特殊に念頭においているのである.

　細谷氏によって「第1篇第1ブロック後半[26]」と名づけられる［20］以降で, エンゲルスは,「世界史」という用語を登場させている. これは先のマルクスの長文の欄外注記において強調されていた論点であり, マルクスの長大な欄外追補へのエンゲルスなりの応答を示すものとして注目される.

　しかし, エンゲルスの「世界史」は, 果たして, マルクスの「世界史」と同一の含意で用いられているのであろうか. エンゲルスは, シュティルナーの唱える「世界史」の思弁的性格への批判の視点を伏在させながら, つぎのように

述べている。歴史とは，それぞれの世代の連続，継承，新しい活動による古い活動の変更であり，この発展において，「相互に影響をおよぼし合う個々の圏が拡大すればするほど，個々の国民性の閉鎖性が，……なくされればなくされるほど，それだけますます世界史になる」(DI. 40, 40, 68)．エンゲルスは，マルクスの欄外注記の「世界史」を用語としてはふまえつつも，しかし，ここでの「世界史」は歴史の漸次的変化の過程として捉えられており，マルクスのような特殊資本主義的視点からの把握とはなっていない．したがって，「普遍的交通」をふまえて「普遍的な諸個人」に言及されることもない．マルクスの「世界史」の使用法が歴史学的にみて正確かどうかはともあれ，近代ブルジョア社会の特殊歴史性を強調するマルクス的な視点をエンゲルスはここではまだ受け入れていない，と言えよう．

　さらに，エンゲルスは，共産主義革命によって「歴史が完全に世界史に転化」するものとみなし，これによって「はじめて，さまざまな民族的および局地的な制限から解放」されるものだとしている．しかし，マルクスの「疎外」に関する覚え書きの意味するところは，資本主義とともに展開される「普遍的交通」によって局地性が克服され，この特殊歴史的な「現実的な諸条件」を前提にしてこそ，「局地的共産主義」が回避され得るものとされているのである．このようにしてこのあたりでもエンゲルスは，共産主義を「運動」としてではなく「状態」として捉えており，「運動」の現実的な「諸条件」を特殊歴史的な資本主義において探るという構えは取ることはできていない．その意味では，マルクスの「共産主義」と「疎外」に関する覚え書きの含意を生かしているものとは言えないであろう．

　なお，エンゲルスのこの記述近くの右欄に，マルクスは，すでに引用した「個人の現実的な精神的豊かさが，まったく彼の現実的諸関連の豊かさに依存することは，前述のところから明らかである」という例の欄外注記を書き加えているのである．対象的世界を関係的かつ主体的に捉え返すマルクス的思考の特質を鮮明に現すこの注記のなかで言われている「前述のところ」とはどこで

あろうか．すでにふれたように，おそらくは，「疎外」に関する覚え書きにおける「普遍的交通」「普遍的な諸個人」に関する言及を指しているであろう．

この「精神的豊かさ」に関するマルクスの記述がここに施されることによって，エンゲルスの基底稿に対して，将来社会においても同時に重視されるべき視点としてマルクスによって精神性が強調されることになっているのである．つづけてエンゲルスが，「共産主義」において「全世界の生産と実践的に関連づけられる」と書いたところに，マルクスは，「精神的生産とも」と挿入して，「個々人の解放」が精神性におけるそれでもあることをエンゲルスの基底稿に対して改めて強調していることが注目される（DI. 42, 42, 70）．生命・存在・意識を一元的に把握し，したがって，「生命発現」の全体性を基本的な視点として重視するマルクスのこだわりがよく現れているように思われる．

諸個人の生の様式の変容

これまでみてきたように，エンゲルスは，マルクスの近代ブルジョア社会の特殊歴史性をふまえた長大な注記が記されたのちのこの「第1篇第1ブロック後半」においても，特殊歴史的な資本主義の性格をふまえて，そこから「運動」の現実的な「諸条件」を探る，というマルクス的視点を採用するようにはなっていない．しかし，もちろん「諸条件」に一切ふれないというわけではない．エンゲルスにあっては，「現実的な社会的諸関係の実践的転覆」（DI. 50, 50, 78）が世代の眼前の「生活諸条件」「物質的要素」の十分な存在によってのみ可能であることを強調しているのである．エンゲルスにとっての「全面的変革の物質的要素」（DI. 52, 52, 80）の形成は，端的には，客観的な意味での生産力発展に求められているのである．エンゲルスの場合，ここでは物質的・客体的要素への言及はみられはしても，それらの客体的世界を主体的に捉え返すこと，つまり，諸個人の主体的な諸力の歴史的な展開を自覚的におさえている形跡はマルクスのように明示的ではない．[28]

マルクスは，エンゲルスの書いた「全面的変革の物質的要素」というこの文

言のあとに、つぎのように挿入して、マルクス自身のこの「要素」についての考え方を直截に示している。「すなわち、一方では、現存の生産諸力、他方では、これまでの社会の個々の諸条件に対してだけではなくて、これまでの『生の生産』そのもの、——その『生の生産』が基礎としている『総体的活動』に対しても革命を起こす革命的大衆の形成」(DI. 52, 52, 81)。

　ここでは、エンゲルスにあっては意識的に取り上げられてはいなかった人間の形成・変化が、生産諸力の存在と合わせてその「要素」として強調されているのである。しかも、「生の生産」の総体、この「生の生産」を不断に生みだしている「総体的活動」そのものに抗する「大衆」の形成が、指摘されるのである。資本制的生産によって規定された自らの生の様式の総体を問い返す「大衆」の形成、これを現実的な「諸条件」の不可欠の要素として指摘し、それが近代ブルジョア社会の構造それ自体によって用意される、とマルクスは捉えるのである。これは、マルクスの自己関係の思想を前提にしてこそ提起され得る視点であろう。

　エンゲルスもまた、「運動」の現実的な「諸条件」のひとつとして人間の変化の必要性を説かないわけではない。彼はつぎのように書いている。「この共産主義的意識を大規模に生みだすためにも、事そのものをやり遂げるためにも、人間たちの大規模な変化が必要であるが、この変化は、実践的運動、革命のなかでだけ起こり得る」(DI. 46, 46, 74)。ここで指摘されているのは、あくまでも、その必要性であり必然性の論証とはなっていないだろう。

　しかも、このエンゲルスの議論はひとつのトートロジーと言わねばなるまい。変革には人間が変革を志向して行為できることが不可欠である。変革を志向して行為するには階級の諸個人が抱いていた従来の意識を変えなくてはならない。つまり人間の変化が必要である。この変化は如何にして実現し得るのか。それは変革への行為による関わりのなかで。しかし、この変革への行為による参画は如何にして可能なのであろうか。それは、人間が従来の意識を変えることによって。では、意識を変えることは如何にして可能となるのか。それ

は，運動への参画によって，……．くだんの「外部注入説」へと連接する論点である．

エンゲルスのこのようなトートロジーは，「意識を変えよ」(DI. 14, 14, 24)というドイツ的イデオロギーの要求と同一の軌道を歩む危険を犯してはいないだろうか．物質的生活と意識を二分法的に把握するエンゲルスの思考においては避けがたいトートロジーだということになるまいか．生において存在と意識を相即的に把握し，諸個人の生の自己関係性を捉えるマルクス的な視点においては，「疎外」を「耐えがたい力」と諸個人に感受させる必然性がそれなりに示されているのである．

もちろん，第1篇第1ブロックではマルクスにおいてもこの視点は萌芽的であり，十分に説得的に展開されているわけでは決してない．それは，のちに第3篇第2ブロックにおけるマルクスとエンゲルスのシュティルナー批判の共同の作業を通して，「生命発現」と「自己関係」の視点を導入するなかで一層明確なものとして練り上げられて行くことになる．この共同の視点を介在させながら，さらにその後，第1篇第3ブロックにおいて，「人格としての生」と「規定された生」への「諸個人の生の二重化」の視点を確保することで，近代ブルジョア社会における諸個人の生の矛盾と，この矛盾的緊張を諸個人が自己関係的に生きる必然性が示される．そして，生産諸力を諸個人の力として把握するに至り，生産諸力と交通形態の矛盾という構造的矛盾を，客観主義的にではなく，主体における矛盾として同時につかみとって，諸個人の行為と構造の二元論的把握を越える途が示されることになるのである．これらの点については，次章で検討することにしたい．

第1篇第1ブロックは，そのような『ドイツ・イデオロギー』の執筆過程全体の出発点において，マルクスとエンゲルスの思考様式の異同が示されることで，その後の展開において解明されるべき課題をむしろ明快に示すことになっているのである．

注)
1) B. Bauer, Charakteristik Ludwig Feuerbachs, in: *Wigand's Vierteljahrsschrift*, Bd. 3, 1845, S. 138 (山口祐弘訳「ルードヴィヒ・フォイエルバッハの特性描写」良知力・廣松渉編『ドイツ・イデオロギー内部論争』御茶の水書房, 1986年, 173ページ).
2) Ebenda, S. 139 (前掲訳書, 174ページ)
3) 第1篇「フォイエルバッハ」は, 大小二つの束からなっていて, 大きな束はさらに三つの「ブロック」(廣松渉『『ドイツ・イデオロギー』編輯の問題点」『増補・マルクス主義の成立過程』至誠堂, 1984年, 173ページ) から成っている. 以下では, 廣松氏の「ブロック」という用語法によりながら, 第1篇第1ブロック, 第1篇第2ブロック, 第1篇第3ブロックなどのように表記することにする.

　　マルクスとエンゲルスは, 最旧稿である第1篇第1ブロックを書いたのち, 「バウアー」篇, 「シュティルナー」篇と書き進めるなかで「フォイエルバッハ」の篇を独立させる構想に変じて, 「シュティルナー」篇部分として書き進められた2ヵ所を「フォイエルバッハ」篇に移した (バガトゥーリア「『ドイツ・イデオロギー』第1篇の再構成」『情況』, 1974年1月). これが, 第1編第2ブロック, 第1篇第3ブロックである.『ドイツ・イデオロギー』は, このような執筆の過程全体をその順序をふまえて思想内容の検討がなされねばならないのである.
4) これまで, 草稿そのものの状態をふまえた『ドイツ・イデオロギー』の邦訳はなかったが, 渋谷正氏によって, 草稿そのものの独自な検討に基づく『草稿完全復元版　ドイツ・イデオロギー』が出版された. 渋谷氏は, 草稿オリジナルの検討を通して初めてみえてくる両者の共同作業の態様を示す興味深い事実をも報告している (渋谷正編・訳『草稿完全復元版　ドイツ・イデオロギー』新日本出版社, 1998年,「別巻：注記・解題」, 188-194ページ, など参照).
5) K. Marx / F. Engels, *Die deutsche Ideologie,* hrsg. von Wataru Hiromatsu, Kawadeshobo-shinsha Verlag, 1974, S. 157 (廣松渉編訳『ドイツ・イデオロギー』河出書房新社, 1974年, 167ページ). 渋谷正編・訳『草稿完全復元版　ドイツ・イデオロギー』新日本出版社, 1998年, 43-5ページ.『ドイツ・イデオロギー』からの引用については以下つぎのように略記する. DI. 157, 167, 43-5.
6) K. Marx, Ökonomisch-philosophische Manuskripte, *K. Marx / F. Engels Gesamtausgabe* (以下, *MEGA* と略称する), I-2, S. 395 (城塚登・田中吉六訳『経済学・哲学草稿』岩波書店, 1964年, 141ページ). 以下つぎのように略記する. Ms. 395, 141.
7) 渋谷正, 前掲訳書「別巻：注記・解題」, 190ページ.

8) この箇所について『ドイツ・イデオロギー』のソ連新版は，ヘーゲルの『歴史哲学』序論の参照を指示している（花崎皋平訳『新版・ドイツ・イデオロギー』合同出版，1966年）．
9) 基底稿におけるこのあたりのエンゲルスの論述の問題点に関しては，小林一穂「『ドイツ・イデオロギー』における生活過程概念について」『社会科学の方法』御茶の水書房，7号，1978年7月，を参照されたい．
10) Ms. 369, 95.
11) Ms. 369, 96.
12) Leben は生，生命，いのち，生活，生涯，人生，暮らし，等々の日本語を当て得るだろうが，ここに述べたような含意を示すには，やはり，「生」「生命」の表現が妥当であろう．以下では，文脈適合的に表現を選び取ることにしたい．
13) 渋谷正，前掲訳書「別巻：注記・解題」，49ページ．
14) 田畑稔氏は，『ドイツ・イデオロギー』のこの箇所における理解をふまえて，意識の一般的規定をつぎのように与えている．「自分を取り囲んでいるものに対する自分の関係が自分自身に対して関係として現存する……という人間のあり方が意識である」（田畑稔「マルクスの『意識』論」『季報・唯物論研究』33/34号，1989年，13ページ）．
15) このようなかたちで最旧稿と最新稿とのあいだの違いをみいだすことによって，エンゲルスとマルクスの思考様式を一体のものとして理解し，エンゲルスののちの思想発展においても一貫してマルクス的な視点を保持し得ているなどと主張したいわけではもちろんない．そうではなくて，少なくとも，『ドイツ・イデオロギー』の最新稿における「生活」把握に関しては，エンゲルスは最旧稿におけるマルクスの注記を基本的に取り入れているという事実を指摘しておきたいのである．ここには，恐らくは『ドイツ・イデオロギー』が両者の直接的な応答関係をふまえた共同の執筆作業であるという独特の事情が影響を与えていると言い得るであろう．

『ドイツ・イデオロギー』以降におけるエンゲルスの思想において，「物質と意識の二分法的発想」がみられること（中野徹三「エンゲルスの哲学とマルクスの哲学」杉原四郎・降旗節雄・大藪龍介編『エンゲルスと現代』御茶の水書房，1995年）や「哲学的意識諸形態を，現に人々が入り込んでいる生活諸関係から展開するというマルクス的課題設定の忘却」（田畑稔「シュタルケとエンゲルスの『フォイエルバッハ論』」前掲書）が指摘されるなど，これまで，後期エンゲルス評価においては議論の多いところである．

また，近代ブルジョア社会の特殊歴史性をおさえつづけようとするマルクスに対して，歴史全体に「一般的発展法則」の貫徹を主張するエンゲルスといった発想の相違も指摘されている（北村寧「エンゲルスにおける歴史の『一般的

法則』と唯物史観」細谷昂編著『現代社会学とマルクス』アカデミア出版会，1997年）．したがって，エンゲルス論としては，エンゲルス自身の思想の展開過程に即した独自の検討が必要な課題であることは言うまでもない．
16) 渡辺憲正氏のつぎのような理解は注目に値しよう．「『自然宗教』といわれる意識は，自然を客観的にとらえる知でも，自然と人間の分析的に把握する意識でもない．それは，自然が全能にして不可侵の威力として人間に現れており，この威力に対して人間が畏服しているという関係の場において，自然を畏服すべき対象として捉えている人間の観念を表現するのである」（「意識」マルクス・カテゴリー事典編集委員会編『マルクス・カテゴリー事典』青木書店，1998年，27ページ）．
17) 小林一穂「『国家＝幻想的共同体』論」岩佐茂・小林一穂・渡辺憲正編著『「ドイツ・イデオロギー」の射程』創風社，1992年，283ページ．
18) のちに書かれる「聖マックス」篇の第2ブロックでは，やはりシュティルナーの言う「利害」に言及しながら，つぎのように述べている．「一方の側面，『一般的なもの』は，他方の側面，私的利害によってしょっちゅう生みだされ，決して後者にたいしてひとつの自立的な歴史を持った自立的な力ではない」（*Marx/Engels Werke*, Bd. 3 , S. 229,『マルクス・エンゲルス全集』第3巻　大月書店，250ページ）．
19) 渋谷正，前掲訳書「別巻：注記・解題」，57ページ．
20) 渋谷正氏は，この「共産主義」に関する覚え書きの最後の部分「いま現存する前提から生じる」は，その下の「二つの実践的前提」についての覚え書きとの「あいだに余白がないために，18ページ右欄の第1行に，＋＋をつけて書かれている」と報告している（渋谷正，前掲訳書 57ページ）．
21) Ms. 389, 130.
22) 細谷昂『マルクス社会理論の研究』東京大学出版会，1979年，181-2ページ．
23) ここは，きわめて批判の多い記述である．ただ，注意しておきたいのは，エンゲルスのこの記述がシュティルナーへの批判を背後に秘めているであろうことである．エンゲルスの基底稿の文章は，シュティルナーが「職人」のなかに「唯一者」的資質をみいだしていることへの批判を込めているのであろう．エンゲルスの目からみれば，狩人，漁師，牧人などは，諸個人が社会の排他的な領域に固定化されていることを意味しており，それは，決して諸個人の固有性の実現ではないのだ，という視点を念頭において書かれている．したがって，エンゲルスは，「共産主義」においては「私が好きなように」「靴屋になり」「庭師になり」「俳優になる」と最初は自分で書いていたこれらの「職人」を示す用語を全て消して，「狩りをし」「釣りをし」「牧畜を営む」などと書き換えたのであろう．このようなシュティルナー批判の文脈を考慮するとしても，しかし，ここの記述はそれにしてもやはり牧歌的であることを免れ得ない．

24) 諸個人の豊かさを社会的な関連において把握するマルクスのこの視点は，『聖家族』においては，つぎのように表明されていた．マルクスは，エルヴェシウスが「教育」が「人間を形成する」としていることにふれながら，エルヴェシウスのいう「教育」が「普通の意味での教育」だけを意味していないこと，つまり，それが，「個人の生活諸関係の総体」の意味でも用いられていることを強調している（*MEW*. Bd. 2. S. 140,『全集』第2巻，139ページ）．『経済学・哲学草稿』「ミル評注」における「生命発現」の全体性の思想がここにも示されている．これらのマルクスに独自の思考が欄外注記において示されているのであろう．
25) 渋谷正，前掲訳書，59ページ．
26) 細谷昂，前掲書，167ページ．
27) マルクスの「世界史」もまたシュティルナー批判を意識している．それは，シュティルナーの「一般性」（Allgemeinheit）が実は近代ブルジョア社会における普遍性（Universalität）の形成に根拠を持つものである，との特殊歴史的な視点をふまえたものとなっている．マルクスは「一般」と「普遍」の両者を意識的に区別した上でその関連を論じていることに注意しておきたい．
28) このことに関わって，生産諸力の性格をどのようなものとして捉えるか，これは，『ドイツ・イデオロギー』全体を通しての論理の展開においてひとつの重要な論点を構成する．エンゲルスが「物質的要素」「生産諸力の総体」と書いていたが，その「生産諸力の総体」というエンゲルスの文言のあとに，挿入の符号＋を付して，マルクスは，欄外につぎのように書いている．「歴史的に作りだされた自然に対する関係と諸個人相互の関係」．つまり，マルクスの一貫した視点からすると，諸個人の関係行為の視点が重要なのであり，したがって彼は，諸個人の活動の視点を生産諸力を把握する上でも重視している．

第6章　諸個人の生と近代批判
──『ドイツ・イデオロギー』第3篇以降──

　前章でみてきたように，『ドイツ・イデオロギー』全篇のうち最旧稿を構成する第1篇第1ブロック（フォイエルバッハ篇）において，マルクスとエンゲルスは，ドイツ的イデオロギー批判の立脚点を探求しながら，率直に相互の見解をつき合わせつつ自説を展開してきた．両者は生活に立脚してドイツ的イデオロギーを批判するという共通の視点に立ちながらも，しかし，最旧稿の時点では，この立脚点としての生活の内実の了解においてさえ少なからぬ隔たりをみせていた．のみならず，そのほかにも微妙な見解や発想の違いをも宿していたのであった．

　『ドイツ・イデオロギー』執筆の過程全体はそうした両者の思想を切磋琢磨し相互に彫琢を遂げていく道程を示しているのだが，その際に，シュティルナーへの応答と批判の作業が極めて重要な媒介的位置を占めていると思われる．つまり，『ドイツ・イデオロギー』において特徴的なことは，マルクスとエンゲルスによるシュティルナー批判の成熟と彼ら自身の理論的深化が同時進行していることにみいだされよう．

　『ドイツ・イデオロギー』がこのような特徴を持つものだとすれば，『ドイツ・イデオロギー』のここかしこからあれこれの命題群を恣意的に選択して繋ぐといった論述の仕方は意識的にさけられねばなるまい．長大な『ドイツ・イデオロギー』の全篇は彼らの思想的な彫琢過程を示すものであるのだから『ドイツ・イデオロギー』の執筆順序に即して論述されるべきなのである．以下の叙述に「くどさ」がついて回るとすれば，考察の対象に規定された部分もあると言わねばなるまい．

　マルクスとエンゲルスは，第2篇でブルーノ・バウアーを批判し，ついで，第3篇第1ブロックで冗長とも言えるほどに逐条的なシュティルナーへの批判

へと移行する．このシュティルナー篇（第3篇）を書き進めるうちに，彼らは直接的なシュティルナー批判を離れて彼ら自身のより一般的な歴史観の展開を2ヵ所で行う．「そのような2ヵ所にわたる脱線を彼らはシュティルナーに関する篇から抜き取りフォイエルバッハの篇のところへもっていった」[1]．したがって，第3篇以降の執筆順序は，第3篇第1ブロック，第1篇第2ブロック（最初の「脱線」部分），第3篇第2ブロック，第1篇第3ブロック（二度目の「脱線」部分），第3篇第3ブロック，第1篇改訂稿・清書稿，ということになる．以下では，第3篇以降の執筆順序に内在しながらシュティルナー批判の論脈をふまえて両者の思想形成過程を踏査してみることにしよう．

第1節　現実的個人と精神の支配
　　　　──第3篇第1ブロック，第1篇第2ブロック──

諸個人の生を意識へと還元するシュティルナー

　第3篇第1ブロックは，「人間なるもの」の伝記を書くのだというシュティルナーの『唯一者とその所有』の冒頭からの論述に執拗につきながら，「子ども」「青年」「大人」というシュティルナーのこの書の展開をふまえてつぎのように批判的に述べられている．シュティルナーはいろいろな人生の段階を「いろいろな自己発見」としてだけ捉えて，しかも，この「自己発見」は常に「ある特定の意識のあり方へと還元」されているのであり，シュティルナーにあっては「意識の相違が個人の生活」[2]となっている，とマルクスとエンゲルスはシュティルナーへの批判の一矢を放っている．

　ここには，生活の次元からドイツ的イデオロギーを批判するという第1篇第1ブロックにおいてマルクスとエンゲルスに共通に示されていた批判的立脚点をみて取ることができよう．しかし，ここで指摘されている「生活」が第1篇第1ブロックにおける生命・存在・意識を一元的に捉えるマルクス的視点に立つものとにわかに論定することはできない．先取りしていえば，エンゲルスが『ドイツ・イデオロギー』においてマルクスの生の把握を受容するのは，のち

に，シュティルナーを「生命発現」の視点で批判できる地点に立ち至って以降のことである．

ただ，このあたりの記述のなかで，「諸個人とともに進行して意識の変化を生みだす身体的および社会的変化」とか，「聖マックスは個人の身体的および社会的『生活』にどんな考慮も払わない」(W. 111-2, 112) と述べるなど，「身体」への言及がいく度かなされていることには注意を向けておきたい．前章でみたように，これは，第1篇第1ブロックにおいて，人間の生命活動の独自性を念頭におきつつ，マルクスが三度にわたる注記を行いエンゲルスに対して注意を促していた論点なのである．

ここでの「身体」への視点は，シュティルナー批判として，そして，これと表裏をなして展開されることになる彼らの論理の深化を促す萌芽を示すものとして注目すべき論点を提供している．シュティルナーは，つぎのように述べている．「私は空虚の意味において無ではなく，創造的無なのであり，私自身が創造者として全てそこから創りなすところの無であるのだ」[3]．これはシュティルナーの根本命題である．マルクスとエンゲルスは，このシュティルナーの根本命題をつぎのような論理で批判しようとしている．

彼らによると，シュティルナーの「主体として己を無から創る」ということは，たとえば，「考える人，歌う人」がその主体なのではなく，「思想なるもの，歌なるもの」という抽象が考え，歌い始めるということになっている．だが，ここで土台となるのはシュティルナーの唱える無という思弁的抽象ではないであろう．シュティルナーはこのように批判され，「現実的な個人」がこれに対置される．「現実的な個人」とは，「ひとつのごく雑多なもの」「その人の言語器官，身体的発達の一定段階，使われている言語と訛，聞く耳，なにかを聞かせる環境等々である」(W. 133, 136)，と述べられていることに注意したい．

このように，生を狭義の意識という抽象に還元しようとするシュティルナーに対し，おそらくは第1篇第1ブロックでマルクスの注記した「身体」への視

点をふまえてであろう，ここでは，「現実的な個人」を身体諸器官をもその視野に入れた全体として把握しようとしている．「生命発現」の全体性というマルクスの視点からシュティルナー批判を敢行し得る発想の萌芽をここにみいだすこともできよう．だが，第3篇第1ブロックにおいてはそれは明示的ではなくあくまでも萌芽にすぎないし，しかもここでは，シュティルナーの場合，「意識の相違が個人の生活」となっていると批判されながらも，シュティルナーにおいて意識が生から自立させられるのはなぜか，その根拠の解明にまでは至っていない．

ヘーゲル主義一般への批判——第1篇第2ブロック——

「ヒエラルヒーは思想支配，精神の支配である」とするシュティルナーの視点，それはマルクスとエンゲルスによれば，「シュティルナーがヘーゲルを書き写した」のであり，したがって，「精神の支配に関するヘーゲルの観念はいかにして成立するか」(W. 159, 169)，これがつぎに問われるべき問題として第3篇第1ブロックの末尾で設定されることになる．この問いを念頭におきながら第3篇における最初の「脱線」部分としての第1篇第2ブロックが書かれることになる．したがって，第1篇第2ブロックは，細谷昂氏の指摘されるとおり，シュティルナー批判というよりも「それをも含めたヘーゲル主義一般への批判とみるべきであろう」[4]．

そこでは，「支配階級の思想は，どの時代でも，支配的諸思想である」[5]のはなぜか，そして，「ますます抽象的な諸思想，すなわち，ますます一般性の形式をとる諸思想が支配する」(DI. 68, 70, 102)のはなぜか，が問われている．これらの問いに対し，エンゲルスは階級社会貫通的な視点から，他方，マルクスは近代ブルジョア社会の普遍性を強調する視点から，つまり，第1篇第1ブロックにおける両者の視点の差異を保持したままで解明しようとしている．しかし，ここ第1篇第2ブロックでは，支配的イデオロギーについてはともかくとして，特殊なドイツ的イデオロギーの成立根拠については解明されずに終わっ

ている．ドイツ的イデオロギーの成立根拠についてはつぎに書かれる第3篇第2ブロックでのシュティルナーとの応答と批判のなかから次第につかまれていくことになる．したがって，シュティルナーとの応答と批判の内容が以下では重要な意味を持ってくるのである．

第2節　シュティルナー的自我への批判と諸個人の自己関係
——第3篇第2ブロック——

諸個人の意識と自己関係

マルクスとエンゲルスは，第3篇第1ブロックで，生から意識を抽象的に自立させるシュティルナーに対し「現実的な個人」を対置し，その後，第1篇第2ブロックで，ヘーゲル主義一般の批判へと迂回し，ここ第3篇第2ブロックで，生と意識の関係如何という視点からの逐条的なシュティルナー批判へと立ち戻ってくる．

彼らは，シュティルナーが『唯一者とその所有』の第1部になぜ「人間なるもの」という表題をつけたかを念頭におきながら，つぎのように述べている．

「人間たちの理念と思想は，当然，彼ら自身と彼らの諸関係に関する理念や思想，彼ら自身についての，人間たちについての彼らの意識であった．なぜなら，人間たちの意識は，個々の個人の意識というだけでなく，個々の個人がそのなかで生きていた社会全体との連関のなかでの，その社会全体についての個々の個人の意識だったからである」(W. 167, 177)．

ここでは，「人間たちの理念と思想」が，単なる虚偽なのではなく，それは諸個人の自己についての意識なのであり，それが必然的であることが諸個人の自己関係の視点から強調されている，このことに注意しなければなるまい．諸個人が，自らがそこで生活する外的な諸条件，交通形態，社会的諸関係などを「思想において表現」する限り，それは「理念的」な形態を取らざるを得ない．

つまり,「人間なるものの概念,人間的本質,人間なるもの,からでてくる諸規定として意識のうちに現されることにならざるを得ない」(W. 167, 177) のである.

マルクスがすでに『経済学・哲学草稿』で行っていたように,眼前の「国民経済的な事実」をふまえてそこから「下向」的に人間の本質的規定をつかみ取っていくことは,マルクスにおいては否定されていない.それどころか,それはマルクスの極めて重要な方法視角であった.『ドイツ・イデオロギー』では,「人間なるもの」というカテゴリーは抽象的な「一般」としてマルクス,エンゲルスによってそれ自体が斥けられているという暗黙のうちに前提されてきた従来の了解は一面的だと言わなければなるまい.ここでは,それは不可避の抽象であることが強調されているのである.問題なのは,このような理念を自立化させた上で,理念の側から現実を逆に説明するという転倒にこそある.つまり,「人間たちの彼ら自身についての意識の歴史を彼らの現実的な歴史の基礎とした」(W. 167, 178) あとは「人間なるもの」の歴史としてしまうシュティルナーの倒立的な立脚点,これこそが批判されねばならないのである.

しかし,シュティルナーの思考の倒立性を指摘するだけでは,シュティルナー批判は一面的である.何ゆえにシュティルナーにおいてこのような倒立が,つまり,意識の生活からの自立とこの自立させた意識の側からの生活の説明が必然なのか,これが解明されないうちは批判として一面的である.倒立の根拠が未解明であるということは,シュティルナー批判として一面的であるだけではない.それだけではなく,むしろ,マルクス,エンゲルスの拠って立つ理論的基盤も同時に不確定なままにうち捨てられることを意味している.第3篇第2ブロックのここでの記述の時点では,この本質的な課題は未だ解明されていないのである.

しかし,ここでの論述はこの課題へと接近し得るひとつの契機を,同時に指し示していることが注意されてよいだろう.それは,諸個人の個別性をふまえつつ自己関係に視点を据えながら展開されている点である.ここでは,この自

己関係は，マルクスが『経済学・哲学草稿』「ミル評注」で主張していたような感性的活動をも含む「生命発現」の全体性という視点から捉え返されるものとはなっていない．この意味ではそれは，これまでにみたようなマルクス的視点を十全にふまえたものとはなっていない．この点で，狭さを残しているが，シュティルナーの「唯一者」との応答を意識化するなかから強調されてきたこの視点は，のちにシュティルナー批判の重要な橋頭堡の確保へと連接してくるのである．

諸個人の個別性と共同性

　このあと，シュティルナーの書のなかの「政治的自由主義」に対応すべく，宗教改革以来のドイツの発展が「小市民的な性格」を帯びるものであることを解明した「ドイツ市民階級の歴史」（W. 176, 188）の検討を間にはさみ，ついで，シュティルナーの「共産主義」（「社会的自由主義」）批判に応答する比較的長い論述がなされている．シュティルナーの「共産主義」批判の論点は多様であるし，それへのマルクスとエンゲルスの応答も多岐にわたっているが，みおとされるべきではない本質的な論点のひとつは，社会と個人との関係，「一般」と個別との関係にあるであろう．これこそが，シュティルナーがその著『唯一者とその所有』において，個人を社会という「一般性」に解消するのがマルクスの思想だと論難し，曲解されたマルクスが直ちに強い違和感を覚えたであろう，あの本質的な係争点なのである．

　シュティルナーは，「人間は自分を発展させるどころか，いつも欲していたのはひとつの社会をつくることであった」として，「社会」を「一般性」とみなして「わたし」をこれに解消することがこれまでの人々の基本的な思想であった，と論難している．これに対して，マルクスとエンゲルスは，つぎのように反論している．人間は「社会」を発展させた．「なぜなら，彼らはたえず別々の人として発展しようと欲したからであって，それゆえにただ社会のなかで，社会をつうじてのみ彼ら自身の発展に到達したのである」（W. 196, 210）．

第6章　諸個人の生と近代批判　175

　ここでは，マルクスが第1篇第1ブロックの長大な欄外注記で提起していた近代ブルジョア社会における「普遍的交通」に基づく「普遍的諸個人」の形成という視点は明示的にはふまえられていないのだが，諸個人は社会においてこそ個別化し得ること，つまり，社会と個人をシュティルナーのような二元論においてつかみ，かつ，一切の規定性から免れた「唯一者」を設定するのではなく，社会と個人をむしろ相即的につかむことが強調されているのである．

　この論点は，つぎのシュティルナーの書の第2部「自我」への批判においても引き継がれる．シュティルナーは，個人的利益を追求する「普通の意味でのエゴイスト」と一般的利益を追求する「献身的エゴイスト」（W. 224, 244）を区別しながらも，彼は，歴史においてはこの個人的利害と一般的利害がそれぞれに一方が他方をともなっていることにシュティルナー自身が当惑している，とマルクスとエンゲルスは指摘する．

　マルクスとエンゲルスによれば，シュティルナーの当惑しているこの両側面は，しかし，「諸個人の人格的発展の両側面であり，どちらも諸個人の等しく経験的な生活諸条件によって産出され，どちらもただ人々の同じ人格的発展の表現」（W. 228, 248）にすぎない．だから，「共産主義者たち」は，シュティルナーが論難するように「『一般的』人間のため，献身的人間のために，『私的人間』を廃棄しようと欲するものではない」（W. 229, 250），ことが強調されるのである．

　つまり，社会的なものを強調して諸個人をその「一般性」に解消しているというシュティルナーの「共産主義」への論難に対しては，「一方の側面，いわゆる『一般的なもの』は，他方の側面，私的利害によって，しょっちゅう生みだされ，けっして後者に対してひとつの自立的な歴史を持った自立的な力ではないからだ」（W. 229, 250），と反論している．一見すると諸個人に対して自立的に立ち現れる社会的諸関係も，実は，諸個人の活動によって不断に産出されているのであり，同時に，諸個人は社会において産出されるという視点なのである．この視点はのちに第1篇第3ブロックで生産諸力と交通形態との関係を

諸個人の生においてつかみ返すことになる際の枠組みを提供するものであることを，ここであらかじめ指摘しておきたい．

第3節 「生命発現」とドイツ小市民
――第3篇第2ブロック・つづき――

「生命発現」の視点

さて，「一般性」を端的に拒否するシュティルナーの構えに対して，「社会」において個別化する個人という視点を強調するかたちでシュティルナーへの応答を試みていたマルクスとエンゲルスは，先の「共産主義」に関する論述において，「生命発現」カテゴリーを2ヵ所で登場させている．すぐあとのシュティルナー批判の文脈に連接するので，ここで，これまで指摘されることが少なかったシュティルナー篇における「生命発現」カテゴリーの意義を指摘しておこう．

「共産主義」に関する論述のところで登場する「生命発現」は，その含意が特別に展開されずにさりげなく記されているのみである．「反省的なブルジョアはいつも利害というかたちで自分とその生命発現（Lebensäußerung）との間に第3のものをいれる」（W. 194, 208）．「すべての能力の自由な発展から生じる創造的な生命発現（Lebensäußerung）」（W. 206, 223），といった表現がみられる．この記述だけからでは，すでにみたような感性的発現をも含み持つ全体性というマルクス的含意で「生命発現」が用いられているか否かは不明である．[6]

しかし，それが概ねマルクス的な含意で用いられているであろうことは，シュティルナーの自我がなんら「現実的自我」ではなく「反省的自我」（W. 240, 263）である，とマルクスとエンゲルスが論定するすぐあとの論述をとおして明らかになる．さらに，そのあとにつづく論述で明確に獲得されることになる「生命発現」カテゴリーの内容をふまえることで，シュティルナーにおいてはなぜ意識を生から自立させるのか，その必然性如何が解明され，それととも

に，ドイツ的イデオロギー批判の視点が次第に明確にされていくことになるのである．以下，第3篇第2ブロックにおけるその論理をたどり返しておくことにしよう．

反省的自我

　マルクスとエンゲルスは，シュティルナーは「熱中」することや「自己忘却」について語りはするのだが，しかし，シュティルナーによれば，自分の「熱中」や「自己忘却」に関してひとつの意識を保持し，「反省」している限りにおいて「創造者」なのである，と論定している．だから，「彼が熱中しているあいだは，彼は熱中の持ち主ではなく，彼が熱中の持ち主になるや否や，彼は熱中することを止める」(W. 241, 264)．シュティルナーに言わせれば諸個人は自分の諸特性の「複合体」であるはずなのだが，シュティルナーは，その「全複合体のかわりにひとつの，単に反省的な質をおし立て，彼の諸特性のそれぞれならびに系列に対して，ただ反省というひとつの質だけを，あるひとつの自我を，そして表象された自我としての自分をおし立てる」(W. 242, 265)，とマルクスとエンゲルスは批判している．

　マルクスとエンゲルスによれば，この「反省」は「精神と肉体のあらゆる動きを監視」する「スパイ」であり，「すべての行為と思考，あらゆる生命発現 (Lebensäußerung)」(W. 243, 267) は，この「スパイ」にとっては「ひとつの反省問題」にすぎない．諸個人は諸特性の「複合体」として，つまりは，「生命発現」の全体性として存在するのだが，シュティルナーはこれを「反省」という一面性へと還元するのだ．

　マルクスとエンゲルスのこのような批判を可能とさせた決定的に重要な視点は，後続の記述においてさらに明快に指摘されるようになる「特定のこの個人」の「生命発現」の全体性という思考なのである．マルクスとエンゲルスによる「反省的自我」への批判と「生命発現」の視点への定位はコインの表と裏の関係を構成しているのである．

「生命発現」と「思考」

シュティルナーが「反省的自我」として「思考」を抽象的に固定化するのは,「意識のせいではなく, 存在のせいである. 思考のせいではなく, 生活のせいである」(W. 245, 269). そもそも,「思考は特定のこの個人の思考であるという, まさにそのことによってそれはどこまでも, この個人の個性とこの個人の生きている諸関係によって規定されたこの個人の思考」(W. 246, 270) なのだ. つまり, 思考とはそもそも,「特定のこの個人」その人の「独自に規定された思考」(W. 246, 270) なのだから, シュティルナーのように「反省」によって改めてそれを自己の「所有」であると宣言する必要などは本来ないのである. マルクスとエンゲルスはこのような立論でシュティルナーを批判する.

すでにみたように, マルクスにとって「生きる」ということは生命を「発現」すること,「生命発現」において自己に関係することであったのだが, 論述のこの箇所で,「思考」は,「生命発現」のこの全体性の一契機として位置づけられながら, 引きつづいてつぎのように述べられている, ことに注意したい.

「たとえば, その人の生活が多様な諸活動と世界に対する実践的な諸関連との広大な範囲を包括するような個人, つまり, 多面的な生活を営んでいるような個人にあっては, 思考は, この個人のすべての他の生命発現 (Lebensäußerung) と同様に普遍性 (Universalität) の性格を持っている. したがって, この個人が思考から他のひとつの生命発現 (Lebensäußerung) へ移って行くとき, 思考は抽象的思考として固定化することもなければ, 長たらしい反省の芸当を必要とすることもない. 思考はいつでも, もともと初めから個人の生における一契機, つまり, 要求にしたがって消失し再生産される契機なのである」(W. 246, 270).

ここでは, 第1篇第1ブロックの欄外注記においてマルクスが指摘していた

近代ブルジョア社会の普遍的性格の視点がふまえられていると言ってよいだろう．しかも，注意したいのは，第1篇第1ブロックにおけるマルクスの普遍性の視点が，単に客観的な意味合いでのみ把握されていたのではなく，諸個人の自己形成において主体の側から捉え返されていたということである．ここでは，おそらく第1篇第1ブロックでの「普遍的諸個人」「個人の現実的な精神的豊かさが，まったく彼の現実的諸関連の豊かさに依存する」などのマルクスの注記の思想をふまえ，それが「生命発現」の全体性という視点で捉え返されている，のである．

では，なぜシュティルナーは「生命発現」の全体性から「思考」を引きはなすのであろうか．マルクスとエンゲルスは，つぎのように喝破する．近代ブルジョア社会が用意するこのような「普遍的諸個人」に比して，「現実的連関」が局限され，世界に対する関係が「最小限にまで縮小されている」「ベルリンの学校教師ないし著述家」（W. 246, 270）の場合，その活動が「思考の享楽」に限られており，しかもその思考は抽象的な性格を帯びており，この抽象的思考が彼らに対し「固定的な力」となっており，この力を行使することでこのみじめな世界からの自己の「瞬間的救い出し」（W. 246, 270）を敢行することになるのである．[8]

このようにして，ここで，マルクスとエンゲルスは，シュティルナーが「生命発現」の全体性，そこからその一契機である「思考」を固定化し自立させるのはなぜなのかを問題にしながら，その根拠をドイツ小市民的な性格から批判しようとしているのである．シュティルナーにおける意識の生からの自立の問題性がマルクスとエンゲルスによって事実としては指摘されつづけながら，ここまでは，その根拠の解明までは及んでいなかったのであるが，ここにその根拠が示されるに至るのである．

このようにしてドイツ的イデオロギー批判は「生命発現」の全体性という視点の確保と表裏をなして成立してくることに改めて注意をしておこう．もちろん，「生命発現」カテゴリーは，すでにマルクスによってつかみ取られ彼の論

理構成において基軸的位置を占めていたのであったが，エンゲルスがこれを受容し，マルクスとエンゲルスの共同の視点として明示的に展開されてくるのは，ここにおいてである．シュティルナーの「唯一者」への応答を意識しつつ，社会的諸関係に立つ「特定のこの個人」の自己関係を強調する過程を経て，「生きる」営みを生命の発現として捉え返し，諸個人の生を「生命発現」の全体性として，したがって，自己関係として捉える地点に立ち至ったのである．シュティルナーへの逐条的な批判を通して，しかし，批判対象の欠落を斬るだけではなく，その作業において自己の立脚点を固めていくという意味での創造的な批判を通してこの地点に到達し得たのである．[9]

第4節　生の二重化と生産力 – 交通関係の対応・矛盾
——第1篇第3ブロック，第3篇第3ブロック——

階級のもとへの諸個人の従属

さて，これまでみてきた第3篇第2ブロックは，「五　市民社会としての社会」というタイトルでの記述に移り，そこでほどなく第2の「脱線」がなされ，第1篇第3ブロックが記述されていくことになる．つぎに，この第2の「脱線」部分である第1篇第3ブロックへと歩を進めることにしよう．第1篇第3ブロックは，マルクスのページづけで〔40〕から始まっているが，先行する〔36〕～〔39〕は失われているため，[10]近代ブルジョア社会をそれに先行する社会諸形態と比較しながら展開されるこの冒頭部分の記述の含意を正確にはつかみにくいのだが，少なくとも，「そこに据えられた基本視点は，すでに第1篇第1ブロックの欄外注記としてマルクスによって導入された資本主義の普遍性の認識」[11]だった，ことは間違いないであろう．

しかし，第1篇第3ブロックのその後のエンゲルスによる地の文章は，近代ブルジョア社会の普遍性に定位するというマルクス的な視座の受容という点では，それが必ずしも確定的なものではなく，記述の仕方は揺れている．[54]～[56]のエンゲルスの記述は明らかに資本主義の独自な性格をふまえたもの

とはなっていず，階級社会貫通的な記述となっている．先の第3篇第2ブロックにおける「生命発現」の視点からのシュティルナー批判の記述や，ここ第1篇第3ブロックの冒頭部分の記述と対比すると，最旧稿である第1篇第1ブロックの分業社会ないし階級社会貫通的なエンゲルス的な記述へと揺れ戻っていると言わねばなるまい．[12]

階級社会貫通的な視点に揺れ戻っているここでは，エンゲルスによって「階級のもとへの諸個人の従属」が，そして，彼らの「人格的発展」が階級によって「指定」されることが説かれている (DI. 118, 124, 144-5)．この文言につづけて，いわば階級還元的な視角から，このような階級の諸個人に対する規定性を問題としないシュティルナーを念頭においたドイツ的イデオロギーが，エンゲルスによって批判されている．

第3篇第2ブロックですでに示されていたのだが，シュティルナー批判としては階級還元的な批判だけでは，事柄の一面を突くだけであり，「特定のこの個人」をふまえた自己関係的な「生命発現」の全体性という視点をも必要としていたのである．たしかにここの記述は，シュティルナー批判を直接にねらった文脈ではないのであり一面化は止むを得ないという見方もあり得ようが，しかし，そのような事情を勘案したとしても，それにしても，やはり一面的な展開であるとしなければなるまい．

諸個人の生の二重化

このようなエンゲルスによる階級還元的な記述ののち，ややあって，つぎのような注目すべき指摘がなされている．分業による社会的諸関係の自立によって，「各個人の生のあいだの区別，すなわち，人格的であるかぎりでの生と，労働のなんらかの部門およびそれに付属する諸条件のもとに従属させられている限りでの生とのあいだの区別が現れる」(DI. 120, 128, 148)．このような，指摘は先の階級還元的なエンゲルスの主張においては，「人格的発展」自体が階級によって「指定」されるとみなされており，そこでは，「人格的であるかぎ

りでの生」を相対的な意味で区別する論理はみられていなかったのであり，ここでの記述と好対照である．ここでのエンゲルスの指摘を，「人格としての生」と「規定された生」への「諸個人の生の二重化」の規定と簡略に表現し直しておくことにしよう．

「諸個人の生の二重化」が，さらに，諸個人に定位しながら，諸個人の「人格的個人」と「階級的個人」への二重化として指摘され直している．ここでは「人格的個人の階級的個人にたいする区別，個人にとっての生活条件の偶然性は，それ自体ブルジョアジーの産物である階級の登場とともに現れる」(DI. 120, 128, 148) と述べられており，それは，特殊歴史的な事態であることが強調されている．[13] それというのも，身分においては，貴族は常に貴族，平民は常に平民として諸個人はそれぞれの生活条件と基本的に一体であり，彼らの「個性」と一体のものなのだからである．

これに対し，「プロレタリアート」の場合，「彼らの生活条件である労働」が「いかなる社会的組織によっても彼らが制御することができない偶然的なもの」(DI. 122, 130, 150) となっており，[14]「個々のプロレタリアの人格と彼に押しつけられた彼の生活条件である労働との矛盾が，彼にとって現れる」(DI. 122, 130, 150)．ここでは，「諸個人の生の二重化」が人格と生活条件としての労働の矛盾として語られている．ここにおける「偶然性」への服属とは，花崎氏が指摘するように，「労働力として商品化されていること」を事実上意味しているとみてよいであろう．[15]

『ドイツ・イデオロギー』以降のマルクスの思想を先取りしながら言えば，労働力商品としての自己形成をその生において要請される労働主体の諸個人は，そのような「規定された生」に圧倒的に浸透されつつ，同時に，それに包摂され尽し得ない「人格としての生」，その二重性を矛盾的に生きる．このような「諸個人の生の二重化」は特殊近代的である．後年のマルクスの思想をふまえて言えば，それは，資本が資本たり得るのは，人格と切り離し得ないという特殊性を持ち「価値創造であるような一商品」，つまり，労働力商品という

「独自な商品」(『資本論』)を前提としているからである[16]．労働者の諸個人は，労働力商品としての自己形成の過程においてのみならず，労働過程においても同時に「規定された生」として疎外される．その意味でここでの「規定された生」は概ね資本-賃労働関係を独自に表象して記述されていると言ってよいだろう．

　この「諸個人の生の二重化」は，マルクスの先の「生命発現」の基本思想をふまえて捉え直せば，生命発現の二重化であり，労働主体としての諸個人は，そこにおける矛盾を自己関係的に受け止めるものとして特殊に歴史的な性格を担っていると言うことになる．シュティルナー批判を念頭におきながら指摘すると，シュティルナーの無規定的な「唯一者」に対し「規定された生」をこれに対置するだけで終わらせるのではなく，「諸個人の生の二重化」の矛盾を自己関係的に生きる諸個人の生という視点がシュティルナーの「唯一者」への応答として積極的に提示されていることが重要であろう．このような思考は，シュティルナーとの対質の過程で，第3篇第2ブロックにおいて，エンゲルスが「生命発現」の全体性というマルクスの思想を基本的には受容することによって可能となったと言えよう．

生産諸力 - 交通形態と諸個人の生

　ついで，エンゲルスは「人格的個人と偶然的個人の区別」，つまり，「諸個人の生の二重化」の視点をふまえて生産諸力と交通形態の関係を主体的に捉え返そうとする論述へと移っていく．ここに至るまでのエンゲルスの生産諸力と交通形態の「矛盾」に関する立論は，「歴史上のあらゆる衝突」(DI. 112-4, 118, 140)の「起源」をこの「矛盾」から説明しようというスタンスであったといってよい．以下につづくエンゲルスの論述は，このようなスタンスを明示的に否定してはいないのであるが，しかし，生産諸力と交通形態の関連に関してのそれまでの発言にはみいだすことのできない新しい視点を提供していることは注目に値しよう．

エンゲルスは，つぎのように記している．「交通形態に対する生産諸力は，諸個人の〈自己活動〉行動または活動に対する交通形態の関係である」（DI. 128, 136, 156，「行動または活動」の挿入はマルクス）．このように，ここでは生産諸力が「自己活動」あるいは「行動または活動」として諸個人の活動の側から主体的につかみ直されている点が重要であろう．[17] 諸個人の「自己活動」としての生命的活動が交通形態との関係で論じられ始めようとしているのである．第１篇第１ブロックにおけるエンゲルスが，生命・存在・意識を一元的に把握し人間の自己形成の側面を重視しつづけるマルクスに比して，精神と物質の二元論的把握に傾きながら，生産力の把握においても客観的・物質的な意味での発展の側面のみを強調していたことを想起するとすれば，このような理解は，エンゲルスの極めて大きな転換と言えよう．

生産諸力と交通形態の矛盾は，このような主体的捉え返しの視点をふまえて，つぎのように主張されることになるのである．生産諸力と交通形態との「矛盾がまだ現れていないあいだ，諸個人がたがいにそのもとで交通し合う諸条件は，彼らの個性の一部をなす諸条件であって，彼らにとって少しも外的なものではない」（DI. 130, 138, 156）．「したがって，それは，彼らの自己活動の諸条件であり，そして，この自己活動によって生みだされる」．しかし，矛盾が生じてくることで「自己活動」にとって交通形態のこの条件は「偶然的な桎梏」となり，一層展開した生産諸力，つまり「諸個人の自己活動の進歩した方式に照応する新しい交通形態」に置き替えられる．だから，交通形態の系列的な歴史は，「生産諸力の歴史であり，したがって，諸個人そのものの諸力の発展の歴史」（DI. 130, 138, 158）だとされているのである．ここに，明確に生産諸力が「諸個人の力」として規定されることになるわけである．それは生産諸力を「自己活動」として捉え返したことの帰結なのである．

諸個人の生と構造の再生産

こうした注目すべき論点を提示したその後，エンゲルスは，しばらく生産諸

力の発展の歴史に関する記述をつづけてから，[64] のなかばで「太く長い分離線」[18]を引いて，それ以降，貨幣によって交通が諸個人にとって偶然的なものになっていること，諸個人の分業への包摂とそれゆえの完全な相互依存性，資本（「蓄積された労働」）と労働（「現実的労働」）との分裂を指摘するなど，近代ブルジョア社会の特殊歴史性を明確に意識した論述に移行していく（DI. 136, 144, 164）．

ここで，エンゲルスは，近代ブルジョア社会における生産諸力の普遍的な発展を念頭におきながらつぎのように述べている．諸個人の「諸力が生産諸力」であるのだが，「生産諸力は，諸個人からまったく自立した，切り離されたものとして，諸個人とならぶ独自の世界として現れる」（DI. 138, 146, 164-6）．しかし，この自立した生産諸力は，諸個人の交通関係と切れたところではなんら現実的な諸力であり得ず，「これら個人の交通と関連のなかでだけ現実的な諸力」なのである（DI. 138, 146, 166）．換言すれば，生産諸力と交通形態において生産諸力はそれ自体としては自存的には生産諸力たり得ず，交通形態との連関の相においてのみ現実的諸力を構成するのである．したがって，先にエンゲルスが生産諸力を諸個人の「自己活動」と捉え返したのであったが，この「自己活動」もまた諸個人の交通関係において現実的なのである．生産諸力が関係概念であること，したがって，これを主体において捉え返した「自己活動」もまた関係態においてつかみ得ること，このことが改めて注意されてよいだろう．

「諸個人の諸力」ではなく「私的所有の諸力」として，したがって，私的所有者であるかぎりでの諸個人の力として自立している生産諸力，この生産諸力を現実的な諸力として発揮させる交通との関係は何によって担われるのか．マルクスとエンゲルスによれば，それは，「彼らがまだ生産諸力および彼ら自身の生存に対して持っている唯一の関係，すなわち労働」（DI. 138, 148, 166）によってである．労働は，「自己活動のあらゆる外観」（DI. 138, 148, 166）を失っており，「自己活動」の「否定的な形態」（DI. 140, 148, 167）であるのだが，しかし，「今日では唯一可能な」「自己活動」の形態なのである（DI. 140, 148, 167）．

生産諸力と交通形態の特殊歴史的な構造的関係の再生産においてこの「労働」がそれの媒介的な活動を担うものとされているのである．

そして，先のエンゲルスの地の文で展開された「諸個人の生の二重化」という議論をふまえるならば，ここでの労働主体の諸個人とは，「人格としての生」と「規定された生」における矛盾的緊張を自己関係的に生きる諸個人である．したがって，労働主体の諸個人は，生産諸力と交通形態との構造的関係を労働において不断に再生産しながら，同時に，この構造の矛盾を生の二重化における矛盾的緊張として自己関係的に生きるのである．このような生産諸力と交通形態の矛盾を諸個人の生の次元において主体的につかみとる視点は[19]，社会が諸個人によって不断につくられつつ，諸個人が社会においてつくられるというすでにみたような第3篇第2ブロックでの思想によってその構えは準備されてきたと言えよう．ここにおいても，『ドイツ・イデオロギー』におけるマルクスとエンゲルスの思想形成において，シュティルナーへの批判と応答が重要な媒介的な作業として不可欠であったことが了解できよう．

生産諸力の総体の獲得を条件づける要素

引きつづく論述において，明確に近代ブルジョア社会を念頭におきながら，諸個人の「自己活動」である生産諸力が自立し，諸個人とならぶ独自の世界として展開するまでになり，諸個人と自立したこの生産諸力を媒介する唯一の活動としての「労働」も「自己活動」の質を失っていることなどが主張されている．だから，諸個人が「自己活動」に至り得るためだけでなく，生存のためにも，「生産諸力の総体をわがものとして獲得しなければならないところまできた」（DI. 140, 148, 166）と主張される．

この「わがものとする獲得（Aneignung）」は，つぎのように特徴づけられる．1）「獲得されるべき対象」によって条件づけられて「普遍的な性格」を帯びざるを得ない．また，この諸力の獲得は「諸個人自身における諸能力の総体の発展」であるとして主体的に捉え返されている．2）近代ブルジョア社会

における「プロレタリア」は「自己活動」から閉めだされているが，彼らこそがそれゆえに「完全な，もはや限られていない自己活動」に至り得る．その基礎をなす普遍的生産諸力と普遍的交通を獲得するこの様式は「万人に従属」される．3）この獲得は，「プロレタリアート」の「連合化」と「革命」によってのみ遂行される．

「この段階ではじめて，自己活動が物質的生活と一致する」のであり，その際に，「労働の自己活動への転化」「制約された交通の，諸個人としての諸個人の交通への転化」が照応する，と展望されるのである．ここには第1篇第1ブロックでのマルクスの欄外注記における近代ブルジョア社会の普遍的性格の強調，そして，この普遍性を諸個人の自己形成において捉える思想が生きているのである．

ブルジョア・イデオロギー批判と生の二重化 ——第3篇第3ブロック——

さて，二度目の「脱線」を経て，そしてまた，今みたようにこの「脱線」の最終局面近くにおいて，エンゲルスによって近代ブルジョア社会の特殊歴史的普遍性の視点が取り入れられながら，記述は第3篇第3ブロックへと移行する．第3篇第3ブロックにおける論点も多様なのだが，ここでは，第1篇第3ブロック最終局面でもたらされた近代ブルジョア社会の普遍性への定位をふまえて商品-貨幣関係の普遍化の論理を意識的に展開しながらなされているイデオロギー批判に言及しておこう．それは，功利主義，有用性理論，「相互利用の理論」(W. 394, 441) などとして指摘されるブルジョア・イデオロギーへの批判である．そこではつぎのように記されている．「人間相互の多様な諸関係をすべて有用性というひとつの関係に解消する，このような一見ばかげたやり方，この一見形而上学的な抽象が生じてくるもとは，近代市民社会の内部ではすべての関係が，実践的に，抽象的な貨幣関係および商売関係というひとつの関係のもとに包摂されているという事実なのである」(W. 394, 441)．

このように述べて，功利主義の歴史とその意味へと筆が進められていく．こ

れは,「一見ばかげたやり方」「一見ばかげた抽象」なのだが,歴史のある時期にあっては,「たがいに相手を利用し合うのがすべての個人相互の普遍的関係だという意識」,つまり,「ブルジョア的実践に照応する意識」(W. 395, 443) であったし,商品-貨幣関係の普遍化に基づく歴史的な根拠のある抽象なのである.このようにして,ここでは,商品-貨幣関係の普遍化の視点からブルジョア思想の抽象的な性格が説かれるのである.これに対して,「あらゆる現実的諸関係を度外視」するシュティルナーは近代ブルジョア社会の普遍的な性格に立脚するどころか,「中世的俗物世界」を懐旧するのである (W. 354, 396). このようにして,シュティルナーの思想的性格の小市民性が,ブルジョア・イデオロギーの根拠との対比において鮮明にされることになっている.

　ところで,「効用の物質的表現」,つまり,「あらゆる事物と人間と社会的諸関係との価値の代表者」(W. 395, 442) は貨幣なのだが,では,改めて,「人間の多様な諸関係」を「有用性というひとつの関係に解消」するということは,どのような事態をさすのであろうか.マルクスとエンゲルスは,ドルバックに言及しながら,「ドルバックにあっては,諸々の個人が彼ら相互の交通を通じて示す全ての行動,たとえば,話すこと,愛すること等々は,功利および利用の関係として示される」(W. 394, 442) と指摘している.ところで,この「話すこと,愛すること」等々の「現実的諸関係」とはなにか.それは,「諸個人の特定の独自性をあらわす特定の諸活動」だとされている.ところが功利主義にあっては,こうした「諸個人の特定の独自性」を示すものとしての,話すこと,愛すること,これらの諸活動が「それらの関係そのものゆえに,つまり,自己活動として,重要性をもつ」のではなく,「功利」・「利用」の関係の「表現」とされていると批判的に言及している.

　先に,「自己活動」としての「話すこと,愛すること」などの「生命発現」,それは,「諸個人の特定の独自性を現す特定の諸活動」であると指摘されていたのであったが,そこにおいてこのように記したのはマルクスである,このことに注意しておきたい.すでにマルクスの思想形成過程をたどってきたわれわ

第6章　諸個人の生と近代批判　189

れは，このように記したマルクスの思想の原型を直ちに想起することができよう．感受性や情熱などの「肯定の仕方はけっして同一ではなく，むしろ肯定の種々異なった仕方がそれらの現存の，それらの生命の独自性」[20]をかたちづくるのである．このように，「生命発現」の仕方・様式において個別的な生命のありようの固有性を主張していたのは，『経済学・哲学草稿』のマルクスであった．『ドイツ・イデオロギー』のここでの記述には明らかにマルクスのこの思想を認めることができるのである．

　諸個人の固有性を現す「生命発現」の様式は，近代ブルジョア社会においてはそれ自体において「自己活動」として意味を持つのではなく，「効用」という一般化された価値基軸を介して意味を持たされてくる．つまり，「人格としての生」はこのような意味における「規定された生」の不断の浸透と矛盾のうちに現れている．このようにしてみてくると，第1篇第3ブロックにおいて階級的な資本－賃労働関係が主要には表象されながら「諸個人の生の二重化」が提起されていたとすると，ここ第3篇第3ブロックにおいては商品－貨幣関係をもふまえてより一般化されたかたちで，この「諸個人の生の二重化」の視点が生かされていると言ってよい．のちに第8章で検討することになるが，物象化における生の疎外としてマルクスによって展開される論点である．[21]

　もちろん，『ドイツ・イデオロギー』の時点では，資本－賃労働関係と商品－貨幣関係が有機的な相関において把握される理論水準にはない．それは，のちに「労働力商品」カテゴリーを把握するなかで果たされていく課題なのであるが，しかし，「労働力商品」を人格と切り離し得ない「独自な商品」としてのちにつかんでいく，その際の基軸的な思考様式は，諸個人の「生命発現」に軸足をおき，「諸個人の生の二重化」をふまえてその疎外と現実的な解放の可能性如何を探るマルクスの思考において準備されているのである．後年，マルクスの近代ブルジョア社会の再生産構造の解明が深化されていく過程は，マルクスの思考が諸個人の生の次元を光源とする思考であるがゆえの必要な抽象であったと言ってよい．逆に言えば，今日，マルクスの思考の全体像は，諸個人

の生の次元という光源から照らし返されねばならないのだと言えよう．

注)

1) ゲ・ア・バガトゥーリヤ（坂間真人訳）「『ドイツ・イデオロギー』第1篇の再構成」『情況』1974年1月号，情況出版，95ページ．なお，『ドイツ・イデオロギー』の文献的問題に関しては，前章の注に記した文献のほかにつぎのものを参照．小林一穂「第一巻第1篇『フォイエルバッハ』の文献問題」岩佐茂・小林一穂・渡辺憲正編著『『ドイツ・イデオロギー」の射程』創風社，1992年．鄭文吉「『ドイツ・イデオロギー』研究におけるテキスト編纂の問題」『マルクス・エンゲルス・マルクス研究』第27号，マルクス・エンゲルス研究者の会，八朔社．小林昌人「『『ドイツ・イデオロギー』第1篇編集の基本的諸問題」同上．橋本直樹「『ドイツ・イデオロギー』「I. フォイエルバッハ」の手稿の編成に関して」同上．

2) K. Marx / F. Engels, Die deutsche Ideologie, *Marx/Engels Werke* (以下 *MEW* と略称する), Bd. 3, S. 111（『ドイツ・イデオロギー』『全集』第3巻，111ページ）．以下，『ドイツ・イデオロギー』第3篇からの引用についてはつぎのように略記する．W. 111, 111.

3) M. Stirner, *Der Einzige und sein Eigentum*, Philip Reclam, 1972, S. 5（片岡啓次訳『唯一者とその所有』上，現代思潮社，1977年，8ページ）．以下つぎのように略記する．EE. 5, 上8．

4) 細谷昂『マルクス社会理論の研究』東京大学出版会，1979年，169ページ．

5) K. Marx / F. Engels, *Die deutsche Ideologie,* hrsg. von Wataru Hiromatsu, Kawadeshobo-shinsha Verlag, 1974. S. 64（廣松渉編訳『ドイツ・イデオロギー』河出書房新社，1974年，66ページ）．渋谷正編・訳『草稿完全復元版　ドイツ・イデオロギー』新日本出版社，1998年，100ページ．以下つぎのように略記する．DI. 64, 66, 100.

6) これらの短い表現のみからそこに示されている含意を十全にくみ取ることは困難であるが，前者の表現の様式は，のちに第3篇第3ブロックで展開される有用性理論への言及の仕方と基本的に同一であり，ここでの「生命発現」の含意は，おそらくは先取り的な論点提示となっているであろう．のちに詳論することにしよう．

7) 矢島忠夫氏がつぎのように述べているのは，注目に値しよう．「『ドイツ・イデオロギー』では，諸個人が『生きる』・『生活する』ことがすでに，自分自身の『生命』・『生活』を『発現』・『発揮する』こと，『表出』・『表現する』ことである」（「『ドイツ・イデオロギー』における意識と表現」唯物論研究協会編『意識論の新たな地平』白石書店，1989年，138ページ）．

第6章　諸個人の生と近代批判　191

『ドイツ・イデオロギー』において本質的と言ってよいほどに重要なこの視点は，みてきたように，『経済学・哲学草稿』「ミル評注」のマルクスによって提起された視点であったこと，そして，「生命発現」がシュティルナーへの批判というマルクスとエンゲルスの共同作業において枢要なカテゴリーとして登場させられてきたことが強調されてよいであろう．

8) マルクスとエンゲルスは，先に「ドイツ市民階級の歴史」に言及した際に，ドイツ的発展の「小市民的な性格」(W. 177, 189) を強調していたが，そこでは，「この国で理論家たちが市民に対して持っているみせかけの独立性」(W. 178, 190) を強調し，「幻想的特権を与えられた諸身分」(W. 179, 191) の独自の役割に注意を促している．

9) 細谷昂氏が言うように，「ここに，第1篇第1ブロックにおける，四つの契機の『後にはじめて』意識の契機を導入するといった立場はすでに克服されている」(前掲書，208ページ) と言ってよいであろう．

第1篇第1ブロックでエンゲルスの二元論的把握に対して，生命・存在・意識を一元的に把握すべきことを主張しつづけてきたマルクスの思考がここでエンゲルスによって基本的に受容されるに至ったと言えよう．清書稿においては，エンゲルス的な把握は姿を消し，マルクス的な一元的把握の記述となっていることは，第5章ですでにみたとおりであるが，それは，ここでのシュティルナー批判を介することで可能になってきた視点であった．

ただ，『ドイツ・イデオロギー』以降のエンゲルスの思想形成においても，ここでの思考様式が貫かれていると言えるか否かについては，先にふれたように，エンゲルスの思想形成過程に内在して研究されるべき独自の問題を構成している．

10) 廣松渉氏は，「第36〜39頁の欠損は真の欠損ではなく，浄書稿〔3〕〔4〕によって埋められるべきものである」とされている（『増補・マルクス主義の成立過程』至誠堂，1984年，190ページ）．

11) 細谷昂，前掲書，188ページ．

12) 細谷昂，前掲書，189ページ，参照．

13) このあたりは，秋葉節夫氏も主張されているように，「前近代の身分と対比し，近代ブルジョア社会の階級という特殊歴史性を浮き彫りにしている」(『マルクス階級論の構造』創風社，1998年，32ページ) と言えよう．やはり，第1篇第3ブロックで，「ブルジョアジーは，彼らがひとつの階級であって，もはやひとつの身分ではないという理由からだけでも，もはや局地的ではなく国民的に自己を組織せざるを得ない」(DI. 146, 154, 172) と述べるなど，近代ブルジョア社会の特殊歴史的な性格を示すべく「階級」という用語を「身分」との対比で用いていることに注意しておきたい．これは，おそらくは先の第1編第2ブロックで，マルクスが「一般性」に照応するものとして「身分に対する階

級」(DI. 68, 70, 105) と欄外に注記していたものを受けているであろう．
14) この記述は，マルクスの追補であるが，この追補の含意を細谷氏はつぎのように指摘している．「これは，かつてオーエン的な試みに賛意をあらわしたことのあるエンゲルスにむけての指摘でもあったとみることができよう」(細谷昂，前掲書，190ページ)．
15) 花崎皋平『マルクスにおける科学と哲学』社会思想社，1972年，75ページ．
16) このこととの関わりで，すでに引照したことがあるが，『賃労働と資本』においてマルクスが「生命発現」の視点をふまえながら，賃労働範疇の検討を行っていることは示唆的であろう．
17) 「行動または活動」としたのは，マルクスである．またこの記述の欄外にこの箇所に対応するように縦線が引かれているが，渋谷正氏の考証によればこれはマルクスによって記されているということである (渋谷正編・訳『草稿完全復元版 ドイツ・イデオロギー』別巻，155ページ)．これはこの論点に関してのマルクスによる強調であろうか．ただし，エンゲルスの「自己活動」という用語に関しては，その後の記述に関してはそのまま生かされている．
18) 渋谷正編・訳，前掲書，162ページ．
19) 必ずしも『ドイツ・イデオロギー』の執筆順序やマルクスとエンゲルスの持ち分問題がふまえられた論述とはなっていないのだが，渡辺憲正氏は，「生産諸力と交通形態の矛盾」と「諸個人の自己確証」の関連を考察されている (「マルクスのフォイエルバッハ批判の意味」前掲『「ドイツ・イデオロギー」の射程』所収)．先駆的な試みとして評価できよう．参照されたい．
20) K. Marx, Ökonomisch-philosophische Manuskripte, *K. Marx/F. Engels Gesamtausgabe* (以下，*MEGA* と略記する)，I -1, S. 434 (『経済学・哲学草稿』岩波書店，1964年，178ページ)．以下つぎのように略記する．Ms. 434, 178.
21) 第3篇第3ブロックでは，「人間の諸関係と諸欲求との間に事実上存在している普遍的な矛盾」という表現が見られるが (W. 415, 465)，これは，より一般化されたかたちでの「諸個人の生の二重化」の異なる表現であろう．

第7章　諸個人の生と労働力商品の独自性

第1節　「二重の意味で自由な」賃労働者

　資本主義社会は階級社会なのであり，したがって，そこには市民や市民社会などが俎上にのせられる余地はない．また，それらをなにがしか肯定的にとりざたするということは，「ブルジョア・イデオロギー」への加担に他ならない．ある時期のマルクス理解においては，極端な場合，このような議論の立て方が比較的「市民」権を得ていた．しかし，このような思考様式は，階級を論じる際にも諸個人の生の次元に軸足を据えていた『ドイツ・イデオロギー』におけるマルクス的思考の対極に位置するものと言わねばなるまい．

　いわゆる「マルクス・ルネッサンス」の洗礼をうけ，かつまた「市民運動」「住民運動」の展開を経験し，さらには「ソ連」や「東欧」における歴史的な経験を目のあたりにしている今日では，こうした諸個人の生の次元を捨象したあからさまな「硬直した公式主義的理解」[1]に接することはさすがに困難な状況となっている，と言ってよいだろう．

　だが，それはマルクスにおける階級と市民というこの二つのカテゴリー間の論理的連関づけに十全な解決が与えられたがためなのであろうか．あるいはそれは，「公式主義的理解」が理論的に根底から拭払されマルクス理解が刷新されたがゆえになのであろうか．この問いに対し，即座に肯定的な答をだし得るほどに事態が単純だとは思われない[2]．

　本章では，マルクスの「二重の意味で自由な」賃労働者という規定を取り上げつつ，この階級と市民の論理的な連関如何という難問への接近を試みてみよう．この規定の通説的解釈のなかにまさにこのような「公式主義的理解」の残滓をみいだすことができる，と思われる．したがって，この規定の理解につい

てのマルクスの原像に立ち返り通説的理解に修正を試みておくことは，現代における諸個人の生の現実に接近する際の不可欠の視点を提供すると思われるのである．

「二重の意味で自由な」賃労働者

ここであらかじめ，マルクスの「二重の意味で自由な」賃労働者という規定の理解をめぐる問題状況を概観し，その因ってきたる文献史的根拠の一端にふれておくことが好便だと思われる．だが，多くの読者にとっては，この規定の理解をめぐる問題性を取り上げて検討すること自体が，ある意味では，全く不可思議な試みと思われるに相違ない．それほどまでにこの規定の理解については「共有」されてきたと言っても過言ではないのである．私は，その理解をめぐってなされた独自の問題提起を寡聞にして知らない．ただ，細谷昂氏の提起が検討に値する唯一のものと思われる[3]．

氏の立論に言及する前に，まず，この規定が『資本論』において初めて登場するその論理次元を確認することから始めておくことにしよう．この規定が『資本論』において最初に登場するのは，第2篇第4章「貨幣の資本への転化」においてである．『資本論』におけるこの第2篇の論理次元は，中川弘氏の適切な要言を借用するとつぎの如くである．「第2篇は，資本の自己増殖運動 $G-W-G'$ を表象しつつ，それが単純流通とその諸法則と矛盾することなくいかにして成立可能かの展望を，労働力商品の導入による(1)労働力商品の売買という第1階梯＝流通過程と，(2)労働力商品の使用価値＝労働の現実的消費を行う第2階梯＝直接的生産過程の区分によってさし示すことを主題とするものであり，第2階梯＝直接的生産過程の開始による現実的な剰余価値の生産過程分析にとっての出発点の措定 $\left(G-W\left\{\begin{array}{l}Pm\\Ak\end{array}\right.\right)$ を行う論理段階とみなし得るであろう」[4]．

剰余価値の発見がマルクス理論の要諦をなすとすれば，資本の一般的範式 $G-W-G'$ と商品交換法則との間の矛盾の「解決」を労働力商品の導入によ

って与えていく，その論理次元で登場させられ「解決」の鍵を託されるこの「二重の意味で自由な」労働者の規定の含意とその射程が，なお一層注意深く探求されて然るべきだろう．

ところで，近代の労働者が「二重の意味で自由」だというのは，言うまでもなく，第1に人格的に自由であり，第2には生産手段と生活手段を持たないという意味で自由だとされている．細谷氏はこの規定に関して，「第2の意味の自由を『人格的に自由ではあるがしかし……』というふうに，たんに否定的な意味でのみ理解してはならないであろう」と主張する．その上で，『ドイツ・イデオロギー』における周知の文言をふまえ，第1の自由はもとより，第2の意味での自由の積極面をつかみとろうとするのである．つまり，「プロレタリアート」はブルジョア的生産の普遍性を担いつつ，「しかも私的所有のしがらみから解放されているがゆえに……まさに諸個人の諸個人としての『関係行為』による『連合』に入りうる条件が与えられている」ことが強調される．

氏の言われる「人格的には自由ではあるがしかし……」という否定的なつき合わせによるこの規定の理解の仕方は，敢て例示する必要もないほどに一般的な傾向だと言えるだろう．こうした理解の仕方に立てば——それがたとえ意図せざる結果だとしても——大旨，つぎのような結果がもたらされる．第2の自由を否定的にのみ理解することで，その持つ人類史的な意味での肯定的な含意が顧慮されないままに，したがって結果的に，第1の人格としての自由をもたんなる虚偽にすぎぬものと位置づけられがちであること，そして，こうしたことの帰結として当然に，第1の自由と第2の自由をより内的な連関の相において把握しようとする姿勢が欠落させられること，等である．このようにみてくると，この規定の通説的解釈のなかに「公式主義的理解」の陰影をみてとることもあながち見当違いとも言えない，と思うのである．

通説とエンゲルス

この規定のこうした理解の仕方が一般化していることの背景には，エンゲル

スの編集になる現行版『資本論』「本源的蓄積」章にも登場する同様の規定の理解が暗黙の前提として伏在しているものと思われる．そこではつぎのように述べられている．

「こうして，生産者たちを賃金労働者たちに転化させる歴史的運動は，一面では農奴的隷属や同職組合強制からの生産者の解放として現れる．《そして，われわれのブルジョア的歴史家たちにとっては，ただこの面だけが存在する．しかし》，他面では，この新たに解放された人々は，彼らから全ての生産手段が奪いとられ……てしまってからはじめて自分自身の売り手になる」[7]（《 》のなかはエンゲルスによる挿入である）．

この記述は，第2の自由を「だがしかし」と否定的につき合わせていく通説的解釈の正当性を裏づけるものであるかにみえる．しかし，この記述の存在する『資本論』の当該箇所が「本源的蓄積」章という論理次元であること，したがって，そこではあくまでも「歴史的運動」の解明にねらいが定められていること，このことが忘れられてはならないだろう．ここ「本源的蓄積」章の論理次元を前提すれば，第1の自由はたしかに第2の自由を条件として歴史的に生みだされるのであり，このことを強調することに疑問はあり得ないだろう．

ところが，先にみたようにこの規定が最初に登場するのは「貨幣の資本への転化」章なのである．この章の論理次元においては，その性格上，第1の自由と第2の自由の歴史的な前後関係が問われる必要はない．ここで肝要なことは，「二重の意味で自由な」労働者が厳然として存在しているという事実，この眼前に展開している「事実にしがみつくという，貨幣所持者が実地にやっていることを，理論的にやる」ことなのである．引用はさけるが，事実，「貨幣の資本への転化」章での「二重の意味で自由な」の規定においては，「人格的には自由ではあるがしかし……」という把握は退けられ，第1と第2の自由はただ並列的に記述されているだけである[8]．

ところが，「本源的蓄積」章に登場している先の文言からの理解が「二重の意味で自由な」労働者についての一般的理解へとスライドされ，これが流布さ

れているのではなかろうか．しかも，先の引用文中《 》内の文言は，マルクスのフランス語版『資本論』には存在せず，ドイツ語第4版でエンゲルスの手によって新たに挿入されたものである，ということに注意したい．この挿入によってマルクスの原意がそこなわれるわけでもないし，不当な主張を蛇足しているということでもないだろう．だが，エンゲルスによるこの挿入が後世の「われわれのプロレタリア的歴史家たちにとっては，ただ第2の無所有の面だけが存在する」かのような理解を増幅させなかった，と果して言い切れるであろうか．[9]

第2節 「表層」における市民関係

「表　層」

　貨幣の資本への転化は，「流通部面で行われなければならないし，また流通部面で行われてはならない．これが問題の条件である．ここがロドスだ，さあ跳んでみろ！」(Ka. Ⅰ, 181, 218)．「二重の意味で自由な」労働者が『資本論』において初めて登場させられるのはこの論理次元においてであった．そこでは「等価物同士の交換が当然出発点とみなされる」わけである．

　近代市民社会の「表層」としての商品交換の過程においては，この「交換の観念化された表現」としての「純粋な理念」，つまり，所有と自由と平等という三位一体の市民的理念が支配している．[10]

　商品所持者の各人は，この「表層」にあって，自己の商品を譲渡することを通して自分の欲望の対象である他の商品を領有する．この「相互の譲渡による相互の領有の過程」，つまりW—Wの過程では，彼らはどちらも「自分のものを処分するだけだから」(Ka. Ⅰ, 190, 230)，まさに「所有」の理念が支配する．また，ここでは等価交換がその原理として貫かれる．「平等」！

　そして，ここではさらに「自由」の理念が支配する．「個人Aが個人Bの商品にたいして欲求を感じることがあっても，彼はそれを暴力（Gewalt）でわ

がものとするのでない．AとBを逆にした場合も同様である．むしろ，彼らは所有者として，すなわちその意思が自分たちの商品にしみ込んでいる人格として，相互に承認し合うのである」(*MEGA* II-1/1, 167, ①279 圏点は引用者).

商品世界における諸個人は，自己の自律的な個別意思を「契約」という「共同的意思」の媒介をとおして実現する．つまり，相互に他者の「同意」を前提とし合うことで交換の関係に入るのである．かくして，「表層」としての商品関係は，このような「自由な意思」(Ka. I, 190, 230) 関係を介して初めて，現実に運動し得るのである．

さらに，「所有，自由，平等」なる「市民的理念」は，「ベンサム！」によって枠づけられている，ということに注意したい．彼ら商品所持者を「契約」という「共同的意思」の行為に立ちむかわせる駆動力は，彼らの「個別的利益の，彼らの私的利害の力（Macht）だけ」(Ka. I, 190, 231) だからである．この世界においては，商品所持者の各人が自己目的とするのは自己の利害に他ならず，各人はその限りにおいて相互に関わり合うのである．したがって，この「表層」にあっては，諸個人の社会性は各人にとって自明な事柄なのではなく，この社会性は労働生産物の各私的な交換の結果として事後的に確認されるにすぎない．

W－Wのひろがり尽した関係を前提とすれば，現実的にはW－WにおいてGが介在する（W－G－W）．この媒介者である貨幣には普遍者としての役回りが与えられているのである．すなわち，特殊な一商品としての貨幣の「独自な社会的機能」とは，「商品世界のなかで一般的等価物の役割を演ずること」(Ka. I, 83, 94) であり，貨幣こそは，各自の私的労働の社会的連関を媒介する絶対者なのである．「貨幣はそれ自体がゲマインヴェーゼン (Gemeinwesen)」(*MEGA* II-1/1, 147, ①244) なのであり，それは，自余の商品に対する絶対的な支配力を一身に担い，諸個人に対しては「普遍的な権力（Macht）」として君臨し，諸個人はこれの前に拝跪する．

貨幣は諸個人に対し「全く疎遠かつ外的にふるまう」．と同時に，諸個人は

普遍的な権力としての貨幣をわがものとし，他者への支配力を所持しようという志向を強めるのである．すなわち，商品世界の諸個人は，この物象を確保し，これに託して自己の意思の絶対的な実現をめざし，逆に，他者の意思への被服属を拒絶しようとして，相互にせめぎ合うことになるのである．この相剋は対等・平等の意思関係という形態をとって展開される．

「二重の意味で自由な」賃労働者の論理次元

ところで先にみたように，「二重の意味で自由な」賃労働者は，この「表層」の論理が実現されるがためにそこからまた「深層」の論理をも剔出し得るという「出発点の措定」[11]という論理次元に登場させられる．この規定は，その歴史的根拠の解明はあとにまわすかたちで，眼前に展開されている「事実」としていわば「前提」として措定されている．つまり，一方の側には貨幣所持者が，他方の側には「二重の意味で自由な」賃労働者が眼前の「事実」として相対しており，この交換関係においては等価交換という「商品交換に内在する諸法則」が妥当するものとして位置づけられている．

したがって，この論理次元（中川氏のいう「第1階梯」）においては，対等・平等の意思関係が貫徹する．つまり，貨幣所持者は自己の貨幣に自己の意思を託すのだし，他方，相対する労働力商品所持者の側は労働力という自分の商品に自分の意思を託すのである．これはまさしく，「所有，自由，平等，ベンサム」を理念とする市民的関係原理の貫徹する世界なのである．

だが，マルクスによれば貨幣とは「普遍的な権力（Macht）」であった．したがって貨幣所持者は，他者の意思を排他的に領有し得る論理的な可能性を，この「第1階梯」ですでに占有しているということになる．このことに注意しておきたい．これと裏腹に，労働力商品の所持者たる「自由な」労働者の側ではこの可能性は失われ，逆に，他者の意思へと服属せしめられるということの論理的な可能性がすでに与えられているのである．だがこの可能性は，「第1階梯」においては現実性へとは転化し得ない．この「第1階梯」の独自性は，

商品関係の原理を貫徹させつつ，同時に，対等・平等の意思関係が他者意思の排他的な領有の関係へと転成することの論理的な可能性をすでに胚胎させているところに求められてよいだろう．

第3節　階級関係への転成

深　層

　譲渡を通しての領有という商品交換関係においては，交換された商品の永続的な保持・退蔵が自己目的とはなり得ない．「商品は，まずさしあたり，外的対象であり，その諸属性によって人間のなんらかの種類の欲望を満足させる物」(Ka. I, 49, 47) だからである．獲得された商品は，消費されることで初めてその有用性が実現される．商品交換の原則にのっとった貨幣所持者と労働力商品所持者の交換関係にあっても，事態は本質的に同じである．

　かくして，中川氏の言う「第2階梯」が開始される．将来の資本家たる貨幣所持者によって買いとられた労働力は彼のものとなったのであり，それは彼の所持する生産手段と結合され消費される．だが，労働力商品は「独自な商品」であり，それは，その使用価値そのものが「価値の源泉であるという独特な性質」(Ka. I, 181, 219) を持っている．それゆえに，労働力の消費＝労働の結果において剰余価値が形成され，資本家はこれを無償領有する．譲渡を通しての領有は譲渡なき領有へと転成する．

　商品交換の一般的原則からすれば，買い取った商品の消費は買い手の自由意思に委ねられる．したがって，原理的には，この労働力の消費過程もまた同様に，資本家の自由意思の支配圏に属する，と言ってよい．だが，買い取られた労働力商品の意思を持つという独自性ゆえに，この過程においては，資本家の意思を権力 (Macht) として通用させているのでなければならない，という特殊性が刻印されている．

　労働力商品は，その使用価値が価値の源泉であるという独自性を持つものであった．さらに，それは生きた人格から分離され得ず，一般の「意思なき商

品」とは異なり「意思ある商品[12]」だというところに、いまひとつの独自性がある。だから、この「意思ある商品」の消費に際しては、資本家が労働者の意思を自己の意思のもとへと服属せしめていることが至上の要件となる。通常の商品の消費とは異なり、買いとった商品の消費それ自体がまた意思関係という形態をとらざるを得ない。これがこの過程の特殊性なのである。

労働過程において管理・監督の機能が不可欠であることの根拠は、協業一般と剰余労働の収奪に求められるが、さらに言えば、その根拠は労働力商品のみてきたような独自性に求められねばなるまい。ここでは、労働者の「労働の連関は、観念的には資本家の計画として、実際には、資本家の権威として、彼らの行為を自分の目的に従わせようとする他人の意思の権力（Macht）として彼らに相対する」（Ka. Ⅰ, 351, 435）わけである。この過程は、資本家による労働者諸個人の意思の排他的な領有の過程なのである。

資本は、「固有の権力（Macht）と意思とを付与された価値」「労働能力自身の行為を通して労働能力を支配する権力（Macht）」（*MEGA* Ⅱ-1/2, 362, ②90-1）として立ち現れる。こうして、貨幣所持者と「二重の意味で自由な」労働者との市民的原理に立脚する関係は、この原理の貫徹ゆえに、資本-賃労働の階級関係に転成する。「共同的意思」関係に基づく対等・平等の意思の相互領有関係は、資本家による労働者の意思の排他的領有関係へと転成する。

だが一回的な過程として考察される限りでは、これは市民的関係の階級関係への転成と言うことはできない。自律的な自己再生産を可能ならしめるものとして把捉されて初めて、厳密な意味でのその転成を問題とし得るのである。「剰余価値の資本への転化」、資本の蓄積がふまえられていなければならない。

取得された剰余価値を資本家がさらに資本へと転化・再転化することのくり返しの結果として、最初の資本元本部分は、全て他人の不払労働の無償領有部分によっておき替えられる。この不断の過程の継続は、まさに「他人労働による他人労働の継続的無償領有[13]」の過程なのである。こうした資本の自己運動の結果、「資本家と労働者とを商品市場で買い手と売り手として向かい合わせる

ものは，もはや偶然」(Ka. I, 603, 752) ではなくなる．

労働者は「みえない糸」によって彼らの「所有者」につなぎ止められる．「ただし，この所有者は個々の資本家ではなく資本家階級である」．こうして，この過程が再生産の視点から把握されることで，それは資本-賃労働の関係そのものの再生産に他ならず，したがってまた，市民的関係の階級関係への不断の転成の過程であることが解明され得るのである．

「表層」における市民的関係，つまり貨幣所持者と「二重の意味で自由な」賃労働者とが相対する関係，これが「最初は出発点」であった．この市民的関係を「前提」とすることで，生産の「過程」を経ていわば深層における階級関係が現出する．フランス語版『資本論』では，「この致富の方法は，商品生産の最初の法則……の侵害から生じるのではなく，逆にこの法則の適用から生じる，ということを十分に把握しなければならない」[14]，と述べていてこの点が明快である．

この「過程」を経た「結果」においては，「前提」であった貨幣所持者と「二重の意味で自由な」労働者との市民的関係が再生産され，これがまたつぎの「過程」の「前提」となる．このようにして，資本制生産は経済外的強制を排した自律的自己再生産の構造をとり，「前提」―「過程」―「結果」は「偶然」によってもたらされるものではなくなるのである．[15]

市民的関係と階級関係の相互媒介

これまでみてきたところを少しく角度をかえて論じてみることにしよう．ことは議論の多いいわゆる「領有法則の転回」論の理解に関わる．ここでは，論脈上必要と思われるかぎりでこれに言及しておくことにしたい．

現行のエンゲルス編集によるドイツ語版第4版『資本論』にはつぎの周知の記述がみられる．商品生産の所有法則が資本制的領有法則へと転回する結果，そこでは，「資本家と労働者とのあいだの交換という関係はただ流通過程に属する仮象でしかなくなり，内容そのものとは無関係でただ内容を不可解とする

第 7 章　諸個人の生と労働力商品の独自性　203

だけの単なる形式になるのである」(Ka. I, 609, 760, 圏点は引用者)。

　この記述をふまえるなら，つぎのような通説的な解釈が生じてくることはゆえなきことではない．「資本主義的生産過程を再生産と蓄積の過程としてみると，労資間における等価交換それ自体も仮象にすぎないことがわかる」．「等価交換もまやかしにすぎない」[16]．

　しかし，マルクス自身によってドイツ語第 2 版からは独立した「ひとつの科学的価値をもつもの」(Cp. 348, 下471) として位置づけられたフランス語版『資本論』には先に引用した文言は存在していないのである．この記述はドイツ語第2版にみられるものであるが，マルクスは，フランス語版ではこれを削除し，新たな記述を行っているのである．ドイツ語第 2 版に登場するこの記述が，ドイツ語第 4 版においてエンゲルスの手でそっくり復活された，という経緯がある．

　これに関連して，フランス語版にはつぎのような独自の記述がみられることに注意しておきたい．「過去において他人の不払労働を奪い取っていればいるほど，現在においてそれをますます多く独り占めすることができる．交換者の労働の果実である等価の交換は，そこではまやかしとしてすら現われていない」(Cp. 256, 下236, 圏点は引用者)．

　大野節夫氏が指摘しているように，ドイツ語第 2，4 版記述の「仮象でしかない」とフランス語版の「まやかしとしてすら現れていない」とではその見地に雲泥の差があるといえよう．大野氏は，「商品生産の法則が資本家的取得の法則にとって『仮象』あるいは『まやかし』であることを意味せず，『媒介する』と同時に『隠蔽する』こと，このことがフランス語版では強調されていると指摘している[17]．フランス語版では確かに「媒介」し「隠蔽」することが強調されていると思うのだが，同時に，「まやかしとしてすら現れていない」とは，「資本家的取得の法則」に科学的な解明を与え得た今，『資本論』のこの論理次元では「商品生産の法則」が「まやかしとしてすら現れていない」，と述べているのではないだろうか．つまり，それは抽象の論理次元が意識された学

的な見地からする表現の形態であることが注意されてよいであろう.

マルクスの方法の独自性は，いわば「本質解明」に終始するものではない，という点に求められる．マルクスは学的な解明を与えられた対象が，諸個人の日常意識においては転倒し隠蔽されて現象してくる事態をさらに照射し，その根拠をも合わせて解明しようとする．事実，先にみたようにフランス語版においても，マルクスは，階級関係が「自由契約という擬制によって……媒介されると同時に隠蔽もされている」，という指摘を忘れてはいない．

ここで，「媒介されると同時に隠蔽されている」という記述に注意したい．「媒介」されることなしには「隠蔽」され得ないのである．貨幣所持者と「二重の意味で自由な」賃労働者が「商品生産の法則」にのっとって向き合うことに「媒介」されてこそ階級関係が形成されているのである．だからこそ同時に，この階級関係は，「所有，自由，平等」という市民的関係における「純粋な理念」によって「隠蔽」されることにもなるのである．その限りでは商品法則は「仮象」だと言うこともできるのである．と同時に，しかし，それは現実的な根拠のない単なる幻想とは区別されねばならないだろう．階級関係に視点をおいてみた場合にあっても，商品法則は，通説のように「仮象にすぎない」ものということはできないのである．[18]

フランス語版『資本論』に迂回してきて，今ここで確認しておきたいのはつぎの事柄である．市民的関係が階級関係に対して「単なる仮象にすぎない」のではなく，構造的には両者はむしろ相互媒介の関係に立つ，ということである．フランス語版は，大野氏の表現を借用するならば「個別的，孤立的過程」と「階級的，継続的過程」[19]という二つの視点の差異を明確に意識することで，この相互媒介を鮮明にし得る記述となっているのである．

第4節 労働力商品の独自性

権利対権利の対抗

市民的関係と階級関係とが相互に規定し合うと言っても，そこには重大な矛

盾の内在することが忘れられてはならないだろう．すでにふれたように，それ自体が価値の源泉である労働力商品は「意思ある商品」であり，ここに商品としてのその独自性のひとつをみいだすことができる．労働力商品所持者と貨幣所持者とは，ともに対等・平等な自由な意思主体として，「契約」によって交換関係をとり結ぶ（「第1階梯」）．然るに，労働力の消費過程（「第2階梯」）につき進むと，そこでは労働者の意思は資本家によって排他的に領有され，労働者は不自由な意思主体となる．

資本家の側の論理としては，「買い手としての自分の権利」を楯にとり，《私は私の貨幣に託して私の意思を実現すべく契約を結びこれを貴君の労働力と交換したのだから，買い取ったこの商品をどのように消費しようとも，それは私の権利に属することがらだ》，と主張し，労働日の可能なかぎりの延長を企図するのである．

これに対して労働者の側は，「売り手としての自分の権利」（Ka. I, 249, 305）に準拠して，《私は私の商品としての労働力に私の意思の実現を託して交換関係に入ったのだ．私は私の丸ごとの人格を売りにだしたわけではない．もしそうならば，私は奴隷と選ぶところがなくなるではないか．私はあくまでも商品を所持する主体として行為しているのだ．労働日の長さは制限されねばならない》，と主張し相譲らない．

「つまり，どちらも等しく商品交換の法則によって保証されている権利対権利」を主張し合うのである．「同等な権利と権利とのあいだでは力（Gewalt）がことを決する」（Ka. I, 249, 305）．このようにマルクスは，市民的関係の原理を前提として階級的対抗を描き上げている点に注意したい[20]．それは，市民的関係が資本制生産の存立構造においては「単なる仮象にすぎない」ものではないことに根拠を持っているのである．

時間の収奪と諸個人の自己形成

ところで，以上のようなマルクスの立論は，『資本論』「労働日」章に登場し

ているのであるが，この章の位置づけに関して，服部文男氏はつぎのような指摘を行っている．「『資本論』初版の第3章『絶対的剰余価値』のなかで80頁をこえる第4節『労働日』の大部分を占める歴史的叙述が，1866年初頭から始まる清書の段階で『拡大』『挿入』されたということは，『資本論』全巻をつらぬき，とりわけ第3巻の最終章，第52章『諸階級』において展開することが予定されていた『階級闘争』論を，もっとも端緒的かつ基底的な理論段階において説くというマルクスの意図をはっきりと物語るものである」[21]．妥当な評価であろうと思われる．

　われわれはさらに，なぜこの「労働日」章において端緒的ではあれ「階級闘争」論が論じられねばならなかったのかを，問い返してみることにしよう．それはとりもなおさず，階級関係の根幹をなす他人の不払労働の無償領有-被領有というこの関係にさらに一歩をふみ込んで，これが，「人間的生をわがものとする獲得としてあらゆる疎外の積極的止揚」(Ms. 390, 132)を志向するマルクスの人間的解放という根本思想との関わりにおいていかなる意味を持つものかを問い返すことに連接する作業となるであろう．

　多くの論者によってすでに指摘されているところであるが，マルクスの思索と実践の究極的課題はと言えば，真の人間的解放の道筋をつかむことであった．諸個人が「完全な，もはや限られてはいない自己活動」を実現すること[22]，いわば万人による真の自己実現の道程を模索することであった．そしてそのための不可欠で根本的な条件として「自由に処分できる時間」の創出がマルクスによって夙に強調されるわけである．

　このようなマルクスの人間解放の思想をふまえるならば，剰余労働の収奪とは何を意味するのであろうか．剰余労働の収奪とは，必要労働時間を越えた剰余労働時間の収奪であり，実は，そうした形態をとって展開される他人の自由な時間の収奪に他ならないのである．収奪されたこの時間とは，市民的関係の原理が実質的なものとして徹底し得ることを前提とするならば，本来，諸個人のそれぞれが対等の市民として，自律的な個人としての豊かな自己形成に充当

し得る自由な時間なのでありこの「市民化」のための根底的条件，これが階級的に収奪されることを意味するのである[23]．

このような視点から階級的収奪をつかみ返せば，それは，市民社会における諸個人が対等・平等の一個の人格としてそれぞれの資質を豊かに自由に発展させ，「生命発現」のトータルな性格を実現していくための不可欠の根本条件としての自由な時間が不平等に分有されている事態をも意味している．したがって，剰余労働時間として収奪されているこの時間を労働主体の諸個人がいかにして，どの程度，領有し返すことができるのか，マルクスの階級的対抗の論理においては，これが問い返されずには済まない課題なのである．『資本論』における標準労働日をめぐる闘争の記述の意義，さらには「労働日」章の位置づけ如何といった問題についても，このような諸個人の生の発現という視点からの問い返しが必要なのではなかろうか．

労働力商品の独自性

ところで，このような階級対抗を実際に担う運動の主体はいかにして形成され得るものとしてマルクスによって構想されていたのであろうか．要点のみを記しておくことにしよう．端的に言えば，それは資本の要請として疎外の形態のもとで不断に展開される労働主体の陶冶にその根基をおいている，と言えよう．では，この労働主体の陶冶が何ゆえに不可避なのか，その論理的な必然性は，実は，マルクスが労働者を「二重の意味で自由」だと捉えた，その規定において同時に与えられているのである．

近代の賃労働者は人格的に自由であるから，彼は自分の労働力を商品価値のあるものとして自らが能動的に陶冶せねばならないのである．奴隷主によって人格を丸ごと支配される奴隷の場合，彼の労働力は牛馬の如くに他律的に形成され，質の向上のため「交配」もされる．近代の賃労働者が，労働力商品の厳しい販売競争に生き残るためには，自らの主体的な意思行為として自己を陶冶せねばならない．その意味では，労働者はたしかに間接的な強制によってつな

ぎ止められており，その枠内での自由な意思行為としての陶冶ではある．しかし，その限りではあってもひとたびは自己の主体的な意思を介されねばならないというこの一事は，やはり近代の賃労働者の歴史的な独自性だと言ってよいだろう．

このことは，労働力が生身の人格と切り離し得ないという特殊性を持った商品であるということを根拠としている．価値の源泉であり人格と不可分な「独自な商品」としての労働力商品はそれゆえにその価値規定における特殊性を持つものである．労働力は「他の諸商品の場合とは違って，ある歴史的な精神的な要素を含んでいる」(Ka. I, 185, 224) のである．したがって，労働主体は肉体的な意味でのみ，しかもその最も粗野な限界において自己を形成するにとどまるものではない．不断に高められる社会的水準に対応しつつ，文化的，精神的にも自己形成を遂げざるを得ないのである．

したがって，近代の賃労働者は彼の生活時間の構造においても，〈太陽とともに起きて働き，日没とともに寝る〉といった前近代における直接的生産者の生活時間の構造とは質的に異なっている．彼らは，労働力を商品として売りにだすためにも，程度の差こそあれ生活時間の構造のなかで自由な時間を不可欠の契機としているのである．[24]

つぎに，第2の自由の面から，近代の労働主体は多面的に自己を陶冶せざるを得ない，という特質を剔出し得る．すでにみたように，労働者は「個々の資本家にではなく資本家階級」に「みえない糸」でしばられている．したがって彼らは自己の生命維持のためには，特定の生産手段と結合する能力だけではなく，あらゆる生産手段と結合し得るように可能な限り多面的に自己形成をせねばならないのである．とりわけ大工業は，熟練を排除し，労働者の機能と社会的分業を不断に変革し，労働者の全面的可動性を死活の条件とするのであるから，ここでは労働者の多面的陶冶は技術的な要請の面からしても不可欠なのである．この面は，前近代の直接的生産者が，特定の生産手段に生涯にわたって結合されて粗野な形態の特定の能力の発揮のみを求められたのと好対照をなし

ている．

　かくして，「二重の意味で自由な」労働者は，自己の多面的な陶冶を自己の自由な意思というフィルターを介して追求すべく宿命づけられている．彼らが自由な意思行為としてこれを追求することを止めるとすれば，奴隷に身をおとす他ないし，多面的陶冶を拒否すれば，路頭に迷いかねないのである．[25]

　ところで，前資本制的生産諸形態においては，直接的生産者は，人格的依存関係のもとへと生涯的にからめとられ，特定の生産手段との自然生的な癒合のもとにおかれていた．彼らはまさに二重の意味で「不自由」であった．彼らは，生物学的な意味での個体ではあったとしても，人間的な素質や欲求，感覚などもろもろの能力の多面的な開花という点では，物質的にもまた生活時間の構造の上でも，その可能性は閉塞され，自律的個人たり得る諸条件を決定的に欠いていたと言える．

　これに比して，資本の要請という規定性を帯びて展開される近代の労働主体の意思的かつ多面的陶冶は，人類史的な流れに据えてみるならば，豊かさを持った個人の形成，ひいては，のちにみるように新たな質の個性の形成を介したマルクスにおける将来社会展望の基礎要件と言えるだろう．[26]

第5節　諸個人の自己形成

　われわれは，これまで言及してきた階級関係＝「深層」の次元から要請されて陶冶される労働主体の諸個人，これを〈労働主体的市民〉と呼んでおくことにしよう．ここで，〈労働主体的〉と冠したのは〈市民〉一般とは区別しようと企図してのことである．「表層」の次元のみから抽象的理念としてつかまれる〈市民〉一般の規定からは，「みえない糸」に繋がれているがゆえに自己形成を遂げざるを得ないという規定性は欠落せざるを得ないのである．

　この〈労働主体的市民〉は，近代的〈市民〉が身にまとっている利己性という特質を共有している．彼らは，労働力という商品を所持しこの価値が実現されねば生存し得ないがために，お互いが販売者としての厳しい競争の関係に立

たざるを得ない。だから，自己の陶冶といっても労働力販売競争をめざした自己形成なのであり，その意味では，彼らをいわば〈競争的市民〉としてひとまずは特徴づけることが可能だろう。

とは言え，この〈労働主体的市民〉は利己的関心からであるにせよ——あるいはむしろ逆に，自己とその家族の生へのこだわりを根拠とすることで——自己の市民的権利への関心と自覚が促されざるを得ない存在である。

このような〈競争的市民〉としての〈労働主体的市民〉は，自己を労働力商品として陶冶し得るためには，それを可能とさせる物質的諸条件はもとより自由な時間を不可欠としている。しかし，自由な時間を不可欠とする理由は，労働力商品としての自己形成という狭い枠組みのなかにのみ求められるわけではない。このことを以下ではマルクスの「個人的消費」の位置づけをみながら検討しておきたい。

労働者の個人的消費は，資本－賃労働関係の不断の再生産過程という視点からみれば，それはたしかに「それが作業場の内で行われていても外で行われていても資本の再生産の一要素をなす」（Cp. 250, 224）。しかし，それはあくまでも「階級的，継続的過程」に視点を据えた場合であることに注意したい。だからこそマルクスは，「ある限界内では」と注意深く敢えて制約条件をつけた上で，「資本の再生産過程は……労働者の個人的消費さえをも内に含んでいる」（Cp. 250, 226）と述べているのである。

したがって，労働者の個人的消費は階級関係の再生産の視点からすれば「資本の再生産の一要素をなす」としても，それは資本の一契機にすぎないものではない。だから，資本は，労働者の個人的消費のうち「それなくしては消費すべき労働力をみいだせないか，または十分にみいだせない部分だけを，生産的とみなすのである」。資本の立場からすれば，「労働者がそのほかに自分の諸費用に支出できるものはすべて……非生産的消費である」（Cp. 250, 225）。

このようなマルクスにおける労働者の個人的消費の位置づけからして，われわれは，労働者の自己形成において，資本の要請からする労働力としての自己

第7章 諸個人の生と労働力商品の独自性　211

形成という狭い枠組みとこの枠内にとどまり得ない人格としての労働主体の自
己形成との緊張関係が存在するのを認めることができるだろう．だからこそ，
自由な時間は，労働力商品の特殊性ゆえに，人格としての自己形成という人間
的発展欲求にも相乗されて，〈労働主体的市民〉の存在にとって不可欠の根基
を構成しているのである．ここに，『ドイツ・イデオロギー』においてつかま
れた「人格としての生」と「規定された生」への「諸個人の生の二重化」にお
いて，矛盾的緊張を自己関係的に生きる生という思想が，時を経て，深部にお
いて流れ込んでいるとみてよいであろう．

　〈労働主体的市民〉は，自覚的と否とを問わず，はじめは，まさに〈競争的
市民〉として各私的に，「私」の存在の根基たるこの時間への欲求にかりたて
られる．彼らは，「私」から発してこれを追求するのである．「表層」における
〈労働主体的市民〉は，「深層」を経て——〈労働主体的市民〉としての「私」
から発する市民的権利への自覚をもなにがしかふまえたという意味で——言わ
ば〈市民的労働主体〉として立ち現れる．

　彼らは，欲求の各私的追求に発しながら，相互の競争を一時的にか継続的に
か克服しつつ，労働主体の諸個人の「連合」化をとおして，自己の時間のとり
戻しを要求せざるを得なくなる．労働者相互の競争こそが資本存立の要件だか
らである．

　こうした市民的原理を最初の根拠とした階級的対抗において〈競争的市民〉
は言わば〈共同的市民〉へと転成する．ここに利己的な市民的原理においては
欠落している共同性，これをも担った新たな質における〈自律的市民〉の登場
が遠望しうるとマルクスはみているのである．もちろん，マルクスのこのよう
な論理としての把握は，現実からの高度の抽象の次元で展開されているのであ
り，このような〈自律的市民〉は実際には矛盾に満ちた社会的現実を生きる諸
個人であり，したがって，固定的でピュアな実体なのではなく自己の生におい
て矛盾を生きる関係態としてのみ形成され得るのである．[28]

　このようにみてくると，「二重の意味で自由な」賃労働者というマルクスの

規定は，諸個人の生の次元に立脚しつつ，かつ，資本制社会の矛盾的再生産の構造把握をつかみ取っていく論理の最基層を構成していると言えよう．

注）
1) 畑孝一「マルクスにおける市民社会認識と社会認識の方法―1つの反省的覚書―」『現代社会学』第6巻第1号，アカデミア出版会，1979年，58ページ．
2) 戦後日本の主要な論争―「主体性論争」「大衆社会論争」「マルクス・ルネッサンス」など―を貫く係争軸，そこに諸個人の能動性と階級的規定性の連関如何というまさにこの問題を認めることができるだろう．拙稿「資本制社会における階級と諸個人」『文化』第41巻第3・4号を参照されたい．
3) 細谷昂「マルクスの人間観―南北戦争とロシア農奴解放をめぐって―」家坂和之編著『現代社会学における人間の問題』学文社，1979年，102-3ページ．
4) 中川弘「領有法則の転回―論争の一断面についての検討・試論―」『講座・資本論の研究』第2巻，青木書店，1980年，280ページ．
5) 「諸商品の交換過程は矛盾した互いに排除しあう諸関連を含んでいる．商品の展開は，これらの矛盾を aufheben しはしないが，それらの運動を可能にするような形態を作りだす．これは一般に現実の矛盾が lösen される方法である」(K. Marx, Das Kapital, Bd. 1, *Marx/Engels Werke* 〈以下, *MEW* と略称する〉, Bd. 23, S. 118-9,『資本論』第1巻，『全集』第23a巻，138ページ)．以下つぎのように略記する．Ka. Ⅰ, 118-9, 138.
6) 細谷昂，前掲論文．
7) K. Marx, Das Kapital, Bd. 1, *MEW*, Bd. 23, S. 743 (『資本論』第1巻，『全集』第23巻，大月書店，934-5ページ)．
8) この論理次元に登場する「二重の意味で自由な」賃労働者に関する記述については，『資本論』各版で大きな差異は認められない．
9) つぎの事情は，こうした理解の仕方に一層の拍車をかけ，これを定着させることになったと思われる．マルクスはドイツ語第2版の「本源的蓄積」章では「二重の意味で自由な」という用語法を用いていた．しかし，マルクスはフランス語版において第2版中のこの用語法によるパラグラフを大幅に書き改め，「二重の意味で自由」という用語法をも削除している．

ところが，ドイツ語第4版では，先に引照した文言の登場する直前のパラグラフに「二重の意味で自由な」という用語法を持つ第2版の例のパラグラフがそっくりそのままにエンゲルスによって再現されているのである．この第4版に依拠する限り，ここでの「二重の意味で」の「自由」が第4版「本源的蓄積」章における「がしかし」という理解に重ねられ，さらにこうした理解が

第7章　諸個人の生と労働力商品の独自性　213

「貨幣の資本への転化」章に登場するこの規定の理解にまでおし広げられ一般化したとしても不思議ではない．

10) K. Marx, Ökonomische Manuskripte 1857/58・Teil 1, *K. Marx/F. Engels Gesamtausgabe* (以下，*MEGA* と略称する)，II-1/1, S. 168 (『資本論草稿集』①，大月書店，280ページ). 以下つぎのように略記する．*MEGA* II-1/1, 168, ①280．
11) 中川弘「領有法則の転回―論争の一断面についての検討・試論―」『講座・資本論の研究』第2巻，青木書店，1980年，280ページ．
12) 平田清明『コメンタール「資本」』1，日本評論社，1980年，123ページ．
13) 山田鋭夫「マルクスにおける領有法則転回の論理」『思想』1971年6月，岩波書店，17ページ．
14) K. Marx, *Le Capital*, Éditeurs, Maurice Lachatre et Cie, 1872-5, p. 256. 『フランス語版資本論』(上，下) 法政大学出版局，1979年，下236ページ．
15) 「この生産様式の結果は絶えずその前提として現れるのであって，ちょうどその諸前提がその諸結果として現れるのと同様である (Das Kapital, Bd. 3, *MEW*, Bd. 25, S. 879,『資本論』第3巻，『全集』第25b巻，1114ページ)．
16) 吉原泰助「資本の蓄積過程」島・宇高・大橋・宇佐美編『新マルクス経済学講座1』有斐閣，1972年，143ページ．
17) 大野節夫『生産様式と所有の理論』青木書店，1979年，156ページ．
18) 「前提」に「媒介」されることで「過程」が初めて可能となるのだが，日常意識においては，この「過程」を「結果」のなかにみいだし得ない．「媒介する運動は運動そのものの結果では消えてしまってなんの根跡も残してはいない」(Das Kapital, Bd. 1, *MEW*, Bd. 23, S. 107,『資本論』第1巻，『全集』第23a巻，124ページ) のだからである．仮象成立の根拠は，こうした「前提」―「過程」―「結果」の相互媒介という資本制生産の構造自体に求められるべきなのである．花崎皋平『増補改訂・マルクスにおける科学と哲学』社会思想社，1972年，201ページ，参照．
19) 大野節夫，前掲書．
20) 「市民 (ブルジョア) 社会に対して何らかの外的原理を持ち出して対抗するのではなく，この社会の正当性原理とされる自由・平等そのものによってこの社会を克服しようとしたところにかれの理論的営為の思想的核心がみられなければならない．」(吉崎祥司「今なぜ，人権なのか」『マルクス主義研究年報』第4号，合同出版，1981年，144-5ページ)．このような主張を私は基本的に共有し得る．いわゆる「公式主義的理解」が払底されているとは言いがたい今日的状況においては，なおのこと強調されて然るべきだと思われる．そして，マルクスのこうした発想を鮮明につかみ得るのが，まさにここ「労働日」章におけるこの論理のはこびにおいてなのである．

また付言しておくならば，マルクスの「思想的核心」は「表層」における「自由，平等そのもの」による市民社会批判に短絡するところに求められるわけではない．のちにふれるように，むしろ「表層」と「深層」との相互媒介をふまえることで，「表層」における原理を根拠としつつこれに新たな質をも与え，さらには「深層」をも克服していく展望を与えること，ここにこそマルクスの「思想的核心」が求められねばならない．

21) 服部文男「階級および階級闘争」服部文男編『講座・史的唯物論と現代』2，青木書店，1977年，306ページ．

22) K. Marx/F. Engels, *Die deutsche Ideologie*, hrsg. von Wataru Hiromatsu, Kawadeshobo-shinsha Verlag, Tokio, 1974, S. 140（廣松渉編訳『ドイツ・イデオロギー』河出書房新社，1974年，150ページ），渋谷正編・訳『草稿完全復元版　ドイツ・イデオロギー』新日本出版社，1998年，168ページ．以下つぎのように略記する．DI. 140, 150, 168.

23) 「資本家は労働者によってつくりだされた，社会のための自由な時間，つまり文明（Civilisation）を収奪する」（*MEGA* II-1/2, S. 519, ②380）．ここではマルクスは自由な時間を文明（Civilisation）として把握している．ところでCivilisationとは何か．これに関して高島善哉氏は，civilの原義をふまえつつ，「資本の文明化作用とは，資本の市民化作用のことである」，と述べている（『社会科学の再建』新評論，1981年，108ページ）．ここで，氏の大胆な提起をとりあえず共有した上で，先のマルクスの文言をもふまえるならば，階級的対抗とは，時間をひとつの本質的な係争軸として展開される「市民化」をめぐる相剋として位置づけられてもよいだろう．

24) 杉原四郎氏のつぎの指摘を参照．「人間の生活時間のなかに，社会的文化的諸欲求をみたすための活動の時間が，睡眠や食事などの生理的に必要な休憩時間と生活資料を調達するために必要な労働時間とならんで存在し，しかもそれがますます重要性をましてくる」（『経済原論』I，同文舘，1973年，81ページ）．これは，資本制生産における生産力発展にともなう傾向性を指摘したものである．

　　私はさらにこのことの前提として，資本制生産は——前近代の直接的生産者に比して——労働力商品の先のような独自性ゆえに，直接的生産者の生活時間において自由な時間を不可欠の要件とせざるを得ない，そのような特殊歴史性を持つものである，という点に注目したい．そして，このことは，のちにもみるが，時間構造という視点からすると，自由な時間の存在が近代における個性形成の原理的前提であることを予示している．自由時間の極大的開発をふまえた「自由な個性」というマルクスの将来社会展望も，こうした資本制生産の特殊歴史性をふまえて打ちだされてくるのだ，と思われる．

25) ここでは労働過程のただなかにおける労働主体の陶冶は捨象されている．湯

田勝「マルクスにおける変革主体形成の視点」『社会学評論』130号, 日本社会学会, 1982年, 参照.
26) 従来, 「近代的個人」の問題は「表層」の次元に終始して論じられる傾向が強かったと言ってよい. もちろん, 「表層」の次元への定位は大前提となる. だが, この次元に終始しては, 近代的個性の形成を人類史展望のなかに位置づける上では, きわめて不十分なものとなるだろう. われわれは, 生産過程という「深層」から要請される労働主体の陶冶をもふまえることで, 「表層」における近代的個性一般と「表層」「深層」の相互媒介に基づく労働主体における諸個人の形成との連関と差異をつかみ得るだろう. そして, それを通して将来社会における近代的個性の批判的継承の合意をも同時に解明し得るものと思われる. この点に関しては, 拙稿「マルクスにおける労資関係と労働者」元島邦夫・岩崎信彦編『現代労資関係の理論』青木書店, 1982年, 参照.
27) 〈労働者の個人的消費＝資本の契機にすぎない〉という議論の立て方が少なくない, と思われるので, とくにこの点には注意しておきたい. このことは, フランス語版『資本論』でより一層明確だと思われる.
28) これが1回目的に完結し終るものでもあり得ない, という点については, 前掲拙稿「資本制社会における階級と諸個人」を参照されたい.

第8章　物象化と生の疎外
——ルカーチの「静観的態度」批判——

　「ソ連」「東欧」の歴史的崩壊，動かしがたいこの現実を目のあたりにし，かつまた，生態系の深刻な危機に逢着している現在は，人類史的に新たな段階に参入した時代だと言ってよいだろう．

　天文学におけるコペルニクス的転回とともに支配的となってきた「人間の感覚を越えるような，人間の感覚では捉えられない背後の真理を明らかにするのが科学だ」[1]といった，いわば感性への不信を前提とした近代的科学観，それは社会科学をもその例外的位置におきはしなかった．

　現在の歴史的時点にあって，近代社会科学が共有するこうした立脚基盤の妥当性をも含め，その方法論や概念装置それ自体の真偽をも大胆に再審理の対象とした上での科学の自己革新が強く求められている．そうした，人類史の現段階的特殊性を意識するならば，社会科学において再審に付されて然るべき中心的なテーマのひとつに近代の階級論というテーマがあるであろう．とりわけ，諸個人の生をその論理展開の最深層に据えるマルクスの思想の批判的理解においては，その課題は，今日，極めて重く提起されていると言えよう．

　さて，階級論の再検討という課題への接近とは言っても，それへの道筋は多様であり得る．しかしその際，回避して済ますことのできない歴史的な文献はと言えば，その筆頭のひとつにルカーチの『歴史と階級意識』を掲げることに大方の異論はないだろう．この著作には，毀誉褒貶ただならず，かつまた，ルカーチ自らが後年には自己批判しているという事情がある．とは言え，ひとたび世に問われた著作はそれ自体の独自の意義を担って歩みつづけているのである．『歴史と階級意識』が今日再検討されてよいと思われるのは，そうした事情によるにとどまらない．

　現存社会主義の歴史的な崩壊と，地球規模での生態系の危機の展開は，ウェ

ーバーの合理性論の問題圏がマルクス理論とのつき合わせのなかで再検討されることの必要性を改めてわれわれに要請している．ハーバーマスは，「マルクス主義における最初のウェーバー受容の例」²⁾としての『歴史と階級意識』を掲げているが，まさにその意味でもルカーチは今日改めて再審理に付されてよいであろう．

第1節　物象化と「静観的態度」

隠蔽の論理と存在の論理

「夫役では，夫役民が自分のために行う労働と彼が領主のために行う強制労働とは，空間的時間的にもはっきりと感覚的にも区別される」．しかし，「賃労働では，剰余労働または不払い労働でさえも，支払われるものとして現れる」³⁾．資本制社会における階級的機制は，領主制におけるそれのごとくには，つまり日常意識においてはそのものとしては現象せず，物象化の機制によってこれが隠蔽される．近代的階級関係のこうした特殊歴史性を強調したのは言うまでもなくマルクスであった．

マルクスのこの基本的モチーフを引き継ぎつつ，階級論との関わりで物象化論が展開されるとき，従来，基本的に強調されたトーンはこの物象化による階級関係の隠蔽という性格の側面であったと言えよう．総じて，これまでは隠蔽の論理という言わばその認識論的次元に，物象化論の基本的なプロブレマティークが存在しつづけてきたと言って過言ではあるまい．

むろん，物象化の隠蔽の論理が強調されると言っても，それが現実のものとして機能し得るには，そこに諸個人の実践的な生命活動に媒介されねばならない．まさに，「囚人が役割を果たすことで隠蔽工作は成功する」⁴⁾のであり，さらにまた，物象化が「日常的生活実践を直截に規制する」⁵⁾．このように，これまで物象化論が隠蔽の論理にシフトして展開されてきているとしても，物象化現象が諸個人の存在次元に媒介されてこそ現実的であることは広く認識されている．だがしかし，そこでの重心はあくまでも隠蔽という認識論的側面にこそ

あったと言えよう．

しかし，今日の「組織資本主義」において，諸個人が「『構造化された構造』ならぬ『自ら構成している構造』』」という局面，つまりは，構造を不断に構造化する生活者諸個人の現実的な存在様式との関連において，言わば諸個人の存在論的側面において，物象化論のリアリティが強調されて然るべきであろう．

すなわち，物象化現象が諸個人の生の存在様式にいかなる内実のエートス的刻印を与え，「構造を底ざさえする生活態度」がいかなる質のものとして形成されるのか，そしてまた，物象化を克服していく諸個人の生の存在様式の可能性如何，これらの事柄を問い直すという視点，これこそが今日問われるべき問いなのである．

その次元にまで展開されない場合，物象化論は，「物象化的錯認を批判する『謎解き』の積み上げ」に終始することになる．具体的諸個人の生の存在様式に媒介されない階級論もまた思弁的抽象の次元を超え得ないのであり，その限りで，階級論は，物象化論の存在論的展開と相即する側面を持つのである．これをとりあえず「物象化論的階級論」と名づけておくことにしよう．ルカーチの物象化論・階級論はこの含意における「物象化論的階級論」として展開されており，ルカーチが批判的に再審理に付されるべき理由はそこにもあると思われるのである．

物象化のルカーチ的把握

「社会的に絶滅され切り刻まれ部分体系の間に分割された人間が，どのようにして思想的に再建さるべきか」．「生の全体性」にこだわりつづけるルカーチは『歴史と階級意識』において，自分の課題意識をこのように明言している．全体的であるべき人間の生の断片化の現実を問題の俎上にのせ，「宿命論と主意主義」(GK. 174, 26) とをともに排しつつ，生の全体性の回復の可能な道筋を模索すること，ここにこそ『歴史と階級意識』のライトモティーフをみて取ることができる．全体的たるべき生の断片化，それをもたらす歴史的現実，ル

カーチにとってその秘密の解明は「商品構造の本質」(GK. 257, 162) に基づく物象化において読み解かれるのである．

　ルカーチは，自らの解明すべき対象を「人間関係のすべての痕跡を覆い隠している」物象化に絞り込み，その上でさらに，「対象性形態としての商品の物神的性格から生じてくる基本問題」，および「この対象性形態に対応する主体の態度から生じてくる基本問題」(GK. 258, 162) を解明することを自己の課題として設定している．つまり，彼は，常に主体と客体の二重の視点を意識的に選び取って分析を展開しているのである．先述した存在論の次元との関連で言えば，主体の態度（関係行為）のありように自覚的に定位しつつ，ルカーチは自らの物象化論の展開を試みることになる．

　「商品が社会的存在全体の普遍的カテゴリーである場合にのみ」，「社会の客観的発展」と「人間の態度」に物象化が「決定的な意味」(GK. 260, 166) を持つとルカーチは主張する．『資本論』の論述に依拠しつつ，労働力の商品化においてこそ商品形態が普遍化されること，その商品形態の普遍化とともに「商品に対象化された人間労働の抽象化」(GK. 261, 167) が生じること，が強調される．すなわち，そこでは「抽象的人間労働の形式的同等性」が商品交換の「公分母」という性格を有するだけではなく，それが「生産過程の現実的原理」(GK. 261, 168) となる．質的な人間の個性が排除され正確に量的に測定可能な抽象的人間労働と化すため，その本質は，それに最も適合的な形態を合理的な機械制大工業においてみいだされるのである．

　ルカーチによれば，そこでの「計算可能性を目的とする合理化」の貫徹にともない経済過程に主体・客体の二側面で「決定的な変化」が生じる．ひとつは，「客体の分裂」である．労働過程の事前の計算可能性は，過程を要素・部分に分解し，「特殊な部分法則」の研究によって達成される．「合理化は専門化なしに考えることはできない」(GK. 263, 170) のである．

　「計算可能性を目的とする合理化」のもたらす「決定的変化」のもうひとつの側面は，「主体の分裂」の惹起である．この合理化された労働過程において

は，「労働者の人間的個性と特性」は，過程の合理的展開にとっては「過ちのたんなる源泉」となる．そこでは労働者は労働過程の主体ではなく，機械体系に組み込まれた「機械化された部分」（GK. 263, 171）となる．すなわち，労働主体の「質的な，人間的・個人的特性」は排除され，彼らは自分の活動性を喪失させ，ひたすら「機械体系の法則」に「意志を喪失」して従属せねばならない．合理的機械化が主体の「『魂』にまでくい込んでくる」（GK. 262, 169）．ルカーチはこうした「人間の態度」を「静観的態度」（GK. 264, 171）と規定している．

「人間の肉体的および精神的な存在の最深部にまで達する世界の合理化」，「合理的機械化と計算可能性という原理」（GK. 266, 174）は生活の全現象を捉える．したがって，受動的な「静観的態度」は，労働過程にとどまらず，労働者の一元的な生活原理となる．

だから，「静観的態度」とは，諸個人に外在するあらゆる既成の外枠を不動のものと観念し，自己の身体をこの既成態に適合的に削り合わせ，結果として不断にこの外枠を自らが再生産する「人間の態度」のことだ，と言えよう．それは，客観的な外枠を質的に越えるのではなく，むしろその「外枠」の「合理性」に自己を適合させて量的に計算する受動的態度なのである．それをルカーチは，「計算をする人間の態度」（GK. 273, 184）とも言っている．

さらにまた，「静観的態度」の一般化とともに，人格がそこに生きるべき質的で流動的な時間は，量的に計測可能な「連続体」，つまり，「抽象的な厳密に測定される物理的空間となった時間」（GK. 264, 172）へと転化する，言わば時間の空間化の事態の進行もまた強調されている．

このような抽象化・合理化・計算可能化・量化の促迫としての物象化は，「あらゆる物の――質的および材質的な――直接の物的性格を覆い隠してしまう」，すなわち，対象の「本来の物的性格が破壊され消滅してしまうのである」（GK. 267, 176）．「私有財産は人間の個性だけでなく，事物の個性をも疎外する」．マルクスを引照しながらのルカーチのこの言明は今日的な重い意味を持

第8章 物象化と生の疎外 221

っていると言えよう．すなわち，物象化が「ブルジョアジー」のみならず労働主体の諸個人をも，他者および広義の自然という対象一般を単なる功利的利用の構えのみによってこれと関係をとり結ぶという「人間の態度」へと導き，このようにして，「静観的態度」は構造の再生産の不可欠の契機としてビルト・インされる．

物象化と階級

かくして，ルカーチの物象化論が，合理性論の視点を導入しつつ，隠蔽の論理という認識論的次元に終始することなく，むしろ物象化のもとでの「人間の態度」の変容という言わば存在論の次元にも自覚的に定位していることが指摘できる[10]．これは，ルカーチ的物象化論の独自性だと言ってよい．だとすれば，存在論的次元に定位して展開される物象化論は，隠蔽の論理との接点を持たないのであろうか．端的に言って，ルカーチ物象化論は，単に認識の次元に終始せずに諸個人の生活態度の次元に定位することで，むしろこの隠蔽の構造が深化して捉えられる問題の地平を設定したと言ってよい．

「静観的態度」「計算する人間の態度」に基づく一切の生活活動，そこにおいては，生活主体の諸個人にとって，外的対象の一切の価値は何らの疑問を介在せずに追求すべき自明で合理的な価値として常に現れるのである．かくして，生活態度という生活者の実践原理によって隠蔽は現実的なものとして，構造は「自ら構成している構造」として再生産される．

物象化のもとで，諸個人にとって明確なのは，階級的構造に基づく社会なのではなく，むしろ，「静観的態度」に基づく無規定的な諸個人の日常行為によって織り成されるフラットな社会，それこそが労働主体の諸個人にとっては自明なものとして現前するのである．

このように，ルカーチの物象化論的階級論においては，「ブルジョアジー」も「プロレタリアート」もそれぞれに，物象化された功利的諸個人の生活態度・行動様式に導かれることの強調が前面にでている．マルクス自身の問題意

識とは必ずしも完全に重なるとは言いがたいこうした問題意識から展開されるルカーチのこの著作は，その意図せざるところだとはいえ，階級論の今日的課題を問わず語りに語りだし，現代に再検討を要請してきているのではあるまいか．

現在の資本制社会が階級に一元化された社会であると主張することはできないとしても，構造化された階級社会であることはまちがいない．しかし，階級は明確な姿で生活者諸個人の意識において現前せず，むしろその階級的境界は拡散し生活者にとって決して自明ではない．みてきたようにこの現象の根拠こそが解明されるべきなのだが，その際の基本的な論点をルカーチは提起していると思うのである．のちに詳しく現代的問題との関係を意識しながらその先への展開を試みることとして，ここでは，とりあえず諸個人の態度にまで降り立ったルカーチ物象化論的階級論の現代性をこの点との関わりにおいてまずは予示しておくにとどめよう．

第2節　ルカーチの物象化の超克

総体性と媒介

ルカーチの現代的意味についてはのちに詳述するとして，先にみてきた物象化の認識をふまえルカーチはいかにしてその構造を超えようとするのか，まずはその論理の意義と限界をみきわめておきたい．近代資本制社会における物象化のもとで，総体的たるべき生が切り裂かれ，生の断片化の過程が深化する現実をみすえつつ，総体性の回復を遠望するルカーチにとって，「方法」の問題こそが決定的に重要な前提であったことがここでは想起されて然るべきであろう．

「マルクス主義の問題における正統性とは，もっぱらその方法に関わる」(GK. 171, 22)．「マルクス主義をブルジョア的な科学から決定的に区別する点は，歴史の説明において経済的な動因の支配を認めるところにではなく，総体性という観点を持つところにある」(GK. 199, 67)．周知のルカーチのこの言明

は，物象化されたブルジョア的意識，ブルジョア的科学と自己の観点との間にその「方法」において明確に一線を画すというルカーチ自身の企図をよく示している．

　ルカーチによれば，対象は常に媒介された「具体的な総体性」として概念的に把握されねばならないのだが，しかし，物象化されたブルジョア的思考には対象が「純粋に事実的な『個性』」として立ち現れる．ブルジョア的「孤立化的観察方法」は「たしかに個性的な唯一性をみまもってはいるが，この唯一性はただ，なまのままの事実性の，または，まさにみえたままの存在の唯一性でしかない」(GK. 335-6, 278)．対象を孤立した「事実」において捉えるこの立場にあっては，対象は質的には把握されずひたすら量的な規定性において，つまり，物象化の相において自明なものとつかまれる．彼は，この「直接性の立場」で無媒介的に把握された対象を「事実」と称し，それを「具体的総体性」の立場で媒介的につかまれる対象である「現実」と明確に区別している．

　ルカーチによれば，対象を孤立させ固定的実体として捉える「直接性の立場」は，物象化された意識の構造そのものだ，ということになる．すなわち，「この直接性のなかでは，直接的に与えられた諸対象の物的形態つまりその直接的定在とありのままの存在とが，第一義的なもの，実在的なもの，客観的なものとして現れ」るのであり，この立場にとって，「すべての現実的変化はなにか把握できないものとならざるを得ない」(GK. 336, 279)．ここにルカーチは，物象化されたブルジョア的思考の「非歴史的・反歴史的本質」(GK. 340, 285) をみいだすのである．これに対して，媒介において概念的に把握する「具体的総体性」のルカーチ自身の立場は，現実を変化の相で，すなわち，過程性においてつかむ視点であること，このことが強調されるのである．

主体としての階級

　物象化された思考は，ルカーチによればしかし，「ブルジョアジー」にのみ固有なものではない．「プロレタリアートもブルジョアジーと同様に，その生

活現象はすべて物象化されている」(GK. 332, 273). しかし, 周知のように物象化された生活現象を生きる「プロレタリアート」に物象化克服の主体としての位置を与えている. これはひとつの論理矛盾ではないのか, このような疑問がただちに生じてくる. ひとまずルカーチにおける主体形成の論脈を辿っておこう.

ルカーチの主体形成の論理においては, つぎの二点がその前提として伏在していることがあらかじめ確認されてよいだろう. ひとつは, 主体は諸個人ではなくあくまでも「階級」であることが強調されている点である. ルカーチによれば, ブルジョア科学は「個人の立場」で考察するが, それでは対象の総体性はつかみ得ない. なぜなら,「対象の総体性というものは, これを定立する主体そのものがひとつの総体である場合にのみ」(GK. 200, 69) 定立できるのだが, 近代においてそれは「階級」のみであるからである.

もうひとつは, 近代の特殊歴史性の強調と, したがって「プロレタリアート」の「階級」としての独自性の指摘である. 封建社会は社会関係が未だ自然的性格を持っていたが, 近代社会は, そのような性格を排して「社会が社会となっていく……過程を完成する」(GK. 192, 56). こうしたいわば「社会的社会」として独自性をもつ近代社会, そこでの「プロレタリアート」の, 自己の労働力の自由な処分主体としての歴史的に特殊な性格が強調されている.

すでにみたように,「ブルジョア的思考を決定づける究極の立場は, 単なる直接性の立場」(GK. 339, 283) なのであるから,「ブルジョアジー」は直接性に埋没し物象化を超え得ない.「プロレタリアート」こそが, 物象化されたこの近代の直接性を超え得る唯一の階級とみなされる. ルカーチによれば, この論定は何等の恣意的な設定ではなく, むしろ「両階級の社会的存在の相違」という客観的根拠に基づくものなのである.「ブルジョアジー」は自己の階級的利害からして,「数量化」などといった「抽象的な反省カテゴリー」によって「歴史過程の弁証法的構造」を隠蔽するのであるが, 他方,「プロレタリアートにとっては, 自分のあり方の弁証法的本質を意識することは, 生きるか死ぬか

の問題」(GK. 348, 297) なのだからである．

　ルカーチによれば，共通利害の認識を背景とした階級意識というのは，必ずしも「プロレタリアート」の階級意識の独自性を示すものではない．そうではなくて，彼が強調する「プロレタリアート」に独自の階級意識とは，「直接性の乗り越えが社会の総体性を志向している」というまさに，ここにこそ求められるのである．「自己をたえず止揚する直接性という弁証法的過程」(GK. 358, 311) において直接性を乗り越えるこの「プロレタリアート」の意識変革は，同一の主体＝客体としての自己の社会的存在の特殊性からして，それ自体において対象の変革でもある．「ここでは意識はそれに対立する対象についての意識ではなく，対象の自己意識であるから，意識化の活動はその客体の対象性形態を変革することなのである」(GK. 363, 318)，とルカーチは言う．

　このようにして，ルカーチにあっては，「総体性を志向する」「プロレタリアート」の階級意識こそ歴史変革の動因として，決定的な位置づけをあたえられるのである．しかし，これまでみてきた限りでは，それは未だ哲学的抽象的な論定といえよう．資本制社会の構造原理をいま少しふまえた意識変革の機制の端緒に関する彼の記述をみておきたい．それは，前述の第2の論点，「プロレタリアート」の特殊歴史的な性格の把握に関わっている．

量化と人格的自由

　近代の「プロレタリアート」は，自らの労働力を販売することを通して機械化され合理化された部分過程のなかへ「抽象的な量に完全に還元された番号」として組みこまれ，「純粋量に還元される存在」(GK. 350, 299) と化し，「自分の主体の分裂状態」に陥る．「だが，まさにこのことによって，労働者はこの物象化された状態の直接性を乗り超えるのである」，とルカーチは主張する．いかにしてであろうか．労働者にとっての労働時間の二義性という視点によって問題の切り口が与えられる．

　労働者にとって，労働時間とは，かたや，「自分の販売される労働力という

商品の客体的形態」なのであり,この場合,資本家にとっても労働者にとっても基本的な争点は量的な関係である.同時に,労働者にとっての労働時間とは,「時間は人間の発展の場」なのであるから,「主体または人間としての労働者の定在の特定の実存形態」(GK. 351, 301) と位置づけられる.その場合,労働時間とは労働者にとってのかけがえのない質的時間なのである.

　ルカーチによれば,このように,物象化のもとでの量化の展開と近代の賃労働者の人格的自由という規定性,すなわち意味を問いつつ生きる質的存在者たる人格との間に解消し得ない矛盾がみいだされる.労働者は,自己の労働力を販売し自己を生産過程の単なる客体と化すのだが,まさにそうすることで自分のなかでの「客体性と主体性の分裂」が,自分の客体化を意識させる.人格的に自由でない奴隷や農奴が自己の状態を意識し得ないこととの対照において,近代の「プロレタリアート」の特殊性が語られるのである.

　かくて,「プロレタリアート」は自己を媒介において捉え返し得る存在である.労働者のこの捉え返しは,同一の主体=客体というその存在の独自性からして独特の実践的意義を持つとされるのである.つまり,「労働者が自分を商品として認識することは,認識としてすでに実践的である.すなわち,この認識は,その認識の客体の対象的な構造的な変化をもたらすものなのである」(GK. 353, 304).

階級の抽象的実体化

　叙上のルカーチの物象化論的階級論は,ドイツ,ハンガリー革命の敗北の経験の後,第2インターの客観主義的マルクス主義の限界を超えていかにしたら歴史の推進が可能なのか,こうした問いに対する極めて実践的な意識に導かれたこの歴史段階における彼なりの回答であった.すなわち,当時の支配的な社会民主主義における宿命論的傾向を超えること,だが同時に,主意主義に陥らぬこと,これが初発における彼の自覚的な立脚点であった.その点で,ルカーチはコルシュとともに西欧マルクス主義の源流と位置づけられるのである.

第8章　物象化と生の疎外　227

　ルカーチの物象化論的階級論の今日的意義についてはのちに詳述するとして，取り合えず，ここではルカーチ理論の基本的な問題点が指摘されてよいだろう．それというのは，ルカーチ理論の弱点を明らかにすることは同時に，今日的な問題の所在を，みて取ることと重なる側面があると思うからである．

　総じて近代の合理性のポジティブな側面に対する評価が弱いというルカーチの問題点についてはここでは問わないとして，まず指摘したいのは，物象化された意識とその克服の論理における円環性と意識主義の問題である．ルカーチの物象化克服の基本的論理構成はつぎのようなものであった．つまり，物象化された意識は，近代のブルジョア社会の構造それ自体によって不断に再生産される．したがって，物象化された意識はこの構造の変革によってこそ克服し得る．だがしかし，この構造を変革し得る主体とは物象化された意識を克服した存在である．ルカーチは，第4章でみたエンゲルスのトートロジーと同質の論理に直面することになる．ルカーチにおいてこの円環の論理は解決されねばならないのっぴきならぬ決定的な問題であった．

　というのも，ルカーチにとって物象化された直接性を超え得る「客観的可能性」(GK. 223, 110) は「プロレタリアート」にこそみいだされたのだが，しかし，客観的可能性に終始するわけにはいかない．そこに「意識性」の次元，すなわち，レーニン的ないわば外部注入説がルカーチによって事実上導入される．かくして，物象化された資本制社会のただなかに本来的に物象化されざる超越的主体の次元が導入される．[11]

　こうしてみると，ルカーチの主観的な意図が第2インターの客観主義を超えでることであったとしても，論理の円環をあくまでも意識の次元で超えようとするときの無理は，「意識主義」という観念的なもうひとつの無理を重ねるという結果となっているのではなかろうか．

　かつ，この意識主義はさらなる抽象性の上に立つものとなっていると言わねばならない．それは，ルカーチが，個人の次元にではなくて意識的に階級の次元に二者択一的に立とうとしていることによっている．階級関係を捨象したと

ころに登場させられる個人はたしかに無規定的で抽象的な個人である．しかし逆に，具体的個別としての現実的な諸個人と切れたところに階級を無媒介に設定するというルカーチがむしろ自覚的に選び取ったこの方向性，これこそは，抽象的な階級なるものを無媒介的に実体化する結果をもたらすこととなっているのである．すなわち，諸個人の現実的生活過程を排することで階級をひとつの抽象的実体として想定しつつ，そのままで意識の覚醒をはかるという観念的な意識主義に陥っているのである．[12]

こうした観念的な傾向に身を委ねることになったその根拠は，ひとつには，彼自身の方法論としての「総体性」の立場と「媒介」のカテゴリーを自らの論理の中へ貫徹させることが不十分であった点に求められる．階級を現実的に把握するためには，彼の重視した「媒介」のカテゴリーがそこまで貫徹されるべきだった，つまり，諸個人の現実的生活過程という媒介が与えられるべきだったのである．

その根拠のもうひとつは，階級構造＝社会そのものとする視点の伏在である．階級は資本制社会においてその構造をかたちづくる極めて重要な契機であることは間違いない．しかし，従来ともすれば素朴に考えられがちだったように，階級のみによって一元的に社会が規定されているわけでない．諸個人との関わりで言えば，階級はたしかに個人を担い手として存在する他ないが，しかし，それぞれの個人は階級的存在にのみ還元されるべきものではなく，性，民族その他の存在の属性をも紛れもなく担って日々生きているのである．ルカーチの論理構成は，階級を抽象的実体として定立し社会を事実上それのみへ還元するものとなっている，と言わねばなるまい．

第3節　物象化論的階級論と現代

「静観的態度」の今日

みてきたようにルカーチの階級論は，独特の物象化論と表裏の関係で展開されている．基本的な限界が叙上のようなものだとしてもルカーチのこの物象化

論的階級論は現代にあって全く無力でしかないのであろうか，これがつぎに問われて然るべき問いであろう．ルカーチのこの著作の時代から80年を経て，人間の内的自然の内部崩壊の危機が問われ，かつ，外的自然の危機が地球規模で問題となっている今日にこそ生かされるべき視点をもそれは提起していると思われる．ひとまずここで注目したいのは，彼の「静観的態度」を批判する視点である．

ルカーチの物象化論は，ウェーバーの合理性論をも視野に入れつつ，存在の変容に止目し，かつ，いわゆる「上部構造」をもみすえて展開されているところに独自性があるのだが，彼は物象化によって既成の外枠を前提としたままで効率主義的に対象に相対し，自らをこの外枠にひたすら埋め込む諸個人の生活態度を執拗に問題化したのであった．この視点を「静観的態度批判」として表現しておくことにしよう．

この「静観的態度」は今日においてこそ深刻な様相を呈しているのであり，現代の病理的現象においてこの「静観的態度」に無縁の事柄を指摘することは困難なほどに深化している．外枠への身体の削り合わせ，たとえば，C. W. ミルズのいう「パーソナリティー市場」における「仮面のパーソナリティー」[13]の現実を三越の岡田社長解任劇は如実に示した．企業社会への身の埋め込みはついには過労死を現象させるに至っている．時間の空間化は，みえきってしまった将来というかたちでの現在の生を子ども達に強いている．「計算する態度」は，答えのないものへの恐れや効率性において「無意味」な「ムダ」の徹底的な排除の態度という様式で人々を強迫する．

別言すると，「静観的態度」とは，人々の生活行為における一切の「プロセスに関わらない生活様式」[14]を帰結し，その結果としてそれは何をもたらすかと言えば，自然破壊への「貢献」，および「効率性」に貢献し得ない他者を劣等視することによる自己の存在位置の観念的な保全なのである．総じて，「静観的態度」は，対自然，および対諸個人間における二重の意味での関係の切断に帰結するのである．[15]

こうして資本は，今日の「合理的」で「効率的」な生活態度（＝「静観的態度」），つまり，自ら「構造を底ざさえする生活態度」を諸個人の側に不断に醸成する．諸個人のこの生活態度の再生産，これこそが，今日，資本が自己の生命力を維持しつづけている深奥の秘密のひとつなのである．この点からすると，ルカーチ物象化論的階級論は早生まれの現代社会論だったと言ってもよいだろう．

階級の後景化

階級関係の輪郭が人々の目に明瞭であったルカーチの生きた時代と対比して言うならば，今日，階級的関係の輪郭は一層みえにくいものとなっている．現代日本の現実に照らして言うならば，一方では，渡辺治氏の言うように，日本企業は，「終身雇用」「年功制」とともに企業への貢献による上昇可能性という「特殊な競争秩序」による労働者の自発的服従を可能とした．「これが，日本における『大衆社会』――階級観念の後景化――の確立の画期」[16]となるのである．しかし，大衆社会化にともなう労働者の企業社会へのこの包摂の態様は単線的ではない．

後藤道夫氏は，「市民社会のいわば外部にあって，『富と教養』の世界から端的に排除され，……政治的権利も奪われていた労働者階級」[17]が市民社会の内部に参入し，「形式上と何割かの実質のうえでも市民社会の成員」[18]となる社会，これが大衆社会であると規定している．この立場からすると，大衆社会の大量生産＝大量消費のシステムは，「労働者階級を有力な消費主体として体制のなかに位置づけることを必要とする」[19]ものとみなされる．この歴史段階において，消費主体としての労働主体の諸個人のとる物象化された「静観的態度」は，ルカーチの時代とは質的に異なる意味を付与される．すなわち資本は，構造を構造化する諸個人の行為様式を不断に醸成することで，自己の生命を維持するのだが，この再生産の構造は大衆社会においてこそ本質的なものとなるのである[20]．

ところで，歴史のこの段階においては，合理主義的・功利的な生活態度を身にまとった労働者階級の諸個人にとって自明なのは，階級の境界なのではない．むしろ「静観的態度」という普遍的な行為様式の構えのもとにある無規定的な諸個人によって構成される社会，これこそが彼らにとっては自明な社会的現実なのである．かくて，階級観念は，大衆社会段階において決定的に背後に退いてくる．

　さて，階級の後景化，主体の態度にまで食い込む物象化の深化のもとで，諸個人はその場にひたすら佇むしかないのであろうか．労働者階級の生活態度を再生産構造の不可欠の契機として組み込んだ資本制社会のこの現段階は，人間の自然的・生命的リズムを越えでる時点にまでその危機を深化させてきている．自然生態系の危機は，人間の側がこのリズムを撹乱し逆に自らの存在をも脅かすに至っている．そうした現在において，自らの生活スタイルの見直しや資本への批判の多様な運動が展開されてきてもいる．

　不断の物象化のただなかにあって何ゆえに端緒的とはいえこうした多様な問い返しが可能なのであろうか．物象化が生活者の態度にまで食い込み得ることのその根拠，この同一の根拠がここでは矛盾的に機能している点が注目されてよいだろう．自らの生に意味を付与して執着する生活者，だからこそ彼らは一方では，物象化のもとで「静観的態度」を身体化してきた．他方で，人間と自然の危機的状況に逢着する生活者は，自己の生に執着すればするほどに，これを自己の生の危機としても受け止めるその程度に応じて，なにがしかであれ自己の捉え返しを迫らずにおかないという構図である．諸個人は，程度の差はさまざまであれ，自己を媒介された存在としてなにがしかは捉え返さざるを得ない時点にまで立ち至っているのである．その意味で，ルカーチの「媒介」のカテゴリーの生活者的意義は，諸個人の生の次元においてこそ現代に蘇生する，と言えよう．[21]

階級主体と生産力主体

　とはいえ，物象化のただなかに物象化を完全に超出したピュアな主体を実体的に想定することは現実的でない．これはルカーチの陥った隘路であった．そうではなく，物象化されているがためにたとえそれが部分的であり総体的なものではないのだとしても，自己の生をなにがしかみ直しつつ態度を多少なりとも変革し，新たな価値観を模索しながら築きあげる諸個人相互の多様な関係の創造，それこそが重要になっている．物象化を互いに免れ得ていない主体として，したがって，同じ高さの目線を相互に保持して人々の関係が形成されること，第１章，第２章ですでに明らかにしたように，フォイエルバッハ的に言えば，欠如態としての自覚に立った諸個人の相互性こそが必要で今日的に可能なあり方だろう．現代的な主体の形成を問題化するとき，このような視点を排除しては不可能だろう．

　こうした問題設定の持つ現代的意味はさまざまに指摘し得るが，ここでは「生産諸力の質」を問うべき人類史的段階に立ち至っていることの意味を取り上げておこう．外的自然と人間的自然の危機的状況にある人類史の今日的段階において，そうした状況に対する「生産諸力の質」の問題を問わないままに，単なる生産諸力の量的発展の延長線上にこれと生産関係との矛盾を想定することはむしろ観念的な問題設定だ，と言わねばならない．今日における生産力の発展とは，その人類史的な質を問うことを抜きに語り得ないのである．

　その際に想起されてよいのは，第６章でみたように諸個人の力の発展を生産力発展と結合して論じていたマルクスの視点であろう．彼が諸個人の欲求や諸能力の歴史的発展を「資本の偉大な文明化作用」のひとつの側面として高い評価を与えている背後には，こうした把握が伏在していると言ってよい．しかし，マルクスにあっては諸個人の欲求や能力の質そのものを問う視点はいまだ前面に現れでてはいなかった．むしろ，諸個人の欲求や能力の資本による開発をそれ自体として肯定する傾向があることも否めない．労働者の欲求のありようをも構造に組み込む道具立てを十全に用意した大衆社会段階とは異なり，マ

ルクスの時代は，多様な諸欲求の創出はそれ自体で意義があるという側面があったのであり，諸欲求の質を問うという視点が前面に現れていなかったとしてもそれは歴史の制約条件の然らしめたところと言ってさしつかえあるまい．

　しかし，今日では「生産諸力の質」の問題が地球規模で問われるに至っている．そこに，生産諸力を諸個人の力として把握するマルクスの視点が今日むしろ一層重要になっているのである．労働者階級の諸個人の欲求の質や生活態度のありよう，その捉え返しと変革とは「生産諸力の質」の問題へと連接する．「真の生産力の源泉が，企業の持っている抽象的な"組織"自体にでも"機械"にでもなく，生身の個性的な労働者の側にある社会[22]」への転化を展望するとすれば，生活態度のなにがしかの変革を少なくともその不可欠の契機のひとつとせざるを得まい．

　この点は特殊日本的意義をも持っている．後藤道夫氏は，「大衆社会における労働者の訓化」の西欧的な福祉国家的形態と日本的な企業主義タイプを対比しつつ，「日本型の訓化のシステムだと，巨大労働組合と社会民主主義政党を媒介にしたうえでの国家による包摂ではなく，より労働者の生身に近いところでのヘゲモニーへの屈伏」であり，「労働者自身の自発性の形式による訓化の比重」の高いことを指摘している．だから，日本の場合，「労働組合運動をはじめとして，他の国々では大きな役割を果たす文化，宗教，生活習慣などによる経済論理の抑制機能がほとんど働かない，いわば煮詰めた資本主義とでもいうべき社会ができあがった[23]」．これは極めて重要な指摘である．だとすれば，生活態度の変革というこの課題は，現代に共通する問題設定であると同時に，特殊日本的な意義をも持つと言うべきだろう．

　ここで注意しておきたいことは，こうした課題設定を最初に提起したのはエコロジズムだったのであり，マルクス主義に棹さす思想潮流ではなかった，という点である．そのことは，マルクス主義の思想潮流が「生産諸力の質」を問う視点を必ずしも自覚的に保持してこなかったこと，したがって，「人間が自然を領有し，支配する力と度合が高まれば高まるほど人間が解放される[24]」とい

う発想が共有されてきたことと無縁ではないだろう．そうしてみると，多くの問題点を孕みつつ，また，生活態度の変革という課題設定には迫り得ていないとしても，物象化を問題としつつ諸個人の態度の次元にまで降り立ったルカーチの20世紀初頭の分析はやはり先駆的だ，としなければなるまい．

注)

1) 山之内靖「社会主義のゆくえ」『産業経済研究所年報』（阪南大学），20号，50ページ．
2) Jürgen Habermas, *Theorie des kommunikativen Handelns*, Suhrkamp Verlag, Frankfurt am Main, 1981, Bd. 1, S. 474, (『コミュニケーション的行為の理論』中，未來社，1986年，112ページ)．なお，ウェーバーとマルクスの物象化論の対比的な検討については，佐久間孝正『ウェーバーと比較社会学』創風社，1986年，参照．
3) K. Marx, Das Kapital, Bd. 1, *Marx/Engels Werke*（以下 *MEW* と略称する），S. 562（『資本論』，『全集』第23b巻，699-700ページ）．
4) 高橋洋児『物神性の解読』勁草書房，1981年，149ページ．
5) 廣松渉『物造化論の構図』岩波書店，1983年，100ページ．
6) 浅見克彦「経済的悟性の融解」『クリティーク』1号，青弓社，114ページ．
7) 「構造を底ざさえする生活態度」に関しては，本書の序章を参考されたい．
8) 浅見克彦「物象化論のイデオロギー的冒険」『クリティーク』8号，青弓社，11ページ．
9) Georg Lukács, Geschichte und Klassenbewußtsein: Studien über marxistische Dialektik, *Georg Lukács Werke*, Bd. 2, S. 319（城塚登・古田光訳『歴史と階級意識』白水社，1991年，253ページ）．以下つぎのように略記する．GK. 319, 253.
10) 平井俊彦「ルカーチの物象化論」（上・下）『思想』岩波書店，1968年5月／8月，参照．
11) 鈴木隆「物象化の概念と総体性のカテゴリー」『立命館大学産業社会論集』29号，参照．
12) 後年のルカーチの発言は，この著作が自覚的に個を排する地平に立とうとしているのとは好対照である．「われわれマルクス主義者はエンゲルスの警告にもかかわらず犯罪的なやり方で個々の決断の持つ意味を過小評価してきた．……企業の労働者達がストライキをする決断をくだす場合には，四万もの決断がそれにさきだってなされている」(Hans Heinz Holz/Leo Kofler/Wolfgang Abendroth, *Gespräche mit Georg Lukács*, hrsg. von Teo Pius, Rowohlt Verlag

GMBH, Reinbek bei Hamburg, 1967,『ルカーチとの対話』合同出版，1968年，203ページ).

13) C. W. Mills, *White Collar : The American Middle Classes*, New York, Oxford University Press, 1951, pp. 182-8 (杉政孝訳『ホワイト・カラー』東京創元新社，1957年，165-172ページ).
14) 中村秀行『哲学入門』青木書店，1989年，77ページ.
15) 対自然の関係においては，つぎの指摘は重要だろう．「環境問題が重大な社会問題化する下地は，戦後の石油エネルギーへの転換および石油化学の発展という技術の性格にもあるが，『内包的蓄積体制』こそがそれをここまで深刻化させたのである」(久野国夫『現代資本主義の生産力構造』青木書店，1991年，123-4ページ).
16) 渡辺治『「豊かな社会」日本の構造』労働旬報社，1990年，68ページ.
17) 後藤道夫「臨教審批判と国民の教育権論」池谷寿夫・後藤道夫・竹内章郎・中西新太郎・吉崎祥司・吉田千秋著『競争の教育から共同の教育へ』青木書店，1988年，193ページ.
18) 後藤道夫「現代の社会変動をひきおこすもの」唯物論研究協会編『社会主義を哲学する』大月書店，1992年，38ページ.
19) 後藤道夫，前掲論文，39ページ.
20) むろん，ルカーチがこの著作を世に問うた20世紀前半はまさに西欧で大衆社会化の端緒が開かれようとする時代であった．だが，大衆社会がその輪郭を明確にして本格的に登場するのは大量生産＝大量消費が安定的に展開される第二次世界大戦後の「黄金の四半世紀」の歴史段階においてである．なお，ポスト・フォーディズムが問われている現段階においても，システムへの態度の組み込みという基本構造それ自体に本質的な変化はない.
21) 拙稿「現代社会認識における方法態度の問題」山田晧・長尾演雄編著『共育・共生の社会理論』税務経理協会，1993年.
22) 大西広・増田和夫「企業社会の変革」野澤正徳・木下滋・大西広編『自立と共同の経済システム』大月書店，1991年，133ページ.
23) 後藤道夫「臨教審批判と国民の教育権論」前掲『競争の教育から共同の教育へ』青木書店，1988年，195ページ.
24) 古茂田宏「エコロジーとマルクス主義」『唯物論』58号，18ページ.

あとがき

　この本では，主にはフォイエルバッハとマルクスの Leben（生，生命，生活）の思想を取り上げ，両者の応答関係をふまえつつ，Leben を読みの軸としてマルクスを思想形成史的に読み直してみようと試みてきた．そのような試みには先行研究の蓄積がほとんどないために試行錯誤の連続であった．説得力のあるものとなっているかどうかは読者の皆さんのご批判に委ねる他ない．生，生命という大テーマを取り上げるという冒険を敢えて行いながらも，しかし本書では，生の哲学や哲学的感覚論の研究史的蓄積，あるいは，生命科学の独自の成果などが必ずしもふまえられていず，近代批判の思想の形成過程に内在したにとどまっている．また，マルクス研究に限って言っても，刊行がつづいている新 MEGA への内在的研究という点で，さらにまた，エンゲルスの思想的発展過程の独自の系統的な追求という点でも十分に果たされているとは言いがたい．

　その意味で，本書は，取り扱った Leben というテーマ自体が持つ領域の広大さに比して少なからぬ欠落を有する作品だと言わねばなるまい．欠落の多いこの本を敢えて世に問おうとした理由は，人間的自然と外的自然は，今日，エコロジー的均衡の復元力の限界点にあるのではないのか，という素人の素朴で切なる思いの方が，自らの力量不足の自覚を凌駕してしまった結果である．

　戸坂潤は，かつて，「問題は立場に先行し，之に優越する」と述べたことがある．戸坂のこの「問題」論は大学院時代を経て今日に至るまで私の生活と研究上の立脚点でありつづけている．欠落少なからぬこの本に読者の方々から批判を頂戴しながら，「問題」そのものの新たな地平に立つことができるならば，戸坂の「問題」論の精神を今後に生かせるのではないかとひそかに念じている．

本書は，すでに書いた論文をベースにしながら，三章分を新たに書き下ろして作られている。既発表の論文についてはできるだけ原型を保持するように努めたが，一冊の本としての体裁を整える上で最低限必要な補正を施してある。各章ごとに既発表論文との対応を示すとつぎのようになる．

序章　「資本制社会と『生』の論理」『横浜市立大学論叢』社会科学系列，第41巻2号，1991年3月

第1章　「フォイエルバッハにおける宗教批判の論理と『人間』」『横浜市立大学論叢』社会科学系列，第32巻1-3合併号，1987年3月

第2章　「人間的自然論の射程」『社会学研究』第63号，東北社会学研究会，1996年5月

第3章　「『貫徹された自然主義＝人間主義』の射程」細谷昂編著『現代社会学とマルクス』アカデミア出版会，1997年6月

第4章　書き下ろし

第5章　書き下ろし

第6章　書き下ろし

第7章　「マルクスにおける階級と市民」鈴木幸壽編著『権力と社会』誠信書房，1983年6月

第8章　「物象化的階級論と現代」『社会学研究』第59号，東北社会学研究会，1993年3月

この本ができるまでには，数多くの方々にお世話になった．

東北大学大学院に入学後，お世辞にも短いとは言えぬオーバー・ドクターの時期を含め，細谷昂先生（現・岩手県立大学）には，筆舌に尽しがたくお世話になった．先生は当時，教養部におられ，文学研究科および教育学研究科に所属していた私たち大学院生に対しては教育上のオブリゲーションを何ら負っていなかった．にもかかわらず，多くの院生の希望を快く受け入れていただき，月に1，2回の研究会，年に何度かの合宿を欠かすことなく継続していただいた．マルクスにおける「生命活動」の意義について学ぶことができたのもこの

「細谷ゼミ」においてであった．

　細谷先生が率先して報告され，また，大学院生も報告を担当するというかたちで進められたこの「細谷ゼミ」で，私も数えれば20回を超える「報告」をさせていただいた．先生をはじめ参加者の貴重な時間をひたすら一方的に「収奪」するような，稚拙で報告とも言えない「報告」であった．しかし，そのような「報告」に対しても，「報告」者である私自身が全く予期していなかったような認識の地点にまで引き入れていただくようなコメントを，研究会の度に例外なくいただいた．「細谷ゼミ」は，研究会の度に自分自身が刷新されてみえてくるという不思議な体験の連続であった．レポートすべき文献の含意さえも咀嚼できないままに「報告」していることに罪悪感をも感じている当人にとっては，ゼミ終了時には，展開された「問題」の世界に立っている自分を発見して驚き入るばかりであった．

　しかも，先生はゼミにおいて私たち院生と別の土俵にいて教える者の高みからひたすら教え込むというスタンスを取られなかった．全く逆であった．同じ土俵のなかにあって，院生を当人自身が予期しなかった地平に導きつつ，ご自身もゼミの時間を経て新たな地点にいると言われつづけていた．ゼミのあとの恒例のノミナールでは，決まって「私が君たちから一番盗んでいる」「盗む能力が大事だ」，と言われつづけた．このひとことが聞けないノミナールはなかった．「盗む」という表現には負のイメージがつきまとうが，私たちにはそれはひたすらポジティブな表現として受け止められた．それは，先生独特の院生への励ましと厳しい叱咤の表現であったと思う．

　「細谷ゼミ」に関する謝辞が長くなった．しかし，これは私にとって，そして，本書のテーマにとって本質的な関連があるゆえである．実は，細谷先生のこの発言を私はひそかに「盗奪能力問題」と称している．それは，その後の私の日常の生活と学問の営みにおける姿勢の最基層を構成することになるのである．このあたりからは，細谷先生の意図を離れ歪曲する事になるやもしれぬが，お許し願いたい．以下は，私が細谷先生から私が「盗もう」とした「盗奪

能力問題」である．

　他者の発言や行為，ちょっとした所作や感覚など多くのものから，この本のテーマとの関連で言えば，他者の「生命発現」の総体から，自らの生を豊饒化させるものとして何ものかを「盗む」ことができるためには，自分のなかに「盗む」能力がなければならない．逆に言うと，他者が自己にとってひたすらに否定すべき対象として立ち現れてくるしかないとすれば，その状況は自己の側の「盗む」能力の欠如の結果であるとして，自らに反省が迫られて然るべきなのであろう．

　「盗む」能力を持つと言うことは，他者に対して閉じた個としてではなく，開いた個として相対して初めて可能となる．それには，自己というものに対する覚めた目を必要とする．自己という存在を絶対化する思考様式からは，つまり，他者の他者性を蹂躙する思考様式からは，そのような発想は生まれがたい．世界を認識するということ，あるいは，そのようなかたちで思考をしているということは，それぞれに自己の切り口で世界を切り取って感受し思考しているということであり，他者もまた他者の固有性において固有の資格で世界を切り取り思考しているということであろう．

　したがって，自己自身が切り取っていない世界，あるいは，他者が異なる様式で切り取った世界，これを相互に尊重するという態度に立たない限り，自己は自己閉塞的・独我的に屹立するしかない．このような構えにおいては，相互に歩み寄らないし，さらなる「問題」の地平に移行することもあり得ない．自己が絶対的存在ではあり得ず欠如を抱え込んだ存在であることの相互承認の上に立ってこの相互性は初めて可能であろう．フォイエルバッハ的に言えば，欠如的な諸個体の相互性である．

　「細谷ゼミ」の時間の原体験は，私にとってこのような本源的な問題にまで連なるという意味でトポスである．この時代に豊かな体験をさせていただいた．細谷先生とゼミナールで共に学んだ多くの友人に改めて感謝申し上げたい．

さて,「ゆっくり」と過ごした東北大学大学院時代に大変にお世話になったもうひとりの先生,佐藤勉先生（現・淑徳大学）にお礼を申し上げたい．文学部におられた佐藤先生には，私たち大学院生の「細谷ゼミ」への参画を心から励ましていただいた．佐藤先生がおられなければ，私にとって本質的に重要なこの「盗奪能力問題」自体がそもそも存在し得なかったのである．

大学院時代，研究テーマの変更などで大学院での生活を「表と裏」にわたる期間，「ゆっくり」と過ごすことになってしまった私を常に励ましていただき，研究室において「居場所」を作って下さったのは佐藤先生である．お陰様でいじけることもなく，堂々と（？）研究室に「居座る」ことができたのはひとえに佐藤先生のお力添えがあったからである．また，常に社会的リアリティに立脚すべきことを説きつづけながら，戸坂の「問題」論の意義を身をもって教えてくださったのは佐藤先生である，と私は勝手に思い込みつづけている．佐藤先生の学問への真摯な態度と余人をもって替えがたいそのパーソナリティによって，私は，どれだけ道をみいだすことができたか，感謝の言葉もない．

このようにして，東北大学大学院時代にすぐれた先覚に恵まれ，文字どおりに自由な雰囲気のなかで「ゆっくり」と学問する機会が得られなければ，私は，蝸牛の歩みではあるとしても，研究と教育の一隅に今現在のようなかたちで喜びを持って参画することはできなかったであろう．このような得がたい研究の環境に参加することができたのは，鈴木幸壽先生（現・和洋女子大学）のご指導を受けることができたからである．東京外国語大学の学部学生時代に鈴木幸壽先生のゼミで社会学を学ばせていただく機会がなかったならば，東北大学の大学院で社会学を勉強する機会も得られなかったであろう．

私が鈴木ゼミに籍をおいたのは1960代の末から70年にかけてのいわゆる「大学紛争」の最も激しい時代であった．当時，このムーブメントに何らかのかたちで参加しない学生は皆無であった，と言っても過言ではない．そこでは，さまざまな「主義主張」が嵐のように乱舞していた．そうした渦中にあって，鈴木先生は全ての学生を文字どおり等しく遇され，それぞれの学生の現在と将来

に対しこれまた等しく熱い思いを寄せていただいた．鈴木先生との出会いがなければ，社会学を研究し，教育に参画するという幸福にめぐり会うこともなかったであろう．鈴木先生には，今回，学文社へのご紹介の労をとっていただいた．心からお礼を申し上げる次第である．

　また，ひとりひとりのお名前を掲げることはしないが，社会学者と哲学者の参画によって支えられながら，これまでほぼ20年継続している社会理論研究会のメンバーの皆さんに心から感謝したい．研究会における私の乱暴で一面的な発言に対して忍耐強く常に耳を傾けていただき，貴重な知見を与えつづけていただいている研究会の同僚に心からお礼を申し上げる．また，この研究会の発展に身命を賭された故小山陽一先生（元・宮城教育大学）には本当にお世話になりました．

　横浜市立大学商学部の社会学の同僚，長尾演雄，新原道信，小玉亮子の三氏に日常的に与えていただいている学問的刺激と，公私にわたる援助がなければ，この本を著すことはできなかったであろう．記して感謝申し上げたい．

　そして，私の「盗奪能力問題」が真実のものである否かを日々に確かめ励ましつづけてくれているのは，院生と学生諸君である．この本は，多くの院生，学生諸君によって生かされていると思う．また，逃げ切ることの出来ない日常の生の営みにおいて，諸個人の生の固有性と関係性の根源的な意味を日々教えつづけてくれているのは家族のひとりひとりである．「自己性」において関係を生きている家族のそれぞれに感謝したい．

　最後になったが，現今の厳しい出版環境のなかで，この本の出版を引き受けていただき，雑駁きわまりない書き手としての私に対し適切なアドバイスをきめ細かく与えていただいた学文社・社長の田中千津子さんに心からお礼を申し上げる．

　2000年2月

藤山嘉夫

索　引

[あ行]

ある存在様式　11
意思ある商品　201, 205
意識　8, 9, 21, 35, 37, 41, 45-46, 145, 147-150, 162-163, 169, 172, 227
　——している生命活動　94, 117, 124
　——している類的存在　118
　——主義　227
　——的存在　94
　価値——　21
　厳密な意味での——　35, 44, 82
　自己——　34, 46, 140
一般　110-112, 153, 174-176
　——的なもの　152-153, 176
イデアリスムス　35
エゴイスト　175
エゴイズム　111
エートス　25, 27, 218
　——変革　49
　民主主義の——化　25, 27
大文字の「関係」　75, 76
大文字の社会　102-103, 108

[か行]

階級関係　200, 204, 210, 217, 230
外的自然　15, 50, 70
概念的な把握　92, 223
開発　76
外部注入説　163, 227
獲得　113, 186
下向　21, 103, 173
限られていない自己活動　187
仮象　202
活動　7, 10, 21, 54, 90-91, 97, 118, 121, 188
　——的な自然存在　125
　——的な生活過程　149
　自己——　186-187
過程　200-202, 204, 224
貨幣　194, 198
　——の資本への転化　194
　——所持者　199-200
神　13, 41-44, 52, 64, 71, 74, 87, 110
仮面のパーソナリティー　229
感覚主義　62
関係
　——行為　10-11, 55, 59, 124, 146, 151-152, 157-158
　——主義　12, 54, 66
　——態度　14, 25, 27
　——の貧困化　14
感性　37, 63, 66-70, 72-73, 86, 96-98, 105, 122, 140
　——的確信　141
　——的活動　94, 102, 140-143
　「——的＝現実的」視点　84, 97-98
　——的世界　141, 143
　——的存在　67-68, 72-73, 105
　——的対象　37
　——の制度化　104
　——発現　122
貫徹された自然主義＝人間主義　83, 100, 103
観念形態　117
機械制大工業　219
規定された生　182-183, 186, 211
客観的可能性　227
共産主義　127, 154-156
業績主義　24
協働　116, 144
共同性　47, 56
共同体　13, 19, 121
局地的共産主義　160
近代的個人　215

近代ブルジョア社会 129, 156, 159, 161, 171, 185
近代民主主義 27
偶然性 182
苦悩 58
計算可能性 219-220
計算をする人間の態度 220
結果 202
欠如態 70-71, 232
現実
　——主義 34
　——的運動 157
　——的解放 138-139
　——的自我 176
　——的な個人 170
　——的な生活過程 149
　——的なもの 63-64
　——的な類的存在 111
　——的労働 185
幻想的な共同性 153
交換 7, 119, 198
　——価値 12
交通関係 185
交通形態 163, 185-186
効用 24, 188
功利主義 187
合理性論 217, 221, 229
合理的機械化 220
個人
　——的消費 17, 210
　階級的—— 182
　偶然的—— 183
　人格的—— 182, 183
　特定のこの—— 178, 180
　普遍的な—— 157-158
悟性 41-42
　——人 73
　純粋な——人 73
個体
　——主義 48, 66, 100
　——性 34, 55, 65, 70, 122
　——性としての個 52, 56
　——的共同存在 123

固定観念 110, 152
個の有限性 38, 71, 100, 103
個別 68, 111-112, 174
　——「一般」問題 112
　——性 173-174
小文字の「関係」 75, 78
小文字の社会 102-103

[さ行]

搾取 76
産業 128, 141, 143
産業化 15
産業社会 3, 15
時間性 34, 65, 68
時間の空間化 220
自己
　——活動 184-187
　——関係 8, 10, 18, 37, 48, 66, 72, 85, 94, 125-129, 130-131, 145-147, 150-152, 158, 163, 172, 183
　——関係的な存在 72, 85
　——性 123, 129, 130, 146, 154
　——対象化 43
　——超出 10
思考 63, 69, 178-179
私生活主義 23
自然
　——宗教 150-152, 158, 166
　——主義者 47
　——主義＝人間主義 83, 86, 87, 91, 92, 101, 144
　——（的）存在 34, 65
　——法 77
思想における社会性-個体性問題 87, 102
実在論 34
実践的唯物論者 140
実体主義 54
私的所有 81, 97, 120, 125-127
　——の積極的止揚 126, 127
　——の積極的本質 97, 101, 126-127, 155-156
資本
　——賃労働関係 53, 189

索　引　245

──の偉大な文明化作用　232
──の一般的範式　194
──の再生産　17, 210
市民
　──的関係　199, 204-205
　──的労働主体　211
　競争的──　211
　共同的──　211
　労働主体──　211
　自律的──　211
社会
　──的活動　121
　──的享受　121
社会的交通　7, 8, 95, 99, 120, 127, 129
　──の疎外態　7, 8
社会的諸関係の総体　21, 53, 54
主意主義　218, 226
宗教批判　59, 82
私有財産　11, 220
自由な個性　214
自由に処分できる時間　206
受苦　38-39, 50, 52, 58, 59, 61, 86, 98-100
　──的存在　38-39, 50, 70
　──の連帯　61-62
　──の論理　50, 59, 86, 99
　　個の──　50
　　類の──　50
宿命論　218, 226
熟練　208
主語　63
主体性論争　212
述語　63
使用価値　12, 200
商業　7, 141, 157
小市民　176, 179, 191
消費　3, 17, 194, 200-201, 205, 210
商品-貨幣関係　188-189
上部構造　229
剰余
　──価値　194
　──労働　206
　──労働時間　206-207
諸感官　65-70, 85, 96, 125

諸個人の生　2-6, 17, 20, 25-28, 130, 144, 176, 180, 184-186, 189-190, 207, 231
　──の構造化　20
諸個人の相互性　72
所有の感覚　126
人格
　──的依存関係　209
　──的自由　19, 225-226
　──的発展　175, 181
　──としての自己形成　18
　──としての生　182, 186, 211
人工的周囲世界　128
深層　200, 214-215
身体　35, 139, 146, 148, 170
　──性　34, 65, 68
　──組織　148
　非有機的──　93, 124
神的本質　40
真の共同体　13
親密圏　55, 75
生
　──の生産　162
　──の全体性　8, 18, 113, 218
　──の疎外　12, 14-16, 119, 126
　──の二重化　17-18, 163, 181-183, 186-189
　──の論理　27-28
西欧マルクス主義　226
生活
　──過程　17, 20, 27, 148-149
　──者　1, 218, 222
　──手段　148, 195
　──手段の生産　148
　──諸関係　165
　──世界　6, 23
　──態度　2, 14-17, 27, 77, 218, 228-230
　──の社会化　27
　──変革　23, 25
　物質的──　144
静観的態度　217, 220-221, 228-230
制限の感情　71
生産　51, 95, 116, 118, 144-146, 148-149, 162, 203, 210

生産手段　195, 208
生産諸力　162-163, 183-186, 232-233
　　——と交通形態　163, 175, 183, 184
　　——と交通形態の矛盾　163, 184
　　——の質　232-233
　　普遍的——　187
生産力主体　232
生成しつつある社会　128
生成の弁証法　100
聖なるもの　110, 152
性別役割分業　16
生命
　　——活動　5, 8-10, 91-94, 115-117, 146-147
　　——の固有性　120-121
　　——発現　72, 85, 95-101, 115-126, 163, 171, 176-180, 188
世界史　128, 158-160
絶対的主体　42
前提　202, 213
前提—過程—結果　202, 213
創造的無　170
総体性　223, 228
俗流唯物論　35
組織資本主義　218

[た行]

大工業　219
対自的関係行為　151
大衆
　　——社会　230-333
　　——社会論争　212
　　——民主主義　2-3
対象
　　——的関係　67-68
　　——的存在の論理　85
　　——の意識　37
他者性　28, 240
脱産業化　2
他の我　70
蓄積された労働　185
地上における「神」　43
抽象的人間労働　219

直接性　79, 80, 113, 223, 224, 225
　　——の立場　223, 224
直接的生産過程　194
直接的生産者　209
ドイツ小市民　176, 179
道具主義的理性　73, 80
独自な商品　183, 189, 200, 208
特定共時的文化　102-104
奴隷　205, 207
　　——主　207

[な行]

内包的蓄積体制　29
生身の個人　114, 123, 131
肉体的組織　145
二重の意味で自由　19
　　——な賃労働者　19, 193-199, 211
二重の〈我〉　25
人間学　36, 45
　　——的自然　128
人間活動の疎外　118
人間宗教　111, 114, 136
人間主義　92
人間的自然　16, 70, 77
　　——の萎縮　16
人間的本質　6, 53-54, 94, 95, 117, 123, 128, 141, 173
　　——諸力　141

[は行]

媒介　79, 113, 130, 203, 228, 231
場所性　34, 65
パーソナリティー市場　229
汎時的文化　103-104
反省的自我　176-178
ヒエラルヒー　171
非生産的消費　17, 210
非対象的な存在　98, 125
必要労働時間　206
表層　197, 214, 215
二つの態度　12
物質代謝　50
物質的生産　141

索　引　247

物象　126
　　──化　217-219
　　──化論的階級論　218
不払労働　201, 203, 206
普遍
　　──性　118, 156, 171, 178, 187
　　──的交通　154, 157, 160, 175, 187
　　──的な権力　199
　　──的な自然存在　124
不変の人間性　20
プロレタリアート　158, 159, 221-227
分業　8, 123, 181
ヘーゲル主義　171
方法態度　7, 78
ポスト・フォーディズム　235
本源的蓄積　196

[ま行]

マテリアリスムス　89
マルクス・ルネッサンス　193
もうひとつの我　45
持つ存在様式　11

[や行]

役割　16
　　──人間　16
唯一者　131, 140, 154, 183
唯物史観　109, 138
有限　39, 71, 86
　　──性　38-40, 58, 86, 100

[ら行]

利害
　共同的──　152
　特殊的──　153

理性を拓く感性主義　68, 78
流通過程　194, 202
量化　225
領有法則の転回　202
類
　　─的活動　119
　　─的存在　94-95, 111
　　─の無限性　38
歴史貫通的カテゴリー　6-7, 116
歴史貫通的な人間の本質　21
連合　187
労働　5-8, 116, 186
　　──主体の諸個人　182, 185-186
　　──中心主義　6
　　──の自己活動への転化　8, 187
　　──の止揚　8
　　生産的──　6
　　疎外された──　92
労働日　205-207
　　標準──　207
労働力　3-4, 24, 182, 219
　　──商品　15, 182, 189, 194, 207
　　──商品化　15, 219
　　──商品の独自性　207
　　──としての自己形成　18
　　──の再生産　4, 24
ロマン主義　64

[わ行]

私の汝　45
我─それ　12-14, 24
〈我─それ〉関係の生活態度　15
我と汝　45-46, 48, 51
我─汝　12-14, 24
我─汝としての個　52, 55, 61

著者略歴

藤山嘉夫

1946年	樺太に生まれる
1981年	東北大学大学院文学研究科博士課程単位取得退学（社会学専攻）
1981年	横浜市立大学商学部専任講師
現　在	横浜市立大学商学部教授

主要著書

『現代社会学とマルクス』（共著，アカデミア出版会，1997年）
『沸騰する中国農村』（共著，御茶の水書房，1997年）
『共育・共生の社会理論』（共著，税務経理協会，1993年）
『見える現代』（共著，アカデミア出版会，1991年）など

諸個人の生と近代批判の思想

2000年3月20日　第一版第一刷発行　　　　　　◎検印省略

著　者　藤　山　嘉　夫

発行所　株式会社　学 文 社　　郵便番号　153-0064
　　　　　　　　　　　　　　　東京都目黒区下目黒 3-6-1
発行者　田　中　千津子　　　　電　話　03(3715)1501(代)
　　　　　　　　　　　　　　　振替口座　00130-9-98842

乱丁・落丁の場合は本社でお取替します。　　印刷所　㈱シナノ
定価は売上カード，カバーに表示。
ⓒ2000　藤山嘉夫　Printed in Japan

ISBN4-7620-0926-1

著作権法上での例外を除き無断で複写複製（コピー）することは，禁じられています。